POCHETTE

FOUCHER

Commerce international

Exercices et cas

A. Barelier - J. Duboin - F. Duphil
L. Grataloup - G. Kuhn - C. Lévy - J. Paveau

ENSEIGNEMENT SUPÉRIEUR :
BTS commerce international,
DUT, licences professionnelles

FOUCHER

Sommaire

ISBN 2-216-08915-X

31, rue de Fleurus - 75006 Paris

Module 1

L'environnement du commerce international

EXERCICES

Exercice 1

Commerce mondial des marchandises par région et pour certaines économies, 1948-1999

Tendances à long terme – Exportations en milliards de dollars

	1948	1953	1963	1973	1983	1993	1999
Amérique du Nord	16,0	20,4	30,5	99,4	282,6	611,4	935,9
Amérique latine	7,1	8,7	11,0	27,2	106,4	160,1	295,5
Europe occidentale	18,0	29,0	64,4	258,9	715,7	1 590,2	2 353,4
Europe c./o/, États baltes, CEI (1)	3,5	6,8	17,3	51,4	174,3	105,5	213,4
Afrique	4,3	5,4	8,9	27,7	80,7	91,0	109,5
Moyen-Orient	1,2	1,7	5,2	26,0	124,8	123,7	169,7
Asie	8,0	11,0	19,8	86,7	350,5	957,1	1 395,6
Japon	0,2	1,2	5,5	37,0	146,8	363,9	421,4
Chine	0,5	1,2	2,0	5,8	22,0	91,0	197,0
Australie et Nouvelle-Zélande	2,1	2,7	3,8	12,1	25,7	54,6	71,1
Six pays commerçants d'Asie de l'Est	1,7	2,2	3,8	19,7	106,4	353,0	547,3
Autres pays d'Asie	3,4	3,7	4,9	12,1	49,5	94,6	164,2
Monde	58,1	83,0	157,0	577,4	1 835,0	3 639,0	5 473,0
Dont membres du GATT/OMC (2)	35,0	57,0	114,3	472,8	1 394,6	3 162,3	4 909,3

(1) Les chiffres sont sensiblement affectés par les changements de la composition par pays de la région.
(2) Membres l'année indiquée.

Source : *OMC, Rapport annuel 2000*

▶ **1.** *Calculez la part de marché mondiale de chacun des pays ou groupe de pays.*
▶ **2.** *Quel est l'intérêt de cet indicateur ? Dégagez les éléments les plus significatifs de l'évolution des parts de marché.*
▶ **3.** *Analysez les conséquences de chacune des situations suivantes sur l'évolution des parts de marché :*
- *augmentation des prix du pétrole ;*
- *appréciation du dollar américain ;*
- *ralentissement économique dans un pays ou une région géographique ;*
- *diversité des dynamiques sectorielles : produits en progression, produits stables, produits en régression.*

Exercice 2

Le 1er février 2001, la notation Coface @rating de la Roumanie est « C » pour l'évaluation du risque pays à court terme et « Risque élevé » pour le moyen terme.

▶ **1.** *Quelle est l'échelle des notes utilisées par la Coface ?*
▶ **2.** *Où trouver la définition des notes pays ?*
▶ **3.** *À quoi correspond la note C de la Roumanie ?*

Exercice 3

Part de marché des États-Unis et part de marché des groupes américains
(secteur manufacturier en 1997, en % des exportations mondiales)

	Part de marché des États-Unis (1)	Part de marché des groupes américains (2)
Canada	75	67,8
Europe (UE, Norvège, Suisse, Turquie)	7,6	16,6
Royaume-Uni	13,3	22,7
Japon	26,6	26
Monde	13,8	20,5

Sources : *données Statcan, Bureau of Economic Analysis (US Department of Commerce) ;*
calculs DREE 5 B : Les enjeux économiques internationaux, mars 2001.

(1) L'ensemble des données chiffrées concerne (sauf mentions contraires) le secteur manufacturier en 1997.
(2) On n'étudie pas les ventes locales réalisées par les filiales américaines basées à l'étranger mais seulement leurs exportations. Les filiales américaines considérées sont celles sous contrôle américain majoritaire.
(3) Les échanges intraeuropéens sont compris dans les calculs de part de marché en Europe.

▶ **1.** *Expliquez la différence entre « Part de marché des États-Unis » et « Part de marché des groupes américains », montrez l'importance de cette distinction.*
▶ **2.** *Calculez l'écart relatif (pourcentage) entre les colonnes (1) et (2).*
▶ **3.** *Analysez le tableau.*

Exercice 4

Tableau 1 : Exportations mondiales des services (en Mds USD)

	1993	1996	1999
France	74	83	79
Allemagne	57	79	77
Royaume-Uni	58	81	101
Italie	52	65	65
États-Unis	165	216	252
Japon	52	66	60
Monde	942	1 271	1 340

Tableau 2 : Exportations mondiales de marchandises (en Mds USD)

	1993	1996	1999
France	210	289	299
Allemagne	380	524	541
Royaume-Uni	182	262	268
Italie	169	252	231
États-Unis	465	625	695
Japon	364	411	421

▶ **1.** *Calculez la part de marché mondiale des services détenue par chacun des principaux pays exportateurs.*
▶ **2.** *Analysez le tableau 1 en termes de part de marché.*
▶ **3.** *Effectuez le rapprochement entre les tableaux 1 et 2 en termes d'évolution (1993 à1999).*
▶ **4.** *En matière de commerce international des services, l'indicateur de part de marché pays doit être utilisé avec beaucoup de précaution, pourquoi ?*

Le risque nouveau est arrivé

La situation

La société Martin est une entreprise du BTP (bâtiment et travaux publics). Elle envisage de participer à un groupement d'entreprises françaises pour le financement et la construction, en Roumanie, d'un système collectif de chauffage urbain. Le financement du projet serait assuré soit par le ministère des Infrastructures du gouvernement roumain soit par le groupement d'entreprises contre une concession d'exploitation pendant une période de 30 ans à une filiale locale cotée à la bourse de Bucarest mais contrôlée par le groupement d'entreprises françaises.
Avant de prendre une décision, la société s'informe. Les deux premiers documents réunis sont donnés en annexes 1 et 2.

Travail à faire

1. Quels sont les trois aspects du risque pays pris au sens strict, comment se manifesteraient-ils dans chacune des solutions de financement ?
2. Juristes, banquiers et assureurs portent trois regards différents sur le risque pays, pourquoi ? Justifiez les qualificatifs employés : « faits du prince », « risques souverains » et « risques politiques » pour chacun de ces points de vue.
3. Pourquoi les autorités roumaines préfèrent-elles le financement par une concession d'exploitation ?
4. Dans le contexte du « risque nouveau » analysez le risque pays qui pèse sur ce projet s'il est financé par une concession d'exploitation à une filiale locale cotée à la Bourse de Bucarest.

ANNEXE · Risque pays : le risque nouveau est arrivé

Le risque pays a évolué au point de concerner l'ensemble des pays du monde et non plus les seuls États en développement. Pourquoi et comment ?

Que faut-il entendre par risque pays ?
Au sens strict cette notion recouvre trois types de risques. D'abord le risque de rupture politique susceptible d'affecter le droit de propriété par la confiscation, l'expropriation ou la nationalisation, avec ou sans indemnité, par la répudiation du contrat ou des dettes, etc. Ensuite le risque de non-transfert (et d'inconvertibilité) quand la banque centrale d'un pays se révèle impuissante à transformer en moyens de paiement internationaux les ressources en monnaie locale. Enfin, le risque de non-paiement de l'État lui-même ou bien d'une entreprise publique, quand l'acheteur ou le débiteur public n'honore pas leurs engagements en devises.
Ces trois types de risques constituent le socle du risque pays : pour les juristes, les « faits du prince », pour les banquiers les « risques souverains », pour les assureurs les « risques politiques ».

D'un type de crise à l'autre
La crise de la dette des années 1980 a correspondu à une matérialisation de grande ampleur du risque pays, du risque politique, assuré et indemnisé comme tel – cela a coûté à l'État et aux contribuables près de 30 milliards de dollars entre 1985 et 1994 ! – tandis que les crises des marchés des années 1990 correspondent à des risques de faillite, de défaut de paiement de débiteurs privés ; en bref à un risque commercial, lui aussi assuré comme tel.
Le traitement de la dette dans un contexte de « révolution libérale » portait en germe les crises de marché que nous connaissons aujourd'hui. Premier volet, en rupture avec le schéma « dévoyé » d'industrialisation de substitution des importations, l'ouverture des frontières et la confrontation des industries nationales à la concurrence des produits et des investisseurs étrangers. Second volet, la réduction de la taille de l'État par la privatisation de nombreuses entreprises. Troisième volet, au-delà du recyclage de la dette par le plan Brady de février 1989, la dérégulation financière et le développement des marchés financiers locaux pour lever du capital ou de la dette obligataire en lieu et place des anciens prêts de syndicats bancaires internationaux. L'appellation « pays émergents » est elle-même dérivée de « marchés émergents », c'est-à-dire des Bourses qui ont éclos un peu partout comme jonquille au printemps.
Presque partout, le secteur privé a pris la relève des États à bout de souffle, et par la « financiarisation » de l'économie, la marchéisation des financements, les risques politiques se sont en quelque sorte « privatisés ». La perception et le contenu du risque pays se sont modifiés. Ainsi, il n'est presque plus jamais question de risque de nationalisation des filiales ou des co-entreprises étrangères mais de « risques de performance ».

À nouveaux risques, nouvelles crises
Les crises des années 90 diffèrent de celles des deux décennies précédentes sur trois points fondamentaux. Elles impliquent des opérateurs privés plutôt que publics. Ce n'est plus la dette extérieure publique qui est en défaut, mais les pyramides financières privées qui inquiètent. Elles portent sur des montants en dollars constants, sans comparaison avec ceux du passé. Elles se développent beaucoup plus rapidement. Le phénomène autoréalisateur de la panique étant à l'œuvre, on passe quasi instantanément de la simple crise de liquidité et de trésorerie à la crise de solvabilité caractérisée. Il n'y a plus de décalage entre la perception d'un risque et le fait générateur de sinistre puisque c'est le risque perçu qui est lui-même le fait générateur.

Source : d'après *Assurance crédit export, le risque nouveau est arrivé* ! C. Gilguy, MOCI n° 1405 p. 40

Exemple d'intervention des institutions nationales et internationales[1]

La situation

Nutrimal est une PME familiale spécialisée dans l'alimentation animale. La création de l'entreprise, dans une région où l'industrie agroalimentaire est très présente, découle de l'opportunité offerte dans les années 1970, par le recyclage dans l'alimentation animale de résidus non utilisables en alimentation humaine.
L'entreprise, installée dans votre région, s'est développée d'abord sur le marché français puis sur les marchés de proximités géographique et culturelle avec un positionnement moyen et haut de gamme et une distribution spécialisée.
L'une des préoccupations essentielles du dirigeant de la société Nutrimal est l'agressivité commerciale de certains concurrents étrangers. Ces grands groupes industriels semblent profiter du cloisonnement des marchés et de leur position de leader dans leur pays d'origine. Ils vendent à des prix très bas (dumping ?) et recherchent l'élimination de toute concurrence sur leurs nouveaux marchés. Le chef d'entreprise vous demande si ces comportements font l'objet d'une réglementation internationale.
Au cours de vos recherches vous avez repéré les documents fournis en annexes.

Travail à faire

1. Quelle est l'origine et l'intérêt de ces documents ?
2. Dans ses grandes lignes, reconstituez le processus qui a conduit à la décision des arbitres (annexe 2).
3. Quelle réponse apportez-vous à la question du chef d'entreprise ?
4. Vous souhaitez utiliser au mieux le dispositif français d'appui aux entreprises, identifiez les partenaires potentiels et le type d'appui qu'ils pourraient vous apporter.

ANNEXE 1 · Avis juridique important

Les informations qui figurent sur ce site sont soumises à une clause de non-responsabilité et sont protégées par un copyright.

Press releases

Bruxelles, le 19 octobre 2000
Alimentation animale : la Commission propose d'exclure de la chaîne alimentaire les matières animales déclassées.

La proposition adoptée aujourd'hui par la Commission européenne est l'une des principales actions découlant du Livre blanc sur la sécurité alimentaire et elle constitue un pas essentiel vers la prévention des maladies dues aux aliments pour animaux, telles que l'ESB ou la contamination par les dioxines. Le règlement proposé vise à interdire le recyclage dans la chaîne alimentaire des cadavres d'animaux et des sous-produits animaux déclassés. Les seules matières animales autorisées pour la production d'aliments pour animaux sont par conséquent les matières issues d'animaux déclarés propres à la consommation humaine après inspection vétérinaire. L'interdiction réduirait davantage les risques de transmission des maladies ainsi que les risques de présence de résidus dans les aliments pour animaux. La proposition de règlement contient des règles exposant clairement les traitements obligatoires et autorisés à appliquer aux matières animales exclues de la chaîne alimentaire et prévoit de nouvelles options, telles que la transformation de ces matières en biogaz. La proposition présente un cadre juridique complet, transparent et directement applicable, qui remplace et simplifie une multitude de directives et décisions dans le domaine vétérinaire adoptées isolément pendant plus d'une décennie pour répondre aux exigences du marché intérieur et aux situations de crise.

...

Publié le 23/10/..

Press releases

FOOD SAFETY | PUBLIC HEALTH | CONSUMER PROTECTION | DIRECTORATE GENERAL « HEALTH & CONSUMER PROTECTION »

1. Ce cas peut être complété par le cas 1 du module 20, « Le diagnostic export », qui concerne la même entreprise.

ANNEXE 2

Organisation mondiale du commerce
WT/DS48/ARB 12 juillet 1999 (99-2860)
COMMUNAUTÉS EUROPÉENNES - MESURES CONCERNANT LES VIANDES ET LES PRODUITS CARNÉS

PLAINTE INITIALE DU CANADA

RECOURS DES COMMUNAUTÉS EUROPÉENNES À L'ARBITRAGE AU TITRE DE L'ARTICLE 22 : 6 DU MÉMORANDUM D'ACCORD SUR LE RÈGLEMENT DES DIFFÉRENDS

DÉCISION DES ARBITRES

La Décision des arbitres sur l'affaire *Communautés européennes – Mesures concernant les viandes et les produits carnés (Hormones) Recours des Communautés européennes à l'arbitrage au titre de l'article 22 : 6 du Mémorandum d'accord sur le règlement des différends* est distribuée à tous les Membres conformément aux dispositions du Mémorandum d'accord. Le rapport est mis en distribution non restreinte le 12 juillet 1999 en application des procédures de distribution et de mise en distribution générale des documents de l'OMC (WT/L/160/Rev.1).

TABLE DES MATIÈRES

ANNEXE 3 · *Un commerce ouvert sur l'avenir*

accueil > l'omc > qu'est-ce que l'omc? > un commerce ouvert sur l'avenir > les accords > antidumping, etc

Mesures antidumping, subventions, sauvegardes : faire face à l'imprévu

La consolidation des droits de douane et leur application dans des conditions d'égalité à tous les partenaires commerciaux (NPF) sont essentielles au bon déroulement du commerce des marchandises. Les Accords de l'OMC confirment ces principes mais autorisent aussi des exceptions, dans certaines circonstances, principalement dans trois cas:

– les mesures prises contre le dumping (vente déloyale à bas prix) ;
– les subventions et les droits « compensateurs » spéciaux visant à compenser les subventions ;
– les mesures d'urgence limitant temporairement les importations en vue de « sauvegarder » les branches de production nationales.

Mesures antidumping

Si une entreprise exporte un produit à un prix inférieur à celui qu'elle pratique normalement sur son propre marché intérieur, on dit qu'elle a eu recours au « dumping » pour ce produit. S'agit-il d'un cas de concurrence déloyale ? Les opinions divergent, mais de nombreux gouvernements interviennent contre le dumping pour défendre leurs branches de production nationales. L'Accord de l'OMC ne se prononce pas. Il vise essentiellement à dire comment les gouvernements peuvent ou ne peuvent pas réagir au dumping : il discipline les mesures antidumping et est souvent appelé « Accord antidumping ». (Cette approche, qui consiste à se préoccuper uniquement de la réaction au dumping contraste avec celle qui est suivie dans l'Accord sur les subventions et les mesures compensatoires).

Les définitions juridiques sont plus précises, mais on peut dire, en gros, que l'Accord de l'OMC permet aux gouvernements d'intervenir contre le dumping lorsqu'il existe un dommage véritable (« important ») causé à la branche de production nationale concurrente. Pour cela, le gouvernement concerné devra pouvoir montrer que le dumping a lieu, calculer l'ampleur du dumping (jusqu'à quel point le prix à l'exportation est inférieur à celui qui est pratiqué par l'exportateur sur le marché intérieur), et démontrer que le dumping cause un dommage.

< Précédente Suivante > Menu Accords Menu principal

Contactez-nous : Organisation mondiale du commerce, rue de Lausanne 154, CH-1211 Genève 21, Suisse

Module 2

Les Incoterms

EXERCICES

Exercice 1

Une entreprise marseillaise a acheté un lot d'appareils optiques à une société de Lettonie. Le contrat établi entre les deux parties indique :

- un montant total de l'opération de 185 000 EUR CFR Marseille ;
- une date de livraison au 15/06/n sans autre précision ;
- une pénalité au taux de 0,25 % par jour de retard.

Les appareils pris en charge par le transporteur maritime au port de Riga (Lettonie) le 20/06/n sont débarqués au port de Marseille le 10/07/n et réceptionnés dans l'entreprise le 12/07/n.

Les marchandises étant livrées en retard, l'entreprise marseillaise réclame une indemnité à son fournisseur letton pour non-respect du contrat.

▶ *Calculez le montant de cette indemnité.*

Exercice 2

Vous avez vendu il y a 15 mois cinq engins de travaux publics à une entreprise installée en Hongrie.

Informé par fax d'une panne sur l'un d'entre eux, vous devez faire parvenir à Budapest une pièce de rechange de 75 kg.

▶ *Décrivez les processus à suivre, assortis des précautions à prendre (particulièrement au départ et à l'arrivée) pour que l'opération se passe dans de bonnes conditions. Vous ferez obligatoirement toutes les hypothèses utiles (Contrat – Incoterm – Transport – Coût...).*

Exercice 3

Un de vos nouveaux clients californiens hésite entre acheter FAS ou acheter CIF San Francisco.

Vous vous apercevez rapidement au cours de votre conversation avec ce nouveau client que ses connaissances en matière d'Incoterm sont limitées, sauf peut-être sur le FOB américain qu'il maîtrise correctement. Mais ici il est acheteur et envisage un achat par mois sur la première année.

▶ *Après avoir précisé votre intérêt de vendeur dans le choix de l'Incoterm (FAS Le Havre ou CIF San Francisco) vous présenterez les arguments que vous comptez utiliser face à ce client pour le convaincre.*

Exercice 4

Votre entreprise est située à Paris.

▶ *Cochez le bon Incoterm que vous devez utiliser pour résoudre le cas proposé.*

Contrat	Incoterm à retenir
Vous allez recevoir une livraison de films depuis Los Angeles, par avion, et vous êtes d'accord pour payer le fret aérien.	☒ FCA Los Angeles ☐ CFR Los Angeles ☐ CPT Paris
Vous vendez à un client égyptien, fret maritime payé, mais pas l'assurance.	☐ EXW Paris ☒ CFR Le Caire ☐ CIF Le Caire
Vous vendez à un client à l'île Maurice en prenant en charge le fret et l'assurance. Envoi par avion.	☐ FAS Paris ☒ CIP Port Louis ☐ CIF Port Louis
Vous envoyez un camion en RO/RO à Tunis pour livraison de marchandises en perfectionnement passif. Tous frais payés jusqu'à Tunis.	☐ FCA Paris ☒ CIP Tunis ☐ CIF Tunis
Vous expédiez un conteneur en voie maritime. Votre client accepte de supporter les risques depuis FOB mais ne veut pas organiser l'expédition.	☐ FCA Paris ☐ CIP Tunis ☒ CIF Tunis
Vous chargez un transporteur français de regrouper des livraisons de fournisseurs suisses à Bâle. Vous paierez le fret routier vers Paris.	☐ FCA Bâle ☐ CIP Bâle ☒ CIP Paris
Vous achetez en Pologne des serviettes de toilette payées livrées à la frontière avec l'Allemagne. Transport routier.	☐ FCA Varsovie ☒ DAF Frankfurt an der Oder ☐ CPT Berlin
Votre client vénézuélien veut recevoir les marchandises dans son entreprise sans s'occuper de rien.	☐ FAS Le Havre ☒ DDP Caracas ☐ CIP Caracas
Votre conteneur à destination du Chili est pris en charge au Havre par le transporteur maritime choisi par votre acheteur (SCAN DEUTCH).	☒ FOB Le Havre ☐ DDP Vina del Mar (port chilien) ☐ FAS Le Havre
Vous souhaitez recevoir à Roissy vos marchandises en provenance de Thaïlande, sans assumer le transport ni les risques du transport.	☐ FCA Roissy ☒ DDP Roissy ☒ CIP Roissy

Choix de l'Incoterm

La situation

La société Chepauk, installée à Istanbul (Turquie), est le distributeur exclusif sur le marché turc d'un certain nombre de fabricants de matériel agricole (tracteurs, moissonneuses et petits matériels).
La société Chepauk a plusieurs fournisseurs en France, dont l'un, Agroplus, installé à Châteauroux (Indre), est spécialisé dans le matériel destiné à la viticulture. Cette société doit livrer à la société Chepauk un conteneur de 40 pieds de matériel. Les livraisons ont toujours été faites jusqu'à présent CIF Istanbul.
La société Chepauk a demandé à la société CMA, agent de compagnie maritime à Istanbul qui arme des porte-conteneurs, une cotation (voir annexe 1) afin d'étudier si un changement d'Incoterm ne serait pas plus avantageux pour elle au regard des propositions d'Agroplus (voir annexe 2).

Travail à faire

1. À partir des documents en annexes, déterminez selon quel Incoterm vous conseilleriez à la société Chepauk de traiter avec la société Agroplus.
2. Pourquoi la société Agroplus peut-elle sans crainte accepter que son client change d'Incoterm ?

ANNEXE 1 · Proposition CMA

De Châteauroux (France) / Le Havre (France) / Istanbul
Pour matériel agricole : 1 conteneur 1 × 40'

Mise à FOB Port du Havre

Châteauroux / Le Havre	:	2 000 EUR
THC port du Havre	:	100 EUR
Douane export (frais)	:	50 EUR
B/L	:	50 EUR

Fret maritime Le Havre/Istanbul

1 × 40' ALL IN	:	1 264 000 000 TRL
THC Istanbul	:	8 800 000 TRL
Douane import (frais)	:	4 200 000 TRL
Livraison sur site	:	10 400 000 TRL
Assurance tous risques H/H	:	0,3 % de 110 % de CIF

ANNEXE 2 · De Agroplus : cotation pour Société Chepauk

Matériel agricole

FCA Châteauroux	:	150 000 EUR
FOB Le Havre	:	152 000 EUR
CFR Istanbul	:	157 000 EUR
CIF Istanbul	:	158 000 EUR

Délai d'expédition : un mois
Règlement par SWIFT à 30 jours fin de mois de l'expédition
Validité de l'offre : 30 jours

ANNEXE 3 · Parité

1 EUR = 632 000 TRL.

Choix de l'Incoterm et cotation

La situation

La société LMS installée dans la banlieue sud de Paris fabrique et commercialise des fraiseuses universelles.
Un contrat a été signé en date du 28/09/n avec la société tunisienne El Bach, concernant la livraison d'une fraiseuse.
La vente a été conclue :
– CIF Tunis en cas de transport maritime ou
– DDP Carthage en cas de transport routier.
Le choix du moyen de transport sera effectué par le vendeur en fonction des possibilités au moment de l'expédition, soit au plus tard 3 mois après l'entrée en vigueur du contrat.
Le délai de paiement est de six mois à compter de la date d'expédition, la monnaie de facturation est l'euro.

Travail à faire

1. Dans un tableau, vous déterminerez le montant de la facture de la société LMS pour les deux modes d'expédition envisagés.
2. Dressez la liste des documents d'expédition nécessaires pour les deux modes envisagés.
3. Que peut-on penser du choix du mode de transport laissé au vendeur ?

ANNEXE 1

Prix de vente d'une fraiseuse : 40 000 EUR

ANNEXE 2 · Coût de logistique

Par route
Usine-Carthage (passage maritime en RO-RO Marseille-Tunis) :
- Coût de l'emballage : 1 000 EUR
- Coût du transport : 3 500 EUR (dont 500 EUR en Tunisie)
- Coût de l'assurance : 0,5 % de la valeur EX WORKS de la machine

Par mer
Usine-Tunis avec embarquement au port du Havre :
- Coût de l'emballage : 1 500 EUR
- Coût du transport routier de préacheminement : 800 EUR
- Coût du transport maritime : 2 500 EUR
- Coût de l'assurance maritime : 0,5 % de la valeur CIF + 10 %

Douane
- Droits à l'entrée en Tunisie : 6 % de la valeur en douane – TVA au taux de 15 %
- Coût de transit au Havre : 100 EUR
- Coût de transit à Marseille : 110 EUR

Incoterm et accords particuliers

La situation

La société Guérin, installée à Villers-les-Châtillons à côté d'Épernay-en-Champagne, produit et commercialise des vins de Champagne, brut, demi-sec et sec depuis quatre générations.
Dans un contrat récemment signé avec un importateur du Cap en Afrique du Sud, on peut lire aux articles 3 et 6 les éléments suivants :

Article 3 : Prix
Le prix est de 15 EUR la bouteille, en carton de 12 bouteilles mis en conteneur et logées en gare SNCF d'Épernay. Envoi minimum 200 cartons.

Article 6 : Expédition
Les marchandises voyagent aux risques et périls de l'acheteur. Les frais de transport sont facturés par le vendeur et remboursés par l'acheteur.

Travail à faire

1. Vous préciserez à la lecture de l'article 3 selon quel Incoterm la vente semble convenue.
2. Quel Incoterm pourrait résoudre le problème posé par la rédaction actuelle du contrat ?
3. Pourquoi l'acheteur ne souhaite-t-il pas prendre en charge l'organisation du transport ?

Enchaînement des Incoterms et variante

La situation

Installée dans la banlieue de Rouen, à Mont-Saint-Aignan, la société O'Roseman importe des distillateurs de pommes pour la fabrication d'eau de vie de type « Calva ».
Les fournisseurs traditionnels de ces machines sont nord-américains.
Deux propositions sont actuellement en concurrence, une émanant d'un fournisseur de Chicago et l'autre d'un fournisseur de Montréal.

Travail à faire

1. Analysez les deux propositions au regard des Incoterms proposés.
2. Quelle proposition vous semble la plus acceptable pour la société O'Roseman ?
Justifiez votre choix par au moins trois critères.

ANNEXE 1 · Les deux propositions

Proposition de la Société « The Kalin Big Apple » de Chicago	Proposition de la Société « Pommes de Cœur » de Montréal
Incoterm : FOB Usine de Chicago	Incoterm : FOB Montréal
Transport : • routier jusqu'à FAS New York • maritime jusqu'au Havre • routier du Havre à Rouen	Transport : • maritime jusqu'à Rotterdam • routier de Rotterdam à Rouen
Prix : 60 000 USD	Prix : 64 000 EUR

ANNEXE 2 · Parité monétaire

1 EUR = 0,95 USD

Module 3

Le transport maritime

EXERCICES

Exercice 1

La centrale d'achat des magasins Promoprix souhaite importer un conteneur de 20 pieds de vin de Californie pour une opération promotionnelle dans ses supermarchés.

Le vin est emballé en cartons de 12 bouteilles de 75 cl, mesurant 33 (hauteur de la bouteille) × 38 × 23 cm, et pesant 10,5 kg. Les cartons sont palettisés, bouteilles couchées, sur des palettes standard de 100 × 120 cm, mesurant 15 cm de hauteur et pesant 12 kg à vide.

Vous avez demandé au fournisseur que les palettes chargées ne dépassent pas 1,10 m de hauteur. Elles peuvent toutefois être gerbées.

Vous choisissez d'acheter la marchandise FCA San Francisco-terminal à conteneurs, et obtenez de votre transitaire les renseignements figurant en annexe.

▶ **1.** *Combien de cartons peuvent-ils être disposés dans un conteneur de 20 pieds standard, mesurant environ 5,95 × 2,25 × 2,28 m et de charge utile 18 tonnes ?*

▶ **2.** *Quelle sera la valeur de la livraison DDP Chelles, et le coût de revient d'une bouteille dans vos entrepôts ? (1 EUR = 0,90 USD)*

Annexe :
Syrah « Sun Valley », Red, 1999, 75 cl, 12°.
Unit price : FCA San Francisco container terminal : USD 1.15
Fret San Francisco-Rotterdam : 850 USD, y compris le chargement et le déchargement.
Transit à Rotterdam : 120 EUR
Transport Rotterdam-Chelles : 450 EUR
Droits de douane : 6 %
Taxe sur les alcools : 24 EUR par hectolitre.
TVA : 19,6 %.

Exercice 2

Vous avez vendu 15 caisses identiques de matériel électronique CIP Baltimore (USA) pour un prix global de 20 550 EUR.
Ces marchandises ont été embarquées à Rouen le 12 février par l'intermédiaire du transitaire Transfret, agissant comme commissionnaire de transport.
Vous avez souscrit une assurance « Fap sauf » auprès de la compagnie La Discorde : valeur assurée 22 500 EUR ; prime 80 EUR.
Les documents, dont un connaissement net, ont été remis à la banque le 16 février, pour paiement par crédit documentaire.
Le 22 février, l'acheteur américain vous expédie une télécopie pour vous informer qu'une caisse a été livrée éclatée par la compagnie maritime Seaspeed, et que son contenu est gravement endommagé.

▶ **1.** *Qui sera indemnisé, par qui, et pour quel montant ?*

▶ **2.** *Quels conseils devez-vous donner au réceptionnaire ?*

▶ **3.** *Quelle sera éventuellement la responsabilité de chaque partie concernée ?*

(Faites toutes les hypothèses utiles, en les signalant explicitement.)

Exercice 3

Vous avez à organiser le transport depuis les États-Unis de l'expédition décrite ci-dessous :

De Philadelphie à Paris, accessoires d'imagerie médicale :
- masse nette : 1 500 kg ;
- emballés en 6 caisses bois de 1 × 0,6 × 0,42 m ;
- masse de la caisse vide (tare) : 20 kg ;
- valeur totale FCA Philadelphie : 36 500 EUR.

Deux hypothèses sont envisagées pour le transport :

a) Transport en conventionnel :
- tarif conférence à l'unité payante (tonne ou m^3) : 360 EUR (Liner term : bord à bord) ;
- BAF : 10 % ;
- frais de chargement : 3 EUR par tranche de 100 kg ;
- déchargement : 4 EUR les 100 kg ;
- post-acheminement Le Havre-Paris : 245 EUR ;
- assurance : 105 EUR.

b) Conteneur de groupage :
- forfait (empotage, mise à bord, transport, déchargement) : 65 EUR par tranche de 100 kg, quel que soit le volume, dans la limite d'un rapport de 1 pour 3 ;
- post-acheminement Le Havre-Paris : 245 EUR ;
- assurance : 0,3 % sur CIP Paris + 10 %.

▶ *Calculer la valeur CIP Paris dans les deux cas de figure. Quelle solution peut-on recommander ?*

Exercice 4

Un incendie en mer, difficile à maîtriser, a entraîné une avarie commune sur un navire roulier.

Le commissaire d'avarie chargé de la dispache arrive aux conclusions suivantes :
- valeur du navire : 20 millions d'euros ;
- valeur de la cargaison avant le sinistre : 30 millions d'euros ;
- dommages au navire : 5 millions d'euros ;
- dommages à la cargaison : 5 millions d'euros.

▶ **1.** *Quelle somme l'armateur va-t-il recevoir au titre de l'avarie commune ?*

▶ **2.** *Quelle contribution, hors frais d'experts, devrez-vous verser si vous aviez chargé à bord des marchandises d'une valeur de 10 000 EUR qui n'ont pas été concernées par le sinistre ?*

▶ **3.** *Quelle indemnité recevrez-vous si vous aviez chargé à bord et assuré des marchandises d'une valeur de 10 000 EUR qui ont été détruites à 30 % ?*

Coût de revient import

La situation

Vous êtes stagiaire dans la société Adim, installée à Fatih, dans la banlieue d'Istanbul, qui est l'importateur exclusif pour la Turquie des ustensiles de cuisine de l'entreprise française Carmin.

La société Adim entretient une équipe de trois représentants, qui prospectent la clientèle des grossistes dans toute la Turquie. Ceux-ci revendent à leur tour aux détaillants en arts de la table et aux quincailliers. Quant à la grande distribution, elle est travaillée en direct par le directeur commercial d'Adim. Les produits, positionnés en haut de gamme, remportent un succès plus qu'honorable compte tenu du niveau de vie moyen en Turquie.

Afin de réduire les coûts de transport depuis la France, Adim est systématiquement livré par conteneurs complets de 40 pieds. Lorsque sa commande dépasse le volume d'un conteneur, l'excédent est reporté sur la livraison suivante. Les marchandises sont palettisées pour le transport sur des palettes en bois de 800 × 1 200 mm. On peut charger 25 palettes de ce type sur le plancher d'un conteneur de 40 pieds.

Les articles composant la prochaine livraison sont destinés à une promotion chez les distributeurs turcs. Votre Directeur souhaiterait donc connaître précisément les prix plancher qu'il peut pratiquer.

Des informations sur cette livraison vous sont fournies dans les annexes jointes.

Travail à faire

1. Calculer le coût de revient en EUR de cette commande rendue à Istanbul.
2. En déduire le coût de revient unitaire de chacune des trois références faisant partie de la livraison, en proposant une clé de répartition pour les frais de transport et d'assurance.

ANNEXE 1 · La livraison

- 1 200 « sets » de 3 casseroles de tailles différentes (3,5 litres, 2,5 litres et 1,5 litre) avec leurs couvercles, présentées en emballage cadeau illustré. Référence VN 5090. Prix du set : 15,10 EUR.

- 800 « sets » de 3 cocottes de tailles différentes (3,5 litres, 2,5 litres et 1,5 litre) avec leurs couvercles, présentées en emballage cadeau illustré. Référence VN 6090. Prix du set : 18,20 EUR.

- 3 720 casseroles de 2,5 litres, sans couvercle, présentées pour la vente à l'unité, emballées par 6 dans des caisses en carton ondulé double face kraft. Référence VN 1325. Prix du carton de 6 : 16,40 EUR.

Colisage

Article	Présentation	Nombre sur palette de 800 × 1 200	Masse brute de la palette chargée
Set de 3 casseroles VN 5090	boîte carton illustrée de 37 × 23 × 21 cm poids brut 5 180 g	100 boîtes	549 kg
Set de 3 cocottes VN 609	boîte carton illustrée de 37 × 23 × 21 cm poids brut 4 850 g	100 boîtes	516 kg
Casseroles 2,5 l VN 1325	6 casseroles dans un carton de 30 × 29 × 18 cm poids brut 7 950 g	124 cartons	1 017 kg

Conditions de vente : FCA transporteur routier à l'usine de Châteauroux

ANNEXE 2 · Frais de transport et assurance

Le transitaire, agent de la compagnie maritime, facture à Adim les frais suivants :
Un 40′ Le Havre-Istanbul

- Positionnement du conteneur puis traction du plein jusqu'au Havre : 1,25 EUR le kilomètre roulé (Châteauroux-Le Havre : 400 km) ;
- Transit au Havre (passage portuaire, visa du document d'accompagnement, émission des connaissements) : 95 EUR ;
- Chargement sur le navire : 105 EUR ;
- Fret principal Le Havre-Istanbul (Liner term : B/B) : 1 460 USD ;
- Déchargement à Istanbul : 84 millions de TRL (livres turques) ;
- Transit import et post-acheminement : 66 millions de TRL.

1 EUR = 0,80 USD
1 EUR = 600 000 TRL

L'assurance est souscrite par Adim sur la police tiers-chargeur de la compagnie maritime, au taux de 0,5 % sur la valeur facture majorée de 15 %.

Cotations pour une offre commerciale

La situation

La société Debrabant, fabricant de machines-outils installé à Bergerac (Dordogne), est une PME performante. Malgré sa petite taille (30 personnes), elle exporte 70 % de son chiffre d'affaires, grâce à la compétitivité de ses produits. Elle investit en effet beaucoup dans les études, ce qui lui permet de fabriquer des machines sur mesure, correspondant exactement aux besoins de chaque client. Sur ce créneau des ventes à l'unité, elle est peu concurrencée par les grands fabricants mondiaux.

Vous êtes attaché commercial de l'entreprise et travaillez en liaison avec le directeur commercial Afrique. L'entreprise Sococim de Dakar (Sénégal) serait intéressée par l'achat d'une fraiseuse à commande numérique. Le bureau d'études a défini les caractéristiques souhaitables de cette machine, ainsi que son coût de revient, et il s'agit maintenant de rédiger la proposition commerciale concernant ce matériel.

Votre directeur a retenu un prix de vente de 82 000 EUR HT pour cette machine, à nu, à l'usine. Cependant, en l'absence de précision de la part du client, il souhaite proposer des prix en francs CFA selon les quatre Incoterm EXW Bergerac ; FOB Bordeaux-Le Verdon ; CIP Dakar-parc à conteneur ; DDP Dakar-usine du client (Incoterms CCI 2000).

Vous prenez contact avec l'entreprise CMG, transporteur maritime et transitaire à même d'organiser pour vous l'ensemble de l'opération. À partir des renseignements que vous lui avez fournis sur l'expédition, celle-ci vous adresse les éléments de cotation en annexe.

Travail à faire

1. Dressez la liste des informations que vous avez fournies à CMG dans votre demande de cotation.
2. Établissez la fiche de prix selon les quatre Incoterms cités, qui servira de base à votre directeur pour la rédaction de sa proposition.

ANNEXE · Éléments de cotation

La machine-outil, d'une masse de 4 550 kg, voyagerait dans un conteneur dry de 20 pieds depuis votre usine jusqu'aux locaux de l'acheteur (FCL-FCL), afin de minimiser les risques d'avarie.
Ce conteneur serait acheminé par route jusqu'au Verdon, par mer du Verdon à Dakar, puis par camion jusque chez le client.

Pour **l'emballage et l'empotage**, CMG, qui sous-traiterait ces opérations auprès d'une entreprise spécialisée, vous propose un prix de 400 EUR (démontage partiel et préparation de la machine : 250 EUR ; empotage, calage : 150 EUR).

Le **positionnement du conteneur**, puis la traction du plein coûtent 600 EUR.

Au Verdon, il faut compter :
- déchargement du camion : 32 EUR ;
- transit portuaire : 80 EUR ;
- mise à bord : 110 EUR.

Fret maritime :
- fret de base (*liner term : B/B*) : 1 600 EUR (il s'agit du minimum, le conteneur n'étant que très partiellement rempli) ;
- surcharge combustible (BAF) : 2,5 %.

Compte tenu des caractéristiques de l'expédition, la CMG vous propose un rabais de 40 % sur le fret de base, et une ristourne immédiate de 9,5 % sur le fret total.

L'assurance maritime, de magasin à magasin, est au taux de 0,5 %. Vous choisissez de prendre comme valeur d'assurance la valeur CPT majorée de 15 %.

À Dakar il faut prévoir :
- déchargement : 60 000 FCFA HT ;
- transit import et dédouanement : 45 000 FCFA HT ;
- rechargement sur camion et livraison au client : 70 000 FCFA HT ;
- droits de douane : 5 % de la valeur frontière ;
- taxes intérieures : 20 % (même assiette qu'en France).

(1 EUR = 655,957 F CFA)

Conteneurisation et tarif export

La situation

Le directeur de zone de l'entreprise Médiason, fabricant français de téléviseurs, doit se rendre prochainement au Maroc. Il souhaite présenter à son importateur, M. El Ajeb, les nouveaux téléviseurs multistandard qui vont remplacer les références actuelles. Il a besoin pour cela que des prix CPT Casablanca soient établis pour les trois modèles de cette nouvelle gamme.

Les quantités qui seraient éventuellement commandées ne peuvent pas être précisées actuellement, mais chaque livraison, comportant probablement des articles des trois références, correspondra au volume d'un ou plusieurs conteneurs de 20 pieds complets. Pour des raisons de coût, mais aussi de sécurité de la marchandise, c'est en effet sur cette base que se font toutes les livraisons à El Ajeb.

Les prix de ces articles EXW Pontoise vous ont été communiqués, et vous êtes chargé de l'établissement du tarif incluant les coûts de transport. Vous disposez pour cela du colisage des trois produits, et de prix de transport sur Casablanca que vous avez demandés à votre transitaire.

Travail à faire

1. Déterminez le nombre de téléviseurs de chaque modèle pouvant être chargés dans un conteneur de 20 pieds.
2. Calculez sur cette base les prix CPT Casablanca pouvant servir de référence dans la négociation avec El Ajeb. Commentez les résultats obtenus.

ANNEXE 1 · Les produits

Téléviseurs multistandard : son stéréo Nicam ; tube Black Matrix ; télétexte ; deux prises péritel ; compatibles décodeurs numériques.
- Écran 70 cm : réf. TL 2570 – Dim. (L x 1 x h) 83 x 55 x 50 cm – 38 kg.
  - Prix EXW : 355 EUR.
- Écran 55 cm : réf. TL 2555 – Dim. (L x 1 x h) 59 x 50 x 49 cm – 23 kg.
  - Prix EXW : 300 EUR.
- Écran 36 cm : réf. TL 2536 – Dim (L x 1 x h) 42 x 38 x 40 cm – 12 kg.
  - Prix EXW : 270 EUR.

ANNEXE 2 · Colisage

Pour l'export, les téléviseurs sont palettisés en usine, la palette étant ensuite emballée sous film rétractable afin d'assurer un ensemble solidaire. Les palettes sont du type standard (palette bois perdue), de dimensions 1 000 x 1 200 mm (hauteur 120 mm). Les téléviseurs ne doivent pas être couchés. Ils peuvent être empilés jusqu'à une hauteur de conteneur, cette solution étant préférée au gerbage des palettes.

ANNEXE 3 · Éléments de cotation

Un 20' Pontoise / Le Havre / Casablanca :
- pré-transport : 480 EUR ;
- passage portuaire et chargement : 225 EUR ;
- fret maritime (bord à bord) : 820 EUR.

Pour information : dimensions intérieures utiles d'un conteneur de 20 pieds standard : longueur : 5 950 mm ; largeur : 2 360 mm ; hauteur : 2 250 mm.

Connaissement maritime

La situation

Vous êtes employé(e) au service export de la société Monruel. Cette entreprise est spécialisée dans les légumes. Sa gamme comporte des conserves, mais aussi des surgelés, des légumes frais sous vide et des plats préparés à base de légumes.

Suite à une expédition de carottes surgelées vers Taiwan, vous recevez de votre transitaire maritime au Havre le jeu de connaissements dont un exemplaire figure en annexe 2.

Travail à faire

1. Analysez ce document (forme, mentions obligatoires, dates, etc.).
2. Contrôlez sa conformité avec les stipulations du crédit documentaire telles qu'elles apparaissent dans l'annexe 1 ci-dessous.

ANNEXE 1 · Extraits de l'ouverture de crédit

Credit Number :	3NS2/01728/2141
Applicant :	T.A. WANG PO BOX 244 ETON ROAD, TAIPEI, TAIWAN, R.O.C.
Beneficiary :	MONRUEL 59653 VILLENEUVE-D'ASCQ FRANCE
Partial Shipments :	PROHIBITED
Transshipment :	ALLOWED
Loading port :	EUROPEAN PORT
For Transport to :	KEELUNG
Latest Date of Ship. :	DECEMBER 15TH [20].
Descript. of Goods :	CIF KEELUNG 9,500 kg FROZEN PARISIAN CARROTS, DIAMETER 18/22 MM PACKED IN 1 x 25 kg BAGS IN KRAFT WHICH PRINTED "PARISIAN CARROTS 25 kg"
Documents required :	... FULL SET (LESS ONE) OF CLEAN ON BOARD MARINE BILLS OF LADING MADE OUT TO THE ORDER OF FIRST COMMERCIAL BANK, NOTIFY APPLICANT, MARKED « FREIGHT PREPAID » AND INDICATING THIS CREDIT NUMBER. ...

ANNEXE 2 · Connaissement

BILL OF LADING FOR COMBINED TRANSPORT SHIPMENT OR PORT TO PORT SHIPMENT

Shipper
MONRUEL
VILLENEUVE D'ASCQ
FRANCE

B/L NO : 8
Reference : LEHP 2764

Redlloyd

Incorporated in The Netherlands as
Redlloyd Lijnen B.V. Rotterdam

Consignee or Order
TO THE ORDER OF FIRST BANK

Notify Party/Address — It is agreed that no responsibility shall attach to the Carrier or his Agents for failure to notify (see clause 20 on the reverse)
T.A. WANG
TAIPEI, TAIWAN, R.O.C.

Place of Receipt (Applicable only when this document is used as a Combined Transport Bill of Lading)

Ocean Vessel
M/S "REDLLOYD HORN"

Port of Loading
LE HAVRE

Place of Delivery (Applicable only when this document is used as a Combined Transport Bill of Lading)

Port of Discharge
KEELUNG

Marks and Nos; Container Nos	Number and kind of Packages, description of Goods	Gross Weight (kg)	Measurement (cbm)
	1 X 20' REEFER CONTAINER SAID TO CONTAIN :		
CRXU 572 291 SEAL N° 287214	9,500 KGS FROZEN PARISIAN CARROTS, DIAMETER 18/22 MM PACKED IN 1 X 25KGS BAGS IN FRAFT WHICH PRINTED "PARISIAN CARROTS 25 KGS"		

TOTAL NUMBER OF CARTONS : 380

T.N.W. = 9.500,00 KGS
T.G.W. = 9.975,00 KGS

TRANSPORT TEMPERATURE : -18°C / -20°C

ON BOARD

FREIGHT PREPAID

PARTIAL SHIPMENTS : PROHIBITED / TRANSSHIPMENT ALLOWED

IRREVOCABLE DOCUMENTARY CREDIT N°3NS2/01728/2141

ABOVE PARTICULARS AS DECLARED BY SHIPPER

* Total No. of Containers/Packages received by the Carrier
1 (ONE)

Movement
FCL/FCL

Freight and Charges (indicate whether prepaid or collect).
Origin Inland Haulage Charge
Origin Terminal Handling/LCL Service Charge
Ocean Freight
Destination Terminal Handling/LCL Service Charge
Destination Inland Haulage Charge

RECEIVED by the Carrier from the Shipper in apparent good order and condition (unless otherwise noted herein) the total number or quantity of Containers or other packages or units indicated in the box opposite entitled " * Total No. of Containers/Packages received by the Carrier" for Carriage subject to all the terms hereof (INCLUDING THE TERMS ON THE REVERSE HEREOF AND THE TERMS OF THE CARRIER'S APPLICABLE TARIFF) from the Place of Receipt or the Port of Loading, whichever is applicable, to the Port of Discharge or the Place of Delivery, whichever is applicable. One original Bill of Lading must be surrendered, duly endorsed, in exchange for the Goods. In accepting this Bill of Lading the Merchant expressly accepts and agrees to all its terms and conditions whether printed, stamped or written, or otherwise incorporated, notwithstanding the non-signing of this Bill of Lading by the Merchant.

Freight payable at
LE HAVRE

Place and Date of issue
LE HAVRE 14 DEC

Number of Original Bills of Lading
3 (THREE)

IN WITNESS of the contract herein contained the number of originals stated opposite have been issued, one of which being accomplished the other(s) to be void.

For the Carrier: REDLLOYD - FRANCE
LE HAVRE

As Agent(s) only

ICS
CT B/L
April '78

ORIGINAL

R 302 (Original) 100.000-3-'93

Module 4

Le transport aérien

EXERCICES

Exercice 1

Votre entreprise, installée dans la région parisienne, exporte régulièrement par la voie aérienne des accessoires de mode (bijoux fantaisie) à destination d'un distributeur américain installé à New York.

L'expédition type est la suivante :
Quatre colis de 0,4 × 0,4 × 0,3 m et 6 kg chacun.
Valeur 480 EUR FCA Roissy, soit 20 EUR au kilo.
Une expédition semblable est organisée chaque semaine.
Le tarif IATA Paris-New York se présente ainsi :

Poids mini (en kg)	Prix (en euros)
M	50
– 45	4,60
+ 45	3,70
100	2,70
500	2,20

▶ **1.** *Quel montant paierez-vous pour le fret ? Quelle somme cela représente-t-il en pourcentage de la valeur au départ ?*

▶ **2.** *Comment ce pourcentage aurait-il évolué si l'expédition avait été de 5 colis, ou davantage ? Que conseilleriez-vous ?*

Exercice 2

La LTA permet de détailler les frais liés au transport selon leur nature et leur bénéficiaire (compagnie aérienne ou agent).
Ces frais sont ensuite répartis en deux colonnes suivant qu'ils sont payés au départ (*prepaid*), ou dus à l'arrivée (*collect*).

▶ *Dans le cas ci-dessous, comment ces frais doivent-ils être indiqués si la vente a lieu FCA Roissy ? Si elle a lieu CIP Milan ?*

Annexe :
Camionnage (PUC) : 50 EUR
Émission de la LTA (AWA) : 15 EUR
Transport principal Roissy-Milan : 120 EUR
Assurance (INC) : 10 EUR

<table>
<tr><td>Prepaid</td><td>Weight Chcrge</td><td>Collect</td></tr>
<tr><td></td><td></td><td></td></tr>
<tr><td colspan="3">Valuation Charge</td></tr>
<tr><td colspan="3">Tax</td></tr>
<tr><td colspan="3">Total other Charges Due Agent</td></tr>
<tr><td colspan="3">Total other Charges Due Carrier</td></tr>
<tr><td></td><td></td><td></td></tr>
<tr><td>Total prepaid</td><td></td><td>Total collect</td></tr>
<tr><td>Currency Conversion Rates</td><td></td><td>cc charges in Dest. Currency</td></tr>
<tr><td>For Carrier's Use only at Destination</td><td></td><td>Charges at Destination</td></tr>
</table>

Exercice 3

Vous souhaitez expédier à Anchorage 180 cartons identiques de produits pharmaceutiques, de dimension 50 × 40 × 40 cm et de poids brut 16 kg. Valeur FCA Roissy : 80 000 EUR.
La vente est réalisée CIP Anchorage, Incoterm CCI 2000.

La compagnie aérienne vous propose un ULD de type 2 : base palette 307 × 234 cm.
Hauteur maxi : 241 cm. Masse chargeable 5 000 kg.
Le poids pivot de cet ULD est de 2 200 kg :
• prix minimum pour Anchorage : 6 500 EUR ;
• kilos au-dessus du pivot : 2,49 EUR.

Les frais annexes sont les suivants :
• frais d'enlèvement et pré-acheminement sur Roissy : 85 EUR ;
• taxe fixe d'établissement de la LTA : 8 EUR ;
• taxe fixe d'enregistrement compagnie : 12 EUR ;
• frais de traitement pour expéditions donnant lieu à passage en douane :

Poids	Montant fixe	Tarif au kilo
Jusqu'à 10 kg	12 EUR	
10 à 100 kg	15,5 EUR	0,15 EUR
Plus de 100 kg	20,5 EUR	0,03 EUR

• assurance : taux de 0,20 % sur la valeur déclarée, soit la valeur FCA + 20 % ;
• taxe de sûreté du fret aérien. Votre transitaire, « expéditeur connu », est habilité à percevoir la taxe de sûreté suivante (vous êtes « client connu ») :
0,03 EUR/kg,
minimum par expédition : 5 EUR,
maximum par expédition : 15 EUR.

▶ **1.** *Vérifiez que l'ULD proposé est apte à accueillir l'expédition.*
▶ **2.** *Calculez le prix total demandé par la compagnie aérienne.*

Exercice 4

Vous avez expédié vers Munich 20 cartons identiques de cassettes vidéo enregistrées.
Masse d'un carton : 12 kg.
Valeur de l'expédition : 6 000 EUR DDU München.

Vous avez souscrit auprès de la compagnie aérienne une assurance « tiers chargeur » aux conditions suivantes :
– prime : 0,15 % ;
– valeur pour l'assurance : 6 500 EUR.

À l'arrivée, le réceptionnaire vous signale qu'un carton était manquant lors de la remise à la société de messagerie chargée du post-acheminement.

▶ **1.** *Que devez-vous faire ?*
▶ **2.** *Quelle sera l'indemnité reçue de l'assureur ?*
▶ **3.** *Comment auriez-vous été indemnisé en l'absence d'assurance ?*

Air : application du tarif

La situation

La société e-Media doit expédier en transport aérien vers Rio de Janeiro (Brésil) des décodeurs numériques pour la réception de la télévision par satellite. En charge de la logistique, on vous demande de préparer cette expédition.

Vous prenez contact avec votre transitaire habituel, qui vous fournit les informations ci-dessous pour :
- une expédition exclusive au tarif général,
- ou une expédition en unité de charge (ULD),
- ou un groupage.

Travail à faire

1. Calculez le coût du transport principal dans chacune des hypothèses, et proposez une solution.
2. Indiquez quels éléments de taxation figureront sur la LTA émise par la compagnie aérienne dans chacun des cas de figure.

ANNEXE 1 · Caractéristiques de l'expédition

- 1 250 décodeurs numériques, en cartons de 40 × 25 × 12 cm.
- Masse du décodeur emballé : 1,8 kg.
- Prix de vente : 72 500 EUR CIP Rio.

ANNEXE 2 · Tarif général IATA

Poids mini (en kg)	Prix (en euros)
M	60
– 45	5,60
+ 45	4,15
100	3,00
500	2,40

ANNEXE 3 · Tarif IATA pour palette de 96″ × 125″

Volume intérieur utile : 16,6 m^3.
Tare : 150 kg.
- Poids pivot : 2 100 kg. Prix : 4 350 EUR.
- Au-dessus du pivot : 1,80 EUR le kilo.
- En sus : mise sur palette : 15 EUR la tonne (poids arrondi aux 100 kg supérieurs).

ANNEXE 4 · Groupage aérien

Le groupeur propose un prix de 2 EUR le kilo pour Rio de Janeiro, avec application de la règle du « 1 pour 6 ».

ANNEXE 5 · Fac-similé LTA

No of pieces RCP	Gross Weight	kg lb	Rate Class / Commodity Item No.	Chargeable Weight	Rate / Charge	Total	Nature and Quantity of Goods (incl. Dimensions or Volume)

Comparaison maritime/aérien

La situation

Starco Sarl est une société de négoce spécialisée sur l'Asie, qui recherche des fournisseurs pour les centrales d'achat de la grande distribution et importe pour elles toutes sortes de produits.
La centrale d'achat des magasins Autan a passé commande à Starco de 3 600 graveurs de CD destinés à une promotion. Vous avez été chargé(e) de ce dossier. Le fournisseur que vous avez sélectionné est l'entreprise Windrive de Taejon (Corée du Sud). Celui-ci vous a fait une offre dont les éléments principaux figurent en annexe 1.
Pour l'acheminement de ces produits vers votre entrepôt de Massy (Essonne), vous vous êtes fait communiquer les tarifs d'un transitaire à même d'organiser le transport par voie maritime. Ces éléments figurent en annexe 2.
Vos capacités de stockage étant limitées, et le respect absolu de la date de livraison aux magasins étant impératif, vous souhaiteriez étudier aussi l'acheminement par voie aérienne. Les éléments correspondants figurent en annexe 3.

Travail à faire

1. Calculez le coût d'un graveur CIP Massy dans chacun des deux cas de figure.
2. Quelle solution de transport proposez-vous ?
NB : Pour tous les calculs, on prendra 1 EUR = 0,90 USD

ANNEXE 1 · Offre

Produits
Graveurs de CD internes compatibles CD-R, CD-RW et CD-audio.
Interface IDE. Vitesse 32x.

Colisage
Chaque graveur, vendu sous la marque Windrive, modèle « Luxus 32 », est emballé dans un carton illustré avec textes en français, un CD-Rom de logiciels, et un CD vierge. Chaque carton contient aussi un mode d'emploi en français et un bon de garantie selon le modèle qui a été joint.

Chaque carton illustré mesure 23 × 20 × 10 cm et pèse 800 g. Pour le transport, les produits sont groupés par 12 dans des caisses en carton ondulé double cannelure.

Prix de vente unitaire
90 USD FCA transporteur maritime à Pusan, ou FCA transporteur aérien à Séoul, marchandise dédouanée pour l'export.

ANNEXE 2 · Transport maritime

Si cette solution est choisie, les cartons seront palettisés aux frais du vendeur sur des palettes de 1 000 × 1 200 filmées, à raison de 30 cartons (360 appareils) par palette. Hauteur de la palette chargée : 1,60 m. Masse : 314 kg brut, dont 20 kg de palette et film.
Pour des raisons de sécurité, les marchandises voyageront en FCL/FCL dans un conteneur de 20 pieds.
De Pusan (South Korea) à Massy (France), via Rotterdam.

Transit time (durée du transport) : 28 jours.
- Transit export à Pusan : 120 USD.
- CSC (frais de chargement) à Pusan : 80 USD par 20 pieds.
- Box-rate de bord Pusan à quai Rotterdam : 800 USD. BAF : 5 %.
- Transit à Rotterdam et T1 : 80 EUR.
- Post-acheminement Rotterdam-Massy : 400 EUR.
- Assurance : 0,3 % de (CIP + 10 %).

ANNEXE 3 · Transport aérien

Les marchandises seraient transportées jusqu'à Séoul aux frais du vendeur, puis remises au transporteur aérien pour préparation d'une unité de chargement : une palette « 10 pieds » type 2 avec filet.
Dimensions 96" × 125". Volume chargeable : 18 m^3. Masse maximum 4 630 kg.

La compagnie aérienne propose :
- Palettisation : 10 USD les 100 kg brut (arrondi aux 100 kg supérieurs) ;
- Taxe d'enregistrement : 20 USD par expédition ;
- Poids pivot 2 200 kg : Prix : 3 000 USD ;
- USD par kilo au-dessus du pivot : 1,60 USD ;
- Assurance tiers chargeur au taux de 0,2 % sur la valeur facture majorée de 10 % ;
- Transit Roissy et T1 : 60 EUR ;
- Livraison Roissy-Massy : 180 EUR.

Analyse d'une LTA

La situation

La société LDC, installée dans la Sarthe à Loué, est un des principaux groupes français dans le domaine de l'abattage et de la commercialisation de volailles. Élevées en plein air par des fermiers, ces volailles sont confiées à la société LDC au moment de l'abattage. Nourries exclusivement aux grains, la qualité des produits ainsi obtenus a permis, il y a trois ans, l'obtention de l'appellation « Poulet de Loué ».

La moitié de la production est commercialisée en France et dans l'UE, et l'autre moitié dans une quinzaine de pays tiers. Les Japonais, grands amateurs de chair de poulet blanche, ont récemment signé des contrats d'approvisionnements réguliers. La livraison s'effectue toujours auprès d'un transitaire désigné à Tokyo.

Les ventes export sont réalisées selon l'un des trois Incoterms suivants :
- EXW Loué ;
- FCA Roissy aéroport Charles-de-Gaulle ;
- CPT aéroport de destination.

Travail à faire

1. Établissez le schéma des relations entre les intervenants ayant participé à l'expédition de la commande de début septembre, reprise en annexe 1.
2. Analysez le rôle joué par les transitaires dans cette même expédition aérienne.
3. Calculez, à partir du prix de vente EXW, le prix qu'il est possible de proposer à l'importateur Yashita Imports, au kilo de poulet rendu aéroport de Tokyo (hors droits et taxes).

ANNEXE 1

Deux commandes parvenues début septembre doivent être livrées avant le 10, à :
- Yashita Imports (importateur japonais spécialisé dans la distribution aux grands restaurants). Achat de poulets entiers ;
- Yacomo Delivery Ltd (importateur spécialisé dans les chaînes de restauration rapide). Achat de découpes de poulets.

Expédition prévue :
- par la route de Loué à Roissy-Charles-de-Gaulle. Coût : 0,6 EUR le kg de produit transporté ; poulet entier ou découpe.
- en transport aérien, après groupage par Nippon Express France.

Prix de vente du kg de poulet entier au départ ; 8,50 EUR.

Masse nette des poulets entiers	:	322 kg
Masse nette des découpes de poulets	:	330 kg
Masse brute des 21 colis	:	360 kg
Masse brute des 29 colis	:	370 kg

ANNEXE 2 · LTA

Air Waybill Number: CDC 4120 3396

CRN

Air Waybill Number: CDC 4120 3396

NOT NEGOTIABLE
AIR WAY BILL
(AIR CONSIGNMENT NOTE)
ISSUED BY
NIPPON EXPRESS FRANCE SA

1 Shipper's Name and Address

Société L D C
72540 LOUE FRANCE

2 Consignee's Name and Address

NORTHERN EXPRESS LTD
5-9 KITA SHINAGAWA
TOKYO / JAPAN
M. ODAWARA
TEL 473. 1950

Consignee's account Number: NORT

Copies 1, 2 and 3 of this Air Waybill are originals and have the same validity

Accounting Information: FREIGHT: ALL COLLECT

3 Issuing Carrier's Agent

NIPPON EXPRESS FRANCE SA
(117-117)

2,012,899CCM D= 10.2

4 Airport of Departure (Addr. of first Carrier) and requested Routing: PAR-10

To	By First Carrier	MAWB No	SBS No	Currency	WT/VAL PPD	WT/VAL COLL	Other PPD	Other COLL	Declared Value for Carriage	Declared Value for Customs
TYO	NEF	131-2862 8574		EUR		CC		CC	N.V.D.	

Airport of Destination	1st Flight / Date	2nd Flight / Date	Amount of Insurance
TOKYO	JL406 / 9		

5 Handling Information

PERISHABLE SHIPMENT PLS STORE IN COOL PLACE + 4°C
50 PCLS LOADED ONTO ONE MAP 5051
DTLS OF SHIPMENT LDC – YASHITA 21/360 kgs LDC – YACOMO 29/370 kgs
OUR REF NO. 411-3850

6

No of Pieces RCP	Gross Weight	Rate Class / Commodity Item No	Chargeable Weight	Rate / Charge	Total	Nature and Quantity of Goods (incl. Dimensions or Volume)
50	730.0		730.0	4,41	3 220	FRESH FOOD
		055X041X027X002		062X043X023X004		XXXX
		068X038X026X003		053X043X027X005		
		058X043X025X003				
		024X015X016X001				
		046X025X027X005				
		062X033X018X015				
		034X023X018X001				
		062X037X019X005				
		045X034X019X001				
		080X040X024X001				

7

Prepaid	Weight Charge	Collect
		3 220
	Valuation Charge	
	Tax	
	Total other Charges Due Agent	
	Total other Charges Due Carrier	
	Insurance Premium	
Total prepaid		Total collect
		3 455
Currency Conversion Rates		CC charges in Dest. Currency
For Carriers Use only at Destination		Charges at Destination

Other Charges: CUSTOMS 80 CORRESP 5 HANDLNG 100 CC FEE 50

The shipper certifies that the particulars on the face hereof are correct

NIPPON EXPRESS FRANCE S A
Signature of Shipper or his Agent

BY BROKER / AGENT

Carrier certifies goods described were received for carriage, the goods then being in apparent good order and condition except as noted hereon.

09 SEP. 2000 CDG AIR EXPORT
Executed on (Date) at (Place)

ON HAND:

Module 5

Les transports terrestres

EXERCICES

Exercice 1

Vous importez de Suède par route de la vaisselle en porcelaine décorée. Les marchandises vous sont livrées en cartons, sur palettes filmées.

Le 15 juin, vous recevez deux palettes de ce type. Vous les examinez et, ne remarquant rien de particulier, vous signez la lettre de voiture.

Le 20 juin, les palettes sont défaites. Vous remarquez alors que deux cartons portent des traces de choc. Après ouverture, vous constatez que la vaisselle à l'intérieur est ébréchée.

Que devez-vous faire, et quelles sont vos chances d'indemnisation dans les situations suivantes ?

▶ **1.** *La marchandise était vendue FCA Malmö, et vous ne l'avez pas assurée.*
▶ **2.** *La marchandise était vendue FCA Malmö, et vous avez déclaré l'expédition dans le cadre de votre police d'abonnement.*
▶ **3.** *La marchandise était vendue DDU Lyon.*

Exercice 2

Vous avez à expédier depuis votre usine de Montargis 20 cartons de raquettes de tennis à destination de votre distributeur de Cologne (Allemagne).
Masse de chaque carton : 11,2 kg.
Dimensions : 70 × 40 × 30 cm.

Vous vous adressez au transporteur Dantaz qui, compte tenu de l'urgence de l'expédition, vous propose sa prestation de fret express à délai garanti J +1 sur l'Allemagne.
Köln (Cologne) est en zone 2 pour le transporteur.

Tarif courant en euros « Messagerie Express » Zone 2

Prix par envoi					Prix aux 100 kg				
0 à 10 kg	10 à 20 kg	20 à 50 kg	50 à 75 kg	75 à 100 kg	100 à 200 kg	200 kg à 1 t	1 à 2 t	2 à 3 t	+ de 3 t
19	25	34	40	55	52	36	26	22	20

Le tarif s'applique de domicile à domicile. Les prix sont valables pour toute marchandise dont la masse au mètre cube est supérieure à 150 kg.
Ils sont majorés de :
– 10 % pour une masse comprise entre 150 et 120 kg par m^3 ;
– 20 % pour une masse comprise entre 119 et 80 kg par m^3 ;
– 30 % pour une masse inférieure à 80 kg par m^3 ;
Pour les envois supérieurs à 100 kg, le poids taxable est arrondi aux 10 kg supérieurs.
La responsabilité pour perte ou avarie de Dantaz est limitée à 38 EUR par kilo de poids brut, avec un maximum de 765 EUR par colis.

▶ *Calculez le coût de la livraison des 20 cartons.*

Exercice 3

Votre entreprise, installée à Mulhouse, a vendu à Beyrouth 1 600 isolateurs électriques en céramique pour lignes électriques moyenne tension.
La marchandise est emballée en caisses carton puis palettisée et filmée.
Pour organiser l'expédition via le port du Havre, vous hésitez entre deux solutions : l'expédition en FCL/FCL (empotage dans l'usine et transport du conteneur complet jusqu'au port de destination) ou l'expédition par la voie ferroviaire de la marchandise palettisée et l'empotage au Havre. Votre entreprise dispose en effet d'un embranchement particulier.

▶ **1.** *Vérifiez que l'expédition n'excède pas la capacité du conteneur.*
▶ **2.** *Quelle solution de pré-acheminement vous semble-t-elle préférable ?*
▶ **3.** *Aurait-on pu envisager une tierce solution ?*

Caractéristiques de l'expédition :
- Prix EXW d'un isolateur : 10 EUR.
- Produits groupés par quatre dans des caisses en carton ondulé double cannelure de 60 × 40 × 30 cm et pesant 32 kg.
- Palettes de 120 × 80 cm (hauteur du plateau 22 cm ; masse de la palette 30 kg).
- La hauteur de la palette chargée ne peut excéder 1,50 m. Les palettes ne sont pas gerbables.

On peut mettre 25 palettes de 800 × 1 200 dans un conteneur 40 pieds dry en acier standard. Charge maximale : 27 t.

Expédition FCL/FCL
- Positionnement du conteneur à Mulhouse 230 EUR.
- Traction vers Le Havre (702 km) : 200 EUR plus 1,20 EUR par kilomètre roulé
- Empotage : 2 minutes par palette. Coût de manutention avec chariot élévateur : 0,90 EUR par minute.
- Durée de transport : 1 jour franc par fraction de 400 km.

Pré-acheminement ferroviaire :
25 palettes dans un wagon couvert à deux essieux de charge utile 25 t.
Mulhouse/Le Havre-Port : 677 km.
- Chargement du wagon sur installation terminale embranchée : 3 minutes par palette.
- Prix en service « Fret rapide » pour marchandises de classe 2.WI :

Tarification mixte wagon + tonne (en EUR)		
Distance en km	par wagon	à la tonne
661 à 680	518	36,6

Masse arrondie aux 100 kg supérieurs

- Frais fixes : 12 EUR par expédition. Délai : jour D.
- Empotage au Havre : 5 EUR par palette.

Tarif par palettes

La situation

La société des Conserves de Bançay, du nom d'un village proche de Vierzon, élabore depuis une vingtaine d'années des conserves de viande et des plats préparés en conserve. Au cours des années, elle a élargi petit à petit sa gamme qui comporte aujourd'hui des préparations à base de gibier (faisan, perdreaux, biche, sanglier...), mais aussi des produits moins sophistiqués à base de porc, de volaille et de bœuf.
Lors de sa dernière participation au SIAL, l'entreprise a été contactée par un importateur autrichien qui s'est montré très intéressé par la gamme des conserves à base de bœuf, et en particulier par les « corned-beef ». Ces produits présentent selon lui un excellent rapport qualité/prix qui, associé à l'image française, devrait leur permettre de percer sur son marché.
Il vous a demandé une offre CIP Salzburg pour le produit type de cette gamme : le corned-beef « Le Bançais » en boîtes de 250 g.
Pour inciter l'importateur à ne pas placer des ordres de trop faible volume, votre directeur souhaite élaborer un tarif par palettes complètes qui soit dégressif en fonction des quantités.
Le colisage de ces produits est indiqué en annexe 1. Votre directeur vous a indiqué les prix EXW en euros qu'il entend proposer en fonction des quantités commandées (annexe 2). Vous vous êtes enfin adressé(e) à un transporteur routier réalisant des groupages réguliers sur l'Europe centrale qui vous a transmis les prix figurant en annexe 3.

Travail à faire

1. Calculez les quantités, en nombre de palettes, correspondant à chaque tranche du tarif du transporteur.
2. En déduire un barème dégressif CIP Salzburg, par carton, pour des envois compris entre une et dix palettes.

ANNEXE 1 · Colisage

Article	Poids net par boîte	Qté par carton	Poids brut du carton	Dimensions	Qté par palette	Poids brut palette	Hauteur palette
Corned-beef « Le Bançais »	250 g	36	11,4 kg	30 × 30 × 17 cm	72 cartons	830 kg	1,30 m

ANNEXE 2 · Prix EXW

Quantité en nombre de palettes	Prix EXW par palette
1 palette	1 700 EUR
2 à 5 palettes	1 500 EUR
6 à 10 palettes	1 300 EUR

ANNEXE 3 · Frais de transport et assurance

Masse brute	Prix Vierzon-Bançay/Salzburg
Minimum de taxation	150 EUR
Moins de 1 tonne	0,36 EUR/kg
1 à 2,5 tonnes	0,28 EUR/kg
2,5 à 5 tonnes	0,23 EUR/kg
plus de 5 tonnes	0,20 EUR/kg

Conditions d'application du tarif
Ces prix s'entendent pour des marchandises palettisées sur europalettes de 800 × 1 200, non dangereuses, avec rapport poids-volume de 330 kg au m^3. Ils comprennent le chargement et l'établissement des CMR.
Assurance tiers-chargeur : 0,5 % sur (EXW + 20 %).

Route : comparaison d'offres

La situation

Installé à Saint-Denis (région parisienne), le distributeur Mondial Cuisines souhaite importer de Pologne des meubles de cuisine stratifiés. Ceux-ci sont livrés démontés, en cartons, sur palettes cerclées. Le prix d'achat s'établit à 30 000 EUR EXW Praga (banlieue de Varsovie).

L'expédition représente 8 palettes de 800 × 1 200 mm. Aussi l'importateur hésite-t-il entre un affrètement routier et le recours à la messagerie (groupage).

Vous avez recueilli les offres figurant en annexe.

Travail à faire

Comparez les deux propositions, et suggérez un choix.

ANNEXE 1 · *Caractéristiques de l'expédition*

8 palettes homogènes de 800 × 1200, hauteur 1,20 m.
Masse brute totale : 9 875 kg.

ANNEXE 2 · *Offre des transports internationaux Martin*

Forfait Varsovie (domicile-domicile) : par camion 1 050 EUR.
Douane : 80 EUR.
Délai : 36 heures, non garanti.

ANNEXE 3 · *Offre des transports GERCO*

Ligne quotidienne Varsovie-Paris.
Enlèvement chez le fournisseur et passage à quai : 3 EUR les 100 kg.
Fret principal, y compris la livraison à Saint-Denis (barème ci-dessous) :

Poids	Prix
Minimum	100 EUR
Jusqu'à 500 kg	60 EUR les 100 kg
500-1 000 kg	40 EUR les 100 kg
1 000-5 000 kg	25 EUR les 100 kg
5 000-10 000 kg	15 EUR les 100 kg
Plus de 10 000 kg	10 EUR les 100 kg

Conditions d'application du barème :
Rapport poids-volume : 1 m^3 = 330 kg.
900 kg par m^2 de plancher.

Douane (émission du T1) : 80 EUR.

Transporteur certifié ISO 9002. Possibilité de suivi de la livraison sur Internet.
Réservation : j – 1. Camions scellés au départ de Varsovie.
Délai 48 heures de porte à porte garanti (remboursement du fret en cas de dépassement).
Assurance comprise, dans la limite de 20 EUR par kilo.

Comparaison fer/route

La situation

La société Sampal SA a vendu à l'entreprise Costa, grossiste importateur, 24 palettes d'huile de tournesol. La livraison est prévue DDU entrepôt du client à Malaga (Espagne). Celui-ci vous a informé que ses locaux sont reliés à la voie ferrée.

Les 24 palettes filmées ont pour dimensions 100 × 120 × 180 cm, et représentent donc un volume total d'environ 52 m^3 et une masse brute de 28 tonnes, pour un prix EXW de 14 600 EUR. Vous hésitez entre une livraison par route et un acheminement par fer.

Les propositions de votre transitaire et celles de la SNCF sont résumées dans les annexes jointes.

Travail à faire

Comparez les deux solutions proposées selon les critères classiques (coût, délai, sécurité).

ANNEXE 1 · Livraison par route

Une semi-remorque maxi-cube type « Tautliner » à chargement latéral.
Chargeant 24 palettes 1 000 × 1 200 et 30 tonnes au maximum.
De Rouen (Seine Marit me) à Malaga (Espagne) : 1 200 EUR.
Passage à quai : 0,5 EUR les 100 kg.
Frais de dossier : 80 EUR.
Délai 2 jours.

ANNEXE 2 · Livraison par fer

Un wagon type G5 « Transfesa » à essieux interchangeables.
De gare de Rouen à embranchement client à Malaga :
Prix de base par wagon : 900 EUR.

Coefficient de réduction/majoration selon le chargement :

Masse chargée en tonnes	15	18	22	25	28	30	32
Coefficient	0,70	0,85	0,92	1,00	1,10	1,20	1,30

Délai 72 heures si chargement avant midi.
Prévoir en sus : pré-acheminement jusqu'à la gare de Rouen : 200 EUR.
Émission de la lettre de voiture : 10 EUR.

Module 6

Le dédouanement des marchandises

EXERCICES

Exercice 1

Une entreprise française installée à Angoulême importe d'Australie une machine à traiter les champs de tournesol aux conditions suivantes :
- prix FOB Melbourne : 25 000 EUR ;
- coût du fret et de l'assurance en maritime : 2 500 EUR ;
- transport routier Bordeaux-Angoulême : 750 EUR.

Le dédouanement s'effectue à Angoulême. Les conditions de taxation de la machine sont les suivantes :
- tarif extérieur commun (TEC) : 8 % ;
- taux de TVA : normal.

Déterminez :

▶ **1.** *La valeur en douane.*
▶ **2.** *Les droits de douane à payer.*
▶ **3.** *L'assiette de la TVA.*
▶ **4.** *Le montant de TVA à payer.*
▶ **5.** *Le total à verser au Receveur des Douanes.*

Exercice 2

Une entreprise française installée à 10 kilomètres au nord d'Amiens commercialise des plants de pommes de terre. Chaque année, elle importe des plants étrangers pour la régénérescence des productions du nord de la France. Cette année, après de longues négociations au SIAL, trois conteneurs de 40' sont importés des États-Unis.

Éléments du contrat :
- 60 tonnes à 1 USD le kilo FOB New York ICC 2000 ;
- paiement par virement SWIFT à 30 jours fin de mois d'expédition.

Acheminement :
- 1 400 EUR par conteneur pour le fret maritime de New York à Anvers ;
- assurance au taux de 0,5 % sur CIF + 10 % ;
- transit T1 et transport routier : Anvers-Amiens : par conteneur : 500 EUR.

Conditions de dédouanement :
- pas de TEC mais un prélèvement de 100 EUR la tonne ;
- TVA au taux réduit.
- Parité : 1 EUR = 1 USD.

Déterminez :

▶ **1.** *La valeur en douane.*
▶ **2.** *Le prélèvement douanier à payer sur les produits agricoles.*
▶ **3.** *L'assiette de la TVA.*
▶ **4.** *Le montant de TVA à payer.*
▶ **5.** *Le total à verser au Receveur des Douanes à Amiens.*

Exercice 3

Une entreprise française installée à Lyon importe de Malaisie des composants électroniques au titre de pièces de rechange de la micro-informatique.
En provenance de Kuala Lumpur, une expédition en 6 colis de 200 kilos chacun doit arriver à Lyon par le vol AF 8024 le 18/02/n.
L'achat est réalisé CIP aéroport Saint-Exupéry (Lyon) pour une valeur de 25 000 EUR.
Air France indique que le fret Kuala Lumpur-Lyon est de 2 000 EUR.
Le TEC sur les composants est fixé à 8 % et le coefficient d'aéroport est de 81 %. La TVA est au taux normal.

Déterminez :

- ▶ **1.** *La valeur en douane.*
- ▶ **2.** *Les droits de douane à payer.*
- ▶ **3.** *L'assiette de la TVA.*
- ▶ **4.** *Le montant de TVA à payer.*
- ▶ **5.** *Le total à verser au Receveur des Douanes à Lyon.*

Exercice 4

La société Heinrich Böhm, installée depuis plus de 300 ans à Munich en Allemagne, commercialise des pompes à pression pour fûts particulièrement utilisées par les brasseries pour « remonter » la bière. Ce type de pompe est aujourd'hui fabriqué à Taiwan à des conditions très favorables.
Une commande de 30 pompes d'un total de 30 000 EUR FOB Taïwan a été passée il y a trois mois. La compagnie SCAN DUTCH est chargée de l'acheminement maritime aux conditions habituelles : fret de 2 200 EUR et assurance au taux de 0,5 % sur CIF + 10 %.
La cargaison arrive le 27/3/n au Havre où elle est prise en charge par un transporteur routier français pour un acheminement direct vers Munich (sous T1) pour un prix de 1 500 EUR HT.

Conditions de dédouanement :
– TEC : 6 % ;
– TVA au taux normal : 19,6 % en France et 16 % en Allemagne.

Déterminez :

- ▶ **1.** *La valeur en douane.*
- ▶ **2.** *Les droits de douane à payer.*
- ▶ **3.** *L'assiette de la TVA.*
- ▶ **4.** *Le montant de TVA à payer.*

Ajustement de valeur et coefficient d'aéroport

La situation

La société Helias implantée rue de Belleville à Paris fait dédouaner le 25/01/n, par l'intermédiaire de son transitaire habituel à l'aéroport Charles-de-Gaulle-Roissy, une importation de divers objets d'artisanat en provenance du Venezuela pour une mise à la consommation en France.

Recevant 1 tonne par mois environ en provenance du Venezuela, la société Helias achète toujours FCA aéroport de Caracas, les marchandises emballées en cartons de 50 kilos.

Travail à faire

1. Calculez le montant des droits et taxes.
2. L'entreprise bénéficie d'un crédit d'enlèvement et elle a établi une procuration au profit du commissionnaire en douane qui a opéré le dédouanement. Indiquez la date de paiement des droits et taxes sachant que la marchandise a été dédouanée le 25/01/n. Indiquez aussi le coût supplémentaire ainsi facturé.

ANNEXE 1 · Extrait de la facture du fournisseur vénézuélien

1 000 boîtes sculptées et peintes au prix unitaire de 5 USD FCA aéroport de Caracas.
Règlement 30 jour fin de mois par virement SWIFT.

ANNEXE 2 · Extrait de la facture d'Air France

Fret aérien : 800 EUR

ANNEXE 3 · Extrait du tarif microfiché

TEC : 5 %
TVA : taux normal
Coefficient d'aéroport : 82 %

ANNEXE 4 · Parité du JO pour le dédouanement

1 EUR = 0, 9735 USD

Choix de procédure, crédit d'enlèvement

La situation

La société Ziegler, installée dans la banlieue nord de Marseille, commercialise en France et dans l'UE des vêtements pour femmes (robes, tailleurs, jupes longues...) en soie asiatique.

Les modèles sont envoyés par fax aux différents fournisseurs qui disposent d'un délai de 10 jours pour expédier la production demandée (généralement pas moins de 300 pièces par article, réparties sur les tailles habituelles des vêtements féminins).

Aucun régime de perfectionnement n'a pu être sollicité car seuls des modèles papiers sont dessinés en France.
Par contre, les arrivées très rapprochées des différents colis, la saisonnalité des affaires relevant de la mode, et les nouvelles formes de gestion à stock zéro (réactivité très élevée des fournisseurs thaïlandais) méritent qu'un responsable de l'entreprise négocie avec la douane des modalités de dédouanement aménagées.

Travail à faire

1. Après avoir rappelé de quelles dispositions particulières l'entreprise peut demander le bénéfice au regard des procédures à mettre en œuvre, vous indiquerez les différentes démarches à entreprendre et contraintes à accepter.
2. Profitant jusqu'à présent des possibilités offertes par le crédit d'enlèvement en ayant déposé une obligation cautionnée par son banquier, la société Ziegler verra-t-elle de nouvelles dispositions s'appliquer au crédit d'enlèvement si elle obtient un dédouanement aménagé ? Précisez ces dispositions.
3. Le 5/12/n une livraison du fournisseur Khaïsoya de Bangkok arrive à l'aéroport de Marseille.
- Déterminez les droits et taxes à payer pour cette importation avec incidence de la remise du receveur.
- Déterminez le Coût de Revient de la livraison reçue.

ANNEXE

Valeur FCA aéroport de Bangkok :	200 000 EUR
Transport aérien vers Marseille :	5 000 EUR
Post-acheminement vers les entrepôts de Ziegler :	400 EUR

TEC : 10 %
TVA : taux normal

Module 7

Les régimes suspensifs de douane

EXERCICES

Exercice 1

Une entreprise stéphanoise importe des petits jouets en bois qui sont commercialisés dans deux chaînes de boutiques en France et en Suisse.
Afin de bénéficier de conditions d'achat attractives, la société commande des quantités importantes à son fournisseur indonésien de Surabaya.
À leur arrivée en France, ces jouets sont stockés en entrepôt sous douane à Saint-Étienne.
La sortie d'entrepôt se fait en fonction des livraisons aux boutiques selon une fréquence moyenne de 2 ou 3 sorties mensuelles.

Annexe :
Valeur FOB Surabaya d'une expédition de 40 000 jouets : 40 000 EUR.
Fret maritime et assurance : 0,03 EUR par jouet.
Durée de l'entreposage : 58 jours.
Coût de l'entreposage : 0,01 EUR par jouet et par décade indivisible.
TEC : 10 % — TVA : taux normal.

▶ **1.** *Les jouets sont transportés par voie maritime au départ de Surabaya jusqu'au Havre en conteneur complet 20'. Quel régime douanier devez-vous solliciter pour les acheminer jusqu'à Saint-Étienne ?*

▶ **2.** *Identifiez les informations à noter en case 1 du DAU au moment :*
a) de l'entrée en entrepôt à Saint-Étienne ;
b) de la sortie d'entrepôt pour mise à la consommation en France ;
c) de la sortie d'entrepôt pour exportation vers la Suisse.

▶ **3.** *Déterminez les droits et taxes à payer lors de la sortie d'entrepôt de 10 000 jouets vendus aux boutiques françaises.*

Exercice 2

La société Marcel Dumont s'est spécialisée depuis une décennie dans le transport d'animaux vivants par la route au moyen de camions spécialement aménagés avec des chauffeurs vigilants au bien-être des animaux.
Elle respecte scrupuleusement la réglementation très sévère mise en place par la Communauté européenne.
Le Maroc, grand consommateur de viande chevaline, ne produit pas assez d'animaux et importe depuis peu des chevaux de Poznan en Pologne. La société Dumont a été choisie par les importateurs marocains de Casablanca pour son expérience dans ce type de fret.
Un trafic Pologne-Maroc de cinq camions par semaine est nécessaire. En fret retour, selon la saison, des agrumes sont ramenés vers l'Allemagne.

▶ **1.** *Déterminez le parcours probable de cet acheminement routier (pays et principales villes traversées).*

▶ **2.** *Recherchez le régime douanier qui sera demandé par la société Dumont.*

▶ **3.** *Indiquez les formalités à accomplir à chaque point frontière.*

Exercice 3

Pour réduire ses coûts de production, une entreprise de Marseille a confié à un sous-traitant indien le montage des stylos de luxe qu'elle propose dans son catalogue.
Les pièces envoyées au sous-traitant sont les suivantes :

Désignation	Valeur en euros
Tube d'encre	3
Pointe métallique	0,5
Ressort	0,5
Corps du stylo	2

Le coût de la sous-traitance des opérations de montage, du transport retour vers Marseille s'élève à 12 EUR par stylo.

▶ **1.** *Déterminez le régime douanier que l'entreprise doit solliciter avant d'envoyer les composants en Inde.*

▶ **2.** *Calculez les droits et taxes à payer lors d'une opération d'importation de 10 000 stylos sachant que les composants subissent un taux de droit de douane de 3 %, le stylo de 6 % et que la TVA sur ce dernier est au taux normal.*

Exercice 4

L'entreprise Maud, implantée dans la zone industrielle nord d'Arras, achète ferme, stocke des vêtements pour hommes qu'elle vend à des grossistes et des détaillants. Elle s'approvisionne essentiellement en Asie du Sud-Est (Inde, Indonésie, Philippines).
Les vêtements sont commercialisés sur le marché national (50 % du chiffre d'affaires), dans l'Union européenne (40 %) et en Suisse (10 %) sur une période de trois mois.
Pour la prochaine saison estivale, l'entreprise a négocié un important contrat portant sur des chemisettes, dans des imprimés style batik, avec un fournisseur indonésien ; transport en conteneur de Surabaya à Rotterdam.

▶ **1.** *Sous quel régime douanier les chemisettes seront-elles placées de Rotterdam à Arras ? Décrivez-en les modalités.*

▶ **2.** *Compte tenu de la destination finale des vêtements, que peut-on conseiller comme solution en matière de dédouanement à l'arrivée à Arras ?*

▶ **3.** *En fonction des choix opérés précédemment, déterminez le montant des droits et taxes dus pour la livraison de janvier d'un montant de 50 000 USD CIF Rotterdam, à l'aide des informations communiquées en annexe. Vous supposerez que la répartition des ventes entre les différents marchés s'effectue conformément aux pourcentages observés.*

Annexe :
La consultation du tarif microfiché indique :
– TEC : 6 % ;
– Taxe parafiscale sur la valeur franco-frontière française : 0,5 % ;
– TVA : taux normal.

Le transport Rotterdam-Arras par camion est facturé 485 EUR dont 200 pour la Belgique et 100 pour la partie française.
La parité devise utilisée lors du dédouanement est de : 1 EUR = 1 USD.

Régimes suspensifs, organisation des opérations en douane

La situation

Stimul SA, PME implantée à Bourges depuis 5 ans, a mis au point, avec l'aide de l'ANVAR, un appareil qui permet de surveiller l'activité musculaire des patients en cours d'intervention chirurgicale. Elle est ainsi la première société française à offrir une chaîne intégrée complète de monitorage qui incorpore principalement :
– un stimulateur neuro-musculaire à télécommande ;
– un écran cathodique pour l'analyse permanente des signaux.

Avec ce produit qui est vendu, en France, 4 600 EUR HT, l'entreprise réalise un chiffre d'affaires qui avoisine les 2 millions d'euros dont les 70 % à l'exportation (0,56 million sur la Grande-Bretagne et l'Allemagne, 0,84 million sur les USA et le Canada).

Très accaparé par l'amélioration technique de son produit et par sa commercialisation, le chef d'entreprise, Pierre Lenoir, a confié à un commissionnaire de transport agréé en douane toutes les opérations logistiques : le dédouanement import et export ainsi que l'organisation du transport. Les perspectives de développement de l'entreprise l'amènent maintenant à renforcer son équipe et vous êtes embauché comme assistant export.

Il vous demande de gérer le service export et d'acquérir une connaissance approfondie du produit avant de vous consacrer à des tâches plus commerciales. Dans ce cadre, la consultation des documents internes et les discussions avec l'ingénieur responsable de la production et des achats vous permettent de mieux appréhender le fonctionnement de l'entreprise et notamment d'élaborer les tableaux fournis dans les annexes 1 et 2.

Travail à faire

1. Quelles solutions préconisez-vous pour faciliter les procédures de dédouanement ?
2. Quel régime douanier pouvez-vous solliciter afin d'améliorer la rentabilité ?
3. Calculez le montant de l'économie qui pourrait être ainsi réalisée.

ANNEXE 1 · Principaux composants de la chaîne de monitorage

N°	Produit	Quantité	Fournisseur	Origine	Taux des droits de douane
1	Boîtier	2	France	France	4
2	Circuit imprimé pour analyseur	1	Allemagne	Allemagne	6,2
3	Connectiques	2	USA	USA	4,6
4	Prise	1	G.-B.	G.-B.	4,6
5	Microprocesseur	1	USA	Corée du Sud	14
6	Relais	5	Espagne	Espagne	4,9
7	Condensateur chimique	1	Suisse	Suisse	4,6 (Suisse : Ex)
8	Circuit intégré et afficheur	2	USA	USA	14
9	Bouton commutateur	1	France	France	4,6
10	Indicateur d'alerte	1	Japon	Japon	7

ANNEXE 2 · Conditions d'achat des composants

N°	Produit	Prix d'achat unitaire	Modalités d'achat		Montant du transport acquitté pour chaque commande (en EUR)	
			Condition d'achat	Quantité moyenne commandée	Hors UE	UE
1	Boîtier	110 EUR	Franco-domicile	60		
2	Circuit imprimé pour analyseur	76 EUR	DDU Bourges	30		
3	Connectiques	46,6 USD	FCA Houston	100	464	139 dont 68 pour le post-acheminement Roissy-Bourges
4	Prise	1,5 GBP	DDU Bourges	80		
5	Microprocesseur	130 USD	FCA New York	50	265	73 dont 34 pour le post-acheminement Roissy-Bourges
6	Relais	5,60 EUR	FCA Barcelone	150		183 dont 46 en Espagne
7	Condensateur chimique	44 CHF	FCA Zurich	30	61	
8	Circuit intégré et afficheur	140 USD	CIP Roissy	100		67
9	Bouton commutateur	60 EUR	Franco-domicile	30		
10	Indicateur d'alerte	24,4 EUR	CIP Roissy	60		38

ANNEXE 3 · Parité moyenne des monnaies

1 EUR = 0,8538 US	1 EUR = 0,6004 GBP	1 EUR = 1,5261 CHF

Régimes suspensifs, procédure particulière : carnet ATA

La situation

La société Vardon est spécialisée dans la fabrication de bijoux fantaisie. L'originalité de ses produits lui a permis de s'imposer sur de nombreux marchés.
Préparant sa prochaine mission export d'une durée de 15 jours sur l'Asie du Sud- Est (Sri Lanka, Thaïlande, Malaisie et Singapour) Madame Anne Thiercy, responsable de la zone Asie recense les nouveaux bijoux à emporter.
Elle sélectionne 35 pièces reprises dans le tableau suivant :

Désignation	Type	Quantités	Prix unitaire FCA Roissy (en euros)
Bagues « Fourreaux »	Plaqué or, argent	3	110
Bagues « Soleil »	Plaqué or et pierres	5	100
Boucles d'oreilles « Fourreaux »	Plaqué or, argent	3	110
Boucles d'oreilles « Soleil »	Plaqué or et pierres	5	100
Clips « Arc-en-ciel »	Argent et pierres	6	120
Bracelets « Fourreaux »	Plaqué or, argent	3	100
Colliers « Soleil »	Plaqué or et pierres	5	150
Colliers « Arc-en-ciel »	Argent et pierres	5	160

Travail à faire

1. Établissez l'itinéraire de la mission, pour optimiser les déplacements. Vous en déduisez le nombre de feuillets que devra comporter le carnet ATA.
2. À quelles vérifications devez-vous procéder avant de solliciter un carnet ATA ?
3. Complétez les feuillets du carnet ATA joint en annexe. Calculez le montant de la caution à payer.

Voir annexe pages suivantes.

ANNEXE · Modèle de carnet ATA

CHAMBRE DE COMMERCE ET D'INDUSTRIE DE PARIS

Association émettrice
Issuing Association

CHAINE DE GARANTIE INTERNATIONALE
INTERNATIONAL GUARANTEE CHAIN

BICC

Issuing Association
Association émettrice

INTERNATIONAL GUARANTEE CHAIN
CHAINE DE GARANTIE INTERNATIONALE

CARNET DE PASSAGE EN DOUANE POUR L'ADMISSION TEMPORAIRE
CARNET DE PASSAGE EN DOUANE FOR TEMPORARY ADMISSION

CONVENTION DOUANIERE SUR LE CARNET A.T.A. POUR L'ADMISSION TEMPORAIRE DE MARCHANDISES
CUSTOMS CONVENTION ON THE A.T.A. CARNET FOR THE TEMPORARY ADMISSION OF GOODS

CONVENTION RELATIVE A L'ADMISSION TEMPORAIRE (CONVENTION D'ISTANBUL)
CONVENTION ON TEMPORARY ADMISSION (ISTANBUL CONVENTION)

(Avant de remplir le carnet, lire la notice en page 3 de couverture)
(Before completing the carnet please read notes on cover page 3)

A RETOURNER A LA CCI EMETTRICE APRES UTILISATION
TO BE RETURNED TO OFFICE OF ISSUE AFTER USE

CARNET ATA / *ATA CARNET*

A/ TITULAIRE ET ADRESSE/*Holder and address*

B/ REPRESENTE PAR */*Represented by**

C/ UTILISATION PREVUE DES MARCHANDISES/*Intended use*

G/ RESERVE A L'ASSOCIATION EMETTRICE/*For issuing Association use*
COUVERTURE/*Front cover*

a/ CHAMBRE DE COMMERCE ET D'INDUSTRIE DE PARIS
CARNET N° / *Carnet N°* FR [redacted]

b/ DELIVRE PAR/*ISSUED BY*
CHAMBRE DE COMMERCE ET D'INDUSTRIE DE PARIS
PARIS · HAUTS-DE-SEINE · SEINE-SAINT-DENIS · VAL DE MARNE

c/ VALABLE JUSQU'AU/*VALID UNTIL*
..../..../....
année / *year* — mois / *month* — jour (inclus) / *day (inclusive)*

P/ Ce carnet est valable dans les pays ci-après, sous la garantie des associations reprises en page 4 de couverture :
/This carnet may be used in the following countries under the guarantee of the associations listed on page 4 of the cover :

☐ COMMUNAUTE EUROPEENNE

DE ALLEMAGNE
AT AUTRICHE
BE BELGIQUE
DK DANEMARK
ES ESPAGNE
FI FINLANDE
FR FRANCE
GR GRECE
IE IRLANDE
IT ITALIE
LU LUXEMBOURG
NL PAYS-BAS
PT PORTUGAL
GB ROYAUME-UNI
SE SUEDE

PARTIES DE TERRITOIRES ACCEPTANT LE CARNET A.T.A. :

☐ FR D.O.M. - T.O.M.
☐ ES ILES CANARIES
☐ ES CEUTA
☐ ES MELILLA

☐ TOUS PAYS

PAYS TIERS :

☐ ZA AFRIQUE DU SUD
☐ DZ ALGERIE
☐ AU AUSTRALIE
☐ BG BULGARIE
☐ CA CANADA
☐ CY CHYPRE
☐ KR COREE
☐ CI COTE-D'IVOIRE
☐ HR CROATIE
☐ EE ESTONIE
☐ US ETATS-UNIS
☐ GI GIBRALTAR
☐ HK HONG-KONG
☐ HU HONGRIE
☐ MU ILE MAURICE
☐ IN INDE
☐ IS ISLANDE
☐ IL ISRAEL
☐ JP JAPON
☐ LB LIBAN
☐ MY MALAISIE
☐ MT MALTE
☐ NO NORVEGE
☐ NZ NOUVELLE-ZELANDE
☐ PL POLOGNE
☐ SK REPUBLIQUE SLOVAQUE
☐ CZ REPUBLIQUE TCHEQUE
☐ RO ROUMANIE
☐ SN SENEGAL
☐ SG SINGAPOUR
☐ SI SLOVENIE
☐ LK SRI LANKA
☐ CH SUISSE-LIECHTENSTEIN
☐ TH THAILANDE
☐ TN TUNISIE
☐ TR TURQUIE

PAYS ACCEPTANT LE CARNET A.T.A. SOUS CERTAINES CONDITIONS :

☐ AD ANDORRE
☐ BJ BENIN
☐ BF BURKINA FASO
☐ CF CENTRAFRIQUE
☐ CG CONGO
☐ GA GABON
☐ MG MADAGASCAR
☐ ML MALI
☐ MR MAURITANIE
☐ NE NIGER
☐ TD TCHAD
☐ TG TOGO

A charge pour le titulaire et son représentant de se conformer aux lois et règlements du pays de départ et des pays d'importation.
/The holder of this Carnet and his representative will be held responsible for compliance with the laws and regulations of the country of departure and the countries of importation.

H/ ATTESTATION DES AUTORITES DOUANIERES
Certificate by Customs Authorities

a) Apposé les marques d'identification mentionnées dans la colonne 7 en regard du (des) numéro(s) d'ordre suivant(s) de la liste générale/ *Identification marks have been affixed as indicated in column 7 against the following item N°(s) of the general list* ....

b) Vérifié les marchandises* /*Goods examined**
Oui/*Yes* ☐ Non/*No* ☐

c) Enregistré sous le numéro* ....
Registered under reference N°

Bureau de douane / *Customs office* — Lieu / *Place* — Date (année/mois/jour) / *Date (year/month/day)* — Signature et timbre / *Signature and stamp*

I/ Signature du délégué et timbre de l'association émettrice/*Signature of authorised official and stamp of the issuing association*

..../..../....
Lieu et date d'émission (année/mois/jour)
Place and date of issue (year/month/day)

J/
X...X
Signature du titulaire/*Signature of holder*

A.T.A. 2.03

* S'il y a lieu / *If applicable*

N° 104237

N° d'ordre/ *Item N°*	Désignation commerciale des marchandises et, le cas échéant, marques et numéros/ *Trade description of goods and marks and numbers, if any*	Nombre de Pièces/ *Number of Pieces*	Poids ou Volume/ *Weight or Volume*	Valeur*/ *Value*	**Pays d'origine/ *Country of origin*	Réservé à la douane/ *For Customs Use*
1	2	3	4	5	6	7
	TOTAL ou A REPORTER/*TOTAL or CARRIED OVER*					

ATA 1.10

* Valeur commerciale dans le pays d'émission et dans sa monnaie, sauf indication contraire. / * Commercial value in country of issue and in its currency, unless staled differently.
** Indiquer le pays d'origine s'il est différent du pays d'émission du carnet en utilisant le code international des pays ISO. / ** Show country of origin if different from country of issue of the carnet, using ISO country cod.

Les régimes suspensifs

La situation

Importante PME du secteur de l'habillement, la société Rétaflex est installée depuis 30 ans à Troyes dans la Marne. Très bien implantée sur le marché français du vêtement d'hiver, elle se développe depuis 10 ans sur l'Union européenne où elle réalise désormais 40 % de son CA.
Les modèles des vêtements sont dessinés à Troyes. Quatre acheteurs sélectionnent soigneusement l'ensemble des approvisionnements nécessaires à la confection et qui proviennent tous des pays de l'Union européenne.
En ce qui concerne la façon, surtout de grosses pièces comme les anoraks, une sous-traitance est en place depuis de nombreuses années. D'abord pratiquée avec les pays du Maghreb, cette sous-traitance s'est ensuite réalisée avec certains pays de l'Est comme la Roumanie par exemple.
Un nouvel accord vient d'être signé par le directeur des achats avec une société du Bangladesh pour la confection d'articles d'hiver. Vous êtes chargé des opérations de logistique (douane-transport) pour la première opération qui concerne la confection de 5 000 anoraks.

Travail à faire

1. Sachant que ces anoraks seront commercialisés en France, quel régime douanier allez-vous solliciter auprès de l'administration des douanes ?
2. En fonction des données figurant en annexes, calculez le montant des droits de douanes et taxes que supporteront ces 5 000 anoraks lors de leur importation en France (le dédouanement a lieu obligatoirement à Troyes).
3. Déterminez les coûts de cette logistique particulière par anorak. Que pouvez-vous en conclure ?

ANNEXE 1 · Marchandises nécessaires à la confection d'un anorak

Dénomination commerciale	N° de NDP	TEC	Origine	Valeur en EUR
Tissu de coton	520832 130009 H	10 %	France	15,00 le mètre
Fil de coton	521511 000000 L	6 %	France	0,01 le mètre
Étiquette	580710 100001 S	14 %	France	1,00 l'unité
Bouton	960610 100000 N	7,2 %	France	0,25 l'un
Fermeture à glissière	960719 000000 A	14 %	France	2,50 l'une

ANNEXE 2

La confection d'un anorak nécessite :
- 1 mètre de tissu (les chutes restent sur place) ;
- 5 mètres de fil ;
- 1 étiquette ;
- 6 boutons ;
- 1 fermeture à glissière.

La confection payée au sous-traitant au Bangladesh est de 20 EUR par anorak.

ANNEXE 3 · Informations relatives au dédouanement d'un anorak

Dénomination	N° NDP	TEC	Taxe parafiscale	TVA
Anorak	620192 000000 Q	14 %	0,11 %	TVO

La taxe parafiscale est assise sur la valeur assiette de TVA.

ANNEXE 4 · Opérations de transport

– Transport des fournitures par la route, de Troyes à Marseille puis par bateau vers le port de Chittagong. Coût : 3 000 EUR.

– Transport retour des anoraks par bateau de Chittagong vers Marseille. Coût : 4 000 EUR puis de Marseille à Troyes par la route : coût : 800 EUR.

Module 8

La politique logistique

EXERCICES

Exercice 1

Installée en région parisienne, Cedaprim s'est fait une spécialité de l'approvisionnement des boutiques hors taxes, principalement d'aéroports, en articles de mode et parfums français.
Ces boutiques (DFS) sont livrées par la voie aérienne, à raison de deux livraisons par mois en général. Chaque livraison représente une palette (1 m^3 et 350 kg) en moyenne.

Cedaprim a obtenu des compagnies aériennes des conditions tarifaires tout à fait favorables (0,80 EUR par kg de moyenne sur l'Europe par exemple).
Les livraisons complémentaires ou de dépannage sont toutefois fréquentes, et proportionnellement beaucoup plus coûteuses.

Un prestataire logistique propose à l'entreprise d'utiliser sa plate-forme de Munich (Bavière) pour un stockage intermédiaire des produits. Celle-ci serait approvisionnée par route, en messagerie ou en camion complet. À partir de Munich, le prestataire livrerait ensuite, toujours par route, les boutiques de Munich, Salzbourg, Vienne, Prague et Bratislava. Celles-ci sont de taille très variable, mais distribuent au total le volume de cinq boutiques moyennes.

▶ *Analysez les flux concernés, pour estimer quels gains Cedaprim pourrait attendre d'une telle organisation, en fonction de l'échelonnement choisi pour les livraisons Paris-Munich.*

Exercice 2

Vous devez importer des appareils électroniques en provenance du Japon, que vous achetez FOB Kobe.
Votre transitaire vous propose deux types de conteneurs standard :

Type de conteneur	Volume (en m^3)	Transport et assurance Kobe-Le Havre (en EUR)	Nombre d'appareils par conteneur
20′	32	1 200	1 500
40′	64	2 000	3 000

Il vous indique également que le prix du transit et du post-acheminement sera de 300 EUR par conteneur pour un 20 pieds, et 400 pour un 40 pieds.
Le prix d'un appareil est de 100 EUR FOB Kobe.
Les droits de douane sont de 5 %.

Vous prévoyez de vendre 18 000 appareils par an, répartis de façon régulière sur l'année.

▶ **1.** *Quel type de conteneur faut-il retenir pour minimiser les coûts logistiques si l'on chiffre à 10 % l'an le coût du stockage (coûts physiques et immobilisation des fonds) ?*
▶ **2.** *À partir de quel coût d'immobilisation du stock la situation s'inverse-t-elle ?*

Exercice 3

Numéro 1 en France et numéro 3 mondial, le groupe REDCATS (La Redoute) réalise un chiffre d'affaires de près de 4 milliards d'euros, dont plus de la moitié à l'international. Ses principales marques sont La Redoute, Vert Baudet, La Maison de Valérie, Empire (en Grande-Bretagne), Ellos (en Suède), Brylane (aux USA), Vestro (en Italie), etc. Au total, le groupe utilise neuf enseignes et est présent dans 18 pays.

Grâce à une logistique et une informatique performantes, REDCATS traite, au niveau français, 21 millions de commandes et expédie 27 millions de colis par an en essayant toujours d'améliorer le service client comme en témoigne le passage au « 24 heures chrono ».
Pour ses approvisionnements, l'entreprise travaille avec 1 800 fournisseurs. Ses achats, qui sont plus volumineux que lourds, se font toujours aux conditions départ et ils se répartissent géographiquement de la façon suivante (en valeur) :

- 53 % en France ;
- 15 % en Europe dont la moitié en Italie ;
- 20 % en Asie ;
- 10 % en Afrique ;
- 2 % en Amérique du Sud.

Le transport maritime représente un trafic de 3 500 TEU [1] par an dont 2 500 en provenance d'Asie. REDCATS traite directement avec les compagnies de transport maritime par appel d'offres semestriel, et ses marchandises sont acheminées par les principaux armements de lignes conteneurisées (Maersk-Sealand, Evergreen, Hanjin, etc.).

Outre les critères classiques de choix d'un transporteur, elle favorise les compagnies à transit rapide pour certains produits comme le textile, où elle bénéficie par contrat d'une priorité à l'embarquement. 70 % des conteneurs sont des 40' avec l'objectif d'arriver rapidement à 95 %.

Les principaux ports d'arrivée sont Anvers et Rotterdam qui se partagent le trafic en provenance d'Asie, et Dunkerque pour l'Afrique. À partir de Rotterdam, La Redoute a mis en place un système de barge fluviale vers le port de Lille, à raison d'une barge par semaine, ce qui permet d'acheminer 90 % des conteneurs qui arrivent par Rotterdam.

Les importations européennes passent par la route. Les opérateurs logistiques sont français pour la plupart ; ils sont retenus sur la base d'une spécialisation pays (Norbert Dentressangle, Grimaud, Calberson, Bils Deroo, etc.) et liés par des contrats annuels. La Redoute demande habituellement des départs garantis (en général deux par semaine, quelquefois un par jour) et, si possible, une livraison directe à Roubaix par camion complet.
L'aérien est utilisé pour 1 500 tonnes. Il est réservé aux livraisons en retard et aux réassorts rapides en cours de saison.

▶ *Caractérisez les flux de marchandises importées par REDCATS et analysez les choix logistiques de l'entreprise.*

1. TEU : Twenty-footer Equivalent Unit (en français : EVP, Équivalent Vingt Pieds)

Exercice 4

La vente directe sur internet (e-commerce) de produits destinés aux particuliers pose des problèmes spécifiques en termes de logistique.
Il faut faire intervenir des opérateurs capables de livrer à domicile, souvent en dehors des heures de travail habituelles et dans un créneau horaire précis.
Il faut être capable de gérer les refus et les retours de marchandises, et éventuellement l'encaissement par chèque, souvent préféré au paiement d'avance par carte bancaire.
Il faut enfin pouvoir offrir dans certains cas des prestations d'assistance comme le déballage et la reprise des emballages vides, l'installation, la démonstration, etc.

▶ **1.** *Recherchez sur des sites marchands quelles prestations sont proposées dans ces domaines par des sites français ou étrangers.*

▶ **2.** *Quels types de prestataires vous paraissent-ils les plus susceptibles à l'avenir de prendre des parts sur un tel marché ?*

Groupage des livraisons

La situation

La société Hytap est un fabricant français de robinetterie pour cuisines et salles de bains.

L'entreprise réalise 55 % de son chiffre d'affaires à l'exportation, et les produits jouissent d'une bonne notoriété grâce à l'utilisation d'une technologie moderne (robinets à joints en céramique, sans usure ni entretien) et à un design original.

Depuis deux ans, Hytap est présente sur le marché américain par l'intermédiaire d'un importateur-distributeur situé à Newark (New Jersey), dans la banlieue de New York. Celui-ci revend les produits à des détaillants spécialisés en aménagement de cuisines et salles de bains. Les ventes réalisées sont encore relativement modestes, mais les perspectives de développement sont immenses sur ce marché, le premier du monde.

Une bonne logistique apparaît comme un élément important de compétitivité, compte tenu des fortes exigences des distributeurs et de la clientèle finale en ce qui concerne la disponibilité des produits et les délais de livraison. C'est pourquoi Hytap vous a demandé d'analyser la situation en matière de transport et de faire des propositions d'amélioration.

L'organisation actuelle
Les robinets sont expédiés en transport maritime par palettes complètes.
La livraison moyenne est constituée de 192 cartons de 30 × 48 × 24 cm pesant chacun 12 kg.
Le prix EXW d'une telle livraison est d'environ 36 000 EUR. Hytap en réalise une toutes les deux semaines en moyenne.
La marchandise est vendue à l'importateur CIP Newark.

Des palettes standard de 100 × 120 cm et de 96 cm de hauteur de chargement (plus 15 cm de palette) sont constituées en usine.
Elles sont ensuite remises à un transitaire qui se charge de les expédier sur Le Havre, de les acheminer à New York en conteneur de groupage, puis de les livrer à Newark après dépotage. Les coûts liés à cette organisation figurent en annexe 1.

Proposition
Votre responsable logistique souhaiterait tester l'hypothèse de livraisons en conteneur complet (FCL/FCL).

Les mêmes palettes seraient constituées, mais chaque livraison correspondrait à un nombre de palettes représentant un conteneur complet de 20 pieds standard (5,95 × 2,35 × 2,30 m). Les palettes pourraient sans danger être gerbées dans le conteneur.

L'économie réalisée pourrait être répercutée dans les prix de vente, mais il s'agirait de convaincre le distributeur de grouper ses commandes.

Travail à faire

1. Calculez le prix de vente CIP Newark de la livraison selon l'organisation actuelle, en supposant que Hytap incorpore exactement dans son prix le coût du transport et de l'assurance.
2. Que représentent ces frais de transport et d'assurance en pourcentage de la valeur EXW des marchandises ?
3. Calculez le nombre de cartons et la valeur EXW d'une expédition en conteneur complet. Quelle serait la fréquence de ces livraisons ?
4. Calculez la valeur CIP Newark d'une telle expédition, et l'économie réalisée sur le transport, que vous chiffrerez par carton, et en pourcentage de la valeur EXW des marchandises.
5. Globalement, la solution du conteneur complet vous paraît-elle souhaitable ?

ANNEXE 1 · Coûts logistiques pour l'organisation actuelle

- Le pré-acheminement est facturé 90 EUR la tonne, par tranche de 100 kg (masse d'une palette vide : 15 kg).
- Le transport principal coûte 180 EUR la palette.
- Le passage portuaire et le post-acheminement reviennent à 300 EUR par expédition.
- L'assurance coûte 0,4 % de la valeur CIP majorée de 10 %.

ANNEXE 2 · Coûts pour un 20' complet

- Positionnement, empotage et pré-acheminement : 520 EUR.
- Fret principal :
- – Box-rate sur New York (de quai à quai) : 1 350 EUR ;
- – BAF : 5 % ;
- – CSC à New York : 90 EUR.
- Post-acheminement vers Newark : 280 EUR.
- Assurance : 0,3 % de la valeur EXW majorée de 20 %.

Choix de l'Incoterm

La situation

La société Télitel, installée à Orléans (Loiret), fabrique des appareils de télécommunication, et en particulier des autocommutateurs et des petits standards téléphoniques destinés à équiper les installations privées de taille moyenne (10 à 50 postes téléphoniques).
Elle a confié à un importateur américain installé à San Francisco (Californie), la société Phonelab, la distribution exclusive de ses produits pour toute la côte Sud-Ouest des États-Unis. L'année dernière, les livraisons à ce distributeur ont représenté environ 2 000 appareils, pour un montant total EXW Orléans de 1,5 million d'euros. Ces livraisons ont été réalisées en conteneur de 20 pieds, par voie maritime.
Depuis quelques mois, des tensions sont apparues dans les relations avec Phonelab.
La lenteur du mode de transport choisi et l'espacement des livraisons obligent le distributeur à conserver un stock de sécurité important, ce qui entraîne des frais non négligeables. Malgré cela, il s'est trouvé à plusieurs reprises en rupture de stock sur certaines références, car la demande est difficile à prévoir sur ce marché très concurrentiel. Il a aussi été conduit, pour alléger ses stocks, à procéder au détriment de sa marge à des promotions importantes sur d'autres produits.
Conscient de ces difficultés, et soucieux d'améliorer la situation, votre chef de service vous demande d'étudier dans quelle mesure il serait envisageable d'utiliser la voie aérienne, sans que cela génère des surcoûts préjudiciables à la compétitivité des produits.
Après avoir pris contact avec le service transport, avec un de vos transitaires et avec l'importateur lui-même, vous avez réuni les renseignements figurant dans les annexes 1, 2 et 3.

Travail à faire

1. À partir de ces éléments, vous remplissez les tableaux en annexe 4, afin de calculer le coût global de distribution physique dans chacune des deux hypothèses de transport.
NB : compte tenu des faibles quantités concernées et de l'organisation de la production, votre chef de service vous a conseillé de négliger l'incidence sur les stocks chez Télitel d'un échelonnement différent des livraisons.
2. Quelles conclusions, et éventuellement quelles propositions, tirez-vous de cette étude ?

ANNEXE 1 · Coût de la dernière expédition maritime (qui peut être considérée comme une expédition type)

Commutateurs téléphoniques en emballage carton de 0,6 × 0,40 × 0,35 m.
Poids unitaire (emballés) : 10 kg.
Prix EXW Orléans : 380 EUR.
360 appareils dans un conteneur de 20'.
- préparation : mise sur palette et sous film : 260 EUR ;
- pré-transport Orléans-Le Havre : 410 EUR ;
- passage portuaire et douane : 100 EUR ;
- fret Le Havre-San Francisco (liner term quai à quai) : 3 200 EUR ;
- assurance 0,3 % sur valeur EXW + 15 % : 472 EUR.

Transit time de domicile à domicile : 30 jours.

ANNEXE 2 · Proposition du transitaire TransAir pour acheminement par voie aérienne

Pas de préparation particulière.
- pré-acheminement Orléans-Roissy : 60 EUR la tonne
- douane export : 80 EUR par expédition
- transport Roissy-San Francisco (groupage) : 2,70 EUR le kilo
- assurance (sur valeur FCA compagnie aérienne Roissy) : 0,2 %
- transit time de domicile à domicile : 4 jours.

NB : Les coûts du dédouanement et de la livraison à Phonelab étant du même ordre de grandeur dans les deux cas, vous choisissez de construire la comparaison sur des prix CIP San Francisco-Port pour le maritime, et CIP San Francisco-Aéroport pour l'aérien.

ANNEXE 3 · Informations recueillies auprès de Phonelab

Pour l'échelonnement actuel des livraisons (tous les deux mois), son stock de sécurité est de 30 jours de ventes environ.
Il souhaiterait, en cas de livraison par voie aérienne, une livraison toutes les deux semaines.
Il pense pouvoir faire alors descendre son stock de sécurité à 8 jours de ventes.
Il estime le coût du financement des stocks à 8 % l'an, et le coût physique du stockage (locaux, gardiennage, assurance) à 12 % par an de la valeur stockée.
NB : Votre chef de service n'envisage pas de modifier les conditions de règlement accordées à Phonelab, qui paye actuellement par virement à 30 @jours de l'expédition.

ANNEXE 4

Tableau 1 : Coûts d'acheminement	**Maritime**	**Aérien**
Nombre d'appareils livrés Masse totale (kg)		
Préparation Transport Assurance		
Total		
Valeur EXW Orléans Pourcentage de la valeur EXW		
TOTAL PAR APPAREIL EN EUR (TOTAL 1)		

Tableau 2 : Frais financiers et de stockage	**Maritime**	**Aérien**
Intervalle entre expéditions		
En jours de vente : Stock de sécurité Quantité livrée Stock maximum		
Stock moyen (durée moyenne de séjour)		
Valeur d'un appareil (approx. : CIP + 20 %)		
Charges financières unitaires de stockage		
Charges unitaires de stockage physique		
Durée du transport		
Valeur EXW d'un appareil		
Charges financières pendant le transport		
TOTAL GÉNÉRAL (TOTAL 2)		

Tableau 3 : Frais de distribution physique	**Maritime**	**Aérien**	**ÉCART**
Prix EXW Unitaire			
Total coût d'acheminement Total frais financiers et de stockage			
TOTAL FRAIS DE DISTRIBUTION PHYSIQUE			
En pourcentage de la valeur au départ			

Module 9

Les moyens de paiement

EXERCICES

Exercice 1

Les deux chèques suivants sont normalisés, l'un en France, l'autre en Allemagne et sont couramment utilisés.

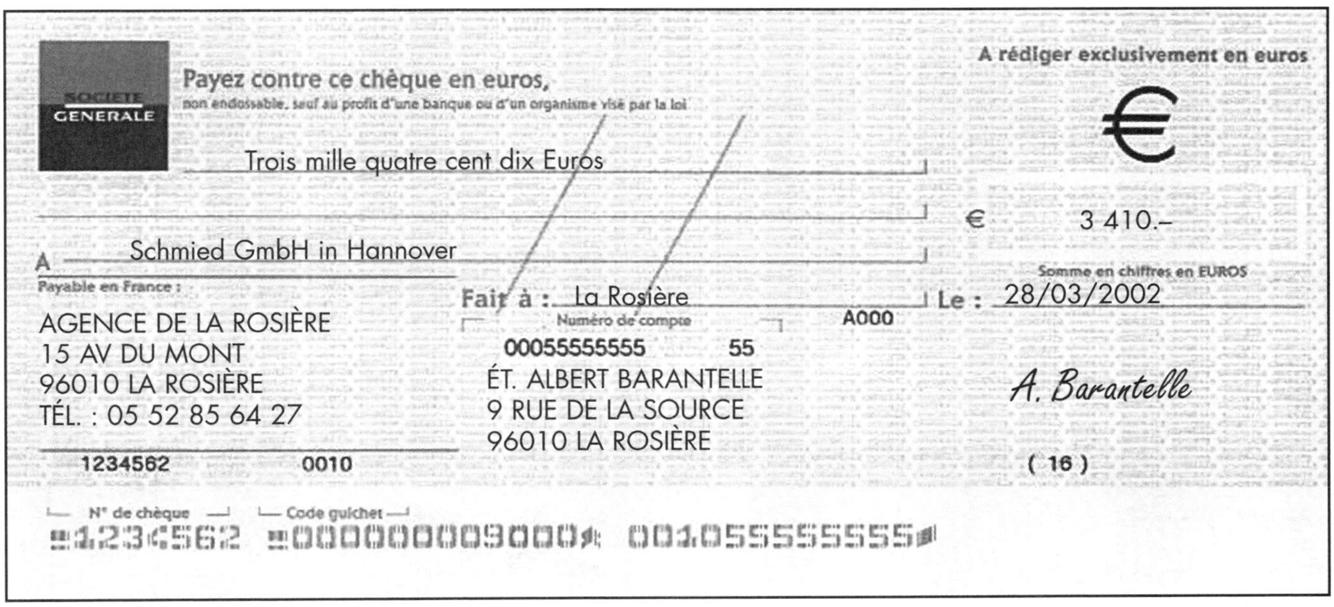

SOCIETE GENERALE

Payez contre ce chèque en euros,
non endossable, sauf au profit d'une banque ou d'un organisme visé par la loi

A rédiger exclusivement en euros

€

Trois mille quatre cent dix Euros

€ 3 410.–

A Schmied GmbH in Hannover

Somme en chiffres en EUROS

Payable en France :

AGENCE DE LA ROSIÈRE
15 AV DU MONT
96010 LA ROSIÈRE
TÉL. : 05 52 85 64 27

Fait à : La Rosière Le : 28/03/2002

Numéro de compte A000
00055555555 55

ÉT. ALBERT BARANTELLE
9 RUE DE LA SOURCE
96010 LA ROSIÈRE

A. Barantelle

1234562 0010 (16)

N° de chèque — Code guichet

1234562 00000000090001 0010555555555

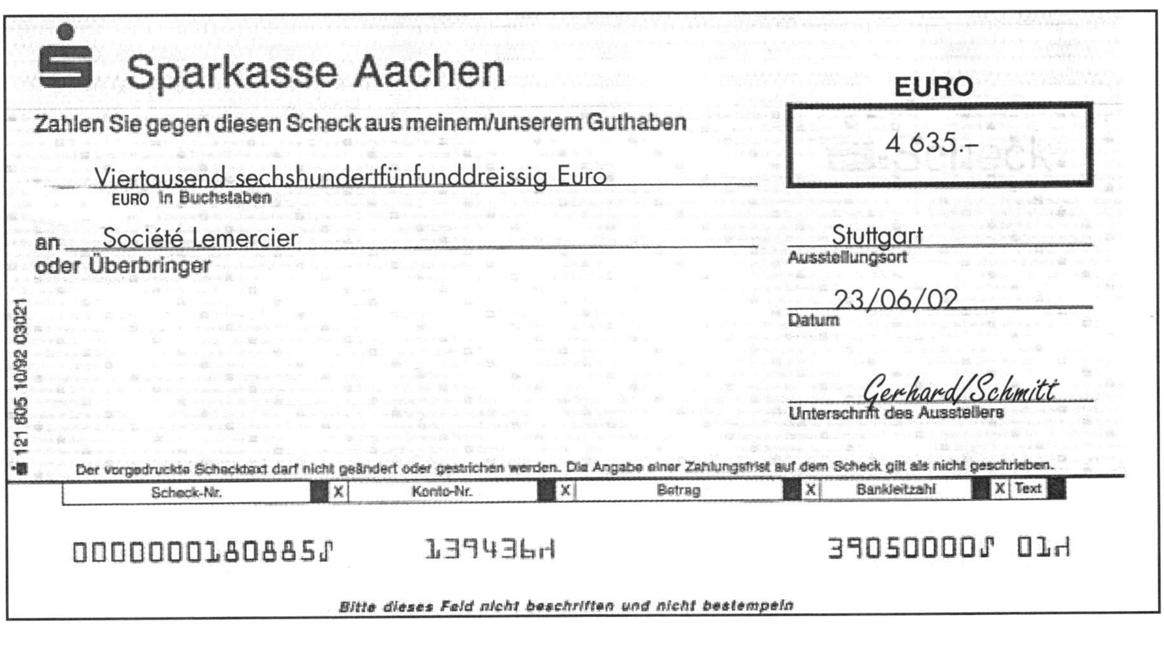

Sparkasse Aachen

EURO

Zahlen Sie gegen diesen Scheck aus meinem/unserem Guthaben

4 635.–

Viertausend sechshundertfünfunddreissig Euro
EURO in Buchstaben

an Société Lemercier
oder Überbringer

Stuttgart
Ausstellungsort

23/06/02
Datum

Gerhard Schmitt
Unterschrift des Ausstellers

121 605 10/92 03021

Der vorgedruckte Schecktext darf nicht geändert oder gestrichen werden. Die Angabe einer Zahlungsfrist auf dem Scheck gilt als nicht geschrieben.

Scheck-Nr.	X	Konto-Nr.	X	Betrag	X	Bankleitzahl	X	Text

0000000180885 139436 39050000 01

Bitte dieses Feld nicht beschriften und nicht bestempeln

Mentions imposées par le Code de commerce français (Décret-loi du 30/10/35) :
Art. 1 :
Le chèque contient :
1. La dénomination de chèque, insérée dans le texte même du titre et exprimée dans la langue employée pour la rédaction du titre ;
2. Le mandat pur et simple de payer une somme déterminée ;
3. Le nom de celui qui doit payer (tiré) ;
4. L'indication du lieu où le paiement doit s'effectuer ;
5. L'indication de la date et du lieu où le chèque est créé ;
6. La signature de celui qui émet le chèque (tireur).

Art. 3 :
Le chèque ne peut être tiré que sur un banquier, une entreprise ou une personne enregistrée au comité permanent d'organisation professionnelle des banques, entreprises et établissements financiers...

▶ **1.** *Relevez les diverses mentions imprimées et devant être écrites sur le chèque de la Société Générale.*
▶ **2.** *Comparez ces mentions à celles qui sont imposées par le Code de commerce français.*
▶ **3.** *Recherchez les différences avec le chèque allemand reproduit. (Überbringer = endossataire ; Aussteller = émetteur).*
▶ **4.** *À quelles règles répond-il ?*

Exercice 2

M. Trimanet, chocolatier renommé à Paris vient de recevoir trois chèques pour paiement de trois expéditions sur Osaka, Tunis et Chicago. Le premier est libellé en JPY, le second en TUD (Dinar tunisien), le troisième en USD. Tous les trois ont des formes différentes et comportent des mentions différentes.

▶ **1.** *M. Trimanet va-t-il pouvoir les encaisser par l'intermédiaire de sa banque ?*
▶ **2.** *Décrivez au moyen d'un schéma les différentes étapes intermédiaires par lesquelles ces chèques doivent passer pour être encaissés.*
▶ **3.** *Recherchez auprès de votre banque, pour chacun des pays concernés, le délai moyen qui s'écoulera entre l'émission de ces chèques et le crédit porté au compte de l'exportateur.*

Exercice 3

Moyen de paiement : l'encaissement documentaire

La société Vermont expédie régulièrement des demi-produits agricoles (farines d'origine agricole, laits en poudre, composés divers entrant dans des préparations alimentaires).
La société Panakis d'Athènes l'a approchée pour une livraison d'un conteneur de 40' de marchandises diverses avec délai de paiement de trois mois. Cette dernière est considérée comme sérieuse mais paie avec beaucoup de retard comme il est d'usage en Grèce (34 jours en moyenne nationale d'après la BRI « Banque des règlements internationaux »).

Un assistant du service export suggère d'utiliser l'encaissement documentaire avec traite avalisée par la banque de l'acheteur pour limiter les retards. La correspondante de la Société Générale en Grèce prendrait ce service en charge contre une commission de 1,8‰ avec un maxima de 280 EUR.

▶ **1.** *Quels seraient les avantages d'une telle solution ?*
▶ **2.** *Si cela permet d'éviter 30 jours de retard de paiement, quelles seraient les conséquences en termes de coût ?*
▶ **3.** *Quels seraient les inconvénients et les risques ?*
▶ **4.** *Quels sont les avantages par rapport à un crédit documentaire ?*

Moyen de paiement : la lettre de change

La situation

La société Dalayon exporte environ 30 % de son chiffre d'affaires notamment en Espagne, Allemagne, Belgique, Grande-Bretagne et Pays-Bas. Pour les cinq pays, elle a adopté un système unique de paiement qu'elle pense simple : la lettre de change qu'elle fait accepter par ses clients. Les sommes n'étant pas très importantes et la durée de crédit de 90 jours, elle n'a pas eu de difficultés jusqu'à présent, si ce n'est que sa banque lui a conseillé avec insistance d'adopter d'autres formes de paiement, car le système utilisé entraîne de longs délais d'encaissement et des commissions importantes. De plus, contrairement à ce que pense le directeur de l'entreprise, il n'est pas certain que les garanties apportées par la « Convention de Genève de 1930 sur les lettres de change et les billets à ordre » ne soient pas illusoires. La France bien qu'ayant ratifié cette Convention n'y fait même pas référence dans le Code de commerce.

Travail à faire

1. Expliquez les mentions portées sur une traite normalisée française. Quelle est l'utilité des indications complémentaires par rapport à celles que la Convention de Genève rend obligatoire ? (annexe 1)
2. En vous aidant de l'annexe 2, indiquez comment, pays par pays, l'entreprise devrait procéder en cas de non-paiement d'une lettre de change ? Comment, pratiquement, serait-elle obligée de faire ?
3. Le directeur envisage de demander une garantie de paiement au-delà d'une somme de 2 000 EUR. Quelles solutions peut-il envisager ?
4. Si le directeur adoptait la solution de la remise documentaire avec une traite tirée sur l'acheteur et avalisée par la banque de l'acheteur (si cette dernière l'accepte) pour les sommes supérieures à 2 000 EUR, quels seraient les avantages d'une telle solution ?

ANNEXE 1 · La lettre de change

Contre cette LETTRE DE CHANGE
stipulée SANS FRAIS
veuillez payer la somme indiquée
ci-dessous à l'ordre de :

mention
L.C.R.
s'il y a lieu

A ______ LE ______

MONTANT POUR CONTRÔLE	DATE DE CRÉATION	ECHEANCE	L.C.R. seulement	Euro. MONTANT

RÉF. TIRÉ

R.I.B. du TIRÉ :

code établ.	code guichet	N° de compte	Cle R.I.B.

DOMICILIATION

Valeur en

NOM
et ADRESSE
du TIRÉ

Droit de Timbre et Signature

ACCEPTATION OU AVAL — ne rien inscrire au-dessous de cette ligne

Mentions obligatoires devant figurer sur une lettre de change, d'après la Convention de Genève :

1. lieu et date d'émission,
2. lieu de paiement,
3. date d'échéance,
4. « veuillez payer... »,
5. « contre cette lettre de change »,
6. « la somme de... + montant à payer »,
7. « à l'ordre de... + nom du bénéficiaire »,
8. nom du tiré,
9. signature manuscrite du tireur.

ANNEXE 2 · Moyens de droit en cas de non-paiement

1. Allemagne : la date d'émission fait débuter la réserve de propriété jusqu'au paiement complet ; une procédure simplifiée peut être engagée en cas de non-paiement avec appel devant les tribunaux ordinaires. Mais attention ! il est nécessaire de gagner sinon tous les frais de procédure sont à la charge du perdant. Le protêt doit intervenir dans les deux jours ouvrables suivant la date d'échéance.
2. Belgique : les procédures sont similaires à celles de la France : protêt par huissier de justice, la loi ne détermine pas de délai après la date d'échéance.
3. Pays-Bas : la législation est proche de celle de l'Allemagne ; le protêt doit être fait par un huissier de justice ou un notaire dans les 2 jours ouvrables de l'échéance.
4. Espagne : un protêt simplifié par le créancier ou la banque domiciliataire est possible, sinon il faut demander à un notaire qui effectue l'opération en deux temps : d'abord une attestation de non-paiement ou de non-acceptation de la dette, et une fois celle-ci établie, le protêt formel est fait. Le délai dans les deux cas est de 5 jours ouvrables.
5. Grande-Bretagne : le terme « *Bill of Exchange* » n'a pas à être indiqué sur le document s'il est émis en Grande-Bretagne, de même le lieu et la date d'émission. Une attestation de non-paiement ou de non-acceptation (*noting*) faite à l'échéance (ou le lendemain de la date d'échéance) peut suffire, mais le protêt du « *public notary* » constitue une preuve formelle devant les tribunaux.

Choix d'un moyen de paiement

La situation

L'entreprise Lanelin achète, stocke et assemble des éléments de mémoire qui sont utilisés dans toutes sortes d'appareils programmables ou nécessitant un stockage de données. Ses fournisseurs sont situés principalement aux États-Unis, Taïwan, Chine, France, Irlande, Italie, Grande-Bretagne et Allemagne. Ses clients sont répartis dans le monde entier.
Dans ce métier, si certains achats peuvent être groupés et donc importants, les ventes se font plutôt par milliers ou dizaines de milliers d'unités de mémoire, ce qui, compte tenu de leur faible valeur unitaire, ne représente pas des sommes importantes.
La gestion des encaissements et des paiements est donc un élément de coût non négligeable. L'entreprise est, de plus, confrontée au problème de sûreté pour certains clients.

Structure des achats		
Pays d'origine	Nombre de fournisseurs	Valeur moyenne des commandes
États-Unis	17	4 400 $
Taïwan	9	1 100 $
Chine	8	1 300 $
France	4	3 400 €
Irlande	5	1 200 €
Italie	3	900 €
Grande-Bretagne	7	700 £
Allemagne	6	2 700 €

Structure des ventes		
Principaux pays destinataires	Nombre de clients	Valeur moyenne des ventes
États-Unis	190	1 300 $
France	230	1 930 €
Allemagne	165	1 700 €
Italie	160	1 600 €
Grande-Bretagne	145	185 £
Espagne	130	1 250 €
Suède	14	3 200 $
Pays-Bas	26	2 800 €
Suisse	29	3 650 €
Autres pays	Quelques centaines*	700 $

* Le plus souvent non réguliers.

Actuellement, pour simplifier le travail du service de comptabilité, les paiements se font par chèque systématiquement à 30 jours fin de mois à partir de deux comptes, l'un en euros, l'autre en devises. Certains fournisseurs ne sont pas satisfaits compte tenu des délais et des coûts d'encaissement qu'ils subissent de la part de leur banque et menacent de répercuter ce coût sur les factures.
La société demande aussi d'être payée de préférence par chèque, à défaut par virement, voire par traite.
Le responsable du recouvrement des créances clients a déjà alerté plusieurs fois le directeur général sur la nécessité de redéfinir une stratégie « paiements » et « encaissements ». Comme indiqué ci-dessus, de plus en plus de fournisseurs se plaignent de recevoir des chèques. Quant aux paiements des clients, le coût moyen d'encaissement d'un chèque sur la zone euro est de l'ordre de 4 euros et de 11 euros sur une devise étrangère, sans compter le temps passé à vérifier tous les encaissements et les paiements. De plus, le délai d'encaissement en zone euro est de l'ordre de 12 jours ouvrables, 23 en zone dollar.

Travail à faire

1. À partir des annexes publiées par la BRI (Banque des règlements internationaux), déterminez quels sont les moyens de règlement les plus utilisés dans les différents pays fournisseurs et clients de l'entreprise.
2. Comparez dans un tableau les caractéristiques, avantages et inconvénients des chèques, des virements et des lettres de change. Quelles conclusions pouvez-vous en tirer ?
3. Le chef du service comptable pense mettre en place un compte centralisateur pour recevoir les paiements des clients dans tous les pays hors la zone euro. Les coûts moyens seraient :
- tenue de compte : environ 300 USD par an,
- par transaction : 4 USD,
- virement mensuel au compte en France : 18 USD.

Calculez le coût total en prenant comme hypothèse le fait que chaque client effectue environ un achat par mois. Les règlements des « autres clients » continueraient à être centralisés en France. Comparez ce coût à celui de l'encaissement des chèques. Les délais pour que les sommes soient virées au compte seraient proches de ceux du chèque, compte-tenu du compte centralisateur. Que conclure ?
Prendre comme taux de change 1 EUR = 0,95 USD et 1 € = 0,6 £.
4. Quelle solution préconisez-vous pour cette entreprise pour mieux gérer ses paiements ? Rappel : le coût d'émission d'un virement est de l'ordre de 4 € en France.

ANNEXE 1 · Moyens de paiement utilisés pour les règlements hors recours aux espèces et effets de commerce

Pays	En millions d'opérations	Nombre d'opérations par an, par habitant	En pourcentage du volume (1)			
			Chèques		CartesVirements	Avis de prélèvement
Allemagne	13 657	167	4,8	5,1	50,6	39,5
Autriche	785	97	2,9	8,5	61,6	26,8
Belgique	1 250	122	7,0	27,4	54,0	9,4
Espagne	1 821	46	12,1	22,1	14,0	46,0
Finlande	795	154	0,2	37,3	58,5	3,9
France	**10 658**	**182**	**45,3**	**20,3**	**18,3**	**14,8**
Irlande	442	119	45,4	13,4	26,0	15,2
Italie	2 450	43	26,5	14,2	39,6	9,2
Pays-Bas	2 425	155	1,9	24,5	45,0	28,5
Portugal	722	72	39,6	43,7	6,3	9,2
Zone euro	**35 005**	**121**	**20,0**	**15,1**	**37,0**	**26,3**
Royaume-Uni	932	151	28,1	33,1	19,3	19,4
États-Unis	94 689	350	70,0	24,3	3,7	2,0
Suisse	769	108	1,0	23,4	72,1	3,5
Canada	4 880	161	34,6	48,4	9,5	7,4

Source : Banque des règlements internationaux (BRI) et BCE
(1) Le total diffère de 100 ; la différence est dans la catégorie « autre » non mentionnée dans le tableau

ANNEXE 2 · Montant moyen en euros par mode de règlement en 2000*

En euros	Chèques	Cartes	Virements	Avis de prélèvement*
Allemagne	452,62	12,65	2 866,35	104,43
Autriche	236,14	10,82	319,99	97,57
Belgique	624,43	8,84	2 421,04	41,62
Espagne	502,17	7,32	25 855,51	33,39
Finlande**	11 587,50	6,71	483,26	86,90
France	**72,57**	**7,01**	**6 659,43**	**55,49**
Irlande	349,41	9,76	4 123,59	175,62
Italie	299,56	13,11	6 752,12	97,57
Pays-Bas	11,43	6,56	2 524,86	26,53
Portugal	180,96	4,57	16 345,89	54,27
Zone euro	**164,80**	**8,23**	**9 824,88**	**82,63**
Canada	961,80	5,64	75,46	31,10
États-Unis	153,36	7,77	30 969,87	725,20
Japon	5 512,40	27,59	27 148,12	nd
Royaume-Uni	143,61	8,69	5 430,54	57,02
Suisse	211,60	10,67	8 049,16	177,76

Source : Banque des règlements internationaux (BRI) et BCE
** y compris interbancaire*
*** Les chèques sont exceptionnels en Finlande, et servent lors d'importantes transactions.*

ANNEXE 3

Pays	Allemagne	Autriche	Belgique	Espagne	Finlande**	**France**	Irlande	Italie	Pays-Bas	Portugal	**Zone euro**	Canada	État-Unis	Royaume-Uni	Suisse
Nombre de chèques par an et par habitant	8	2,8	8,6	5,6	0,3	**82,7**	54,2	11,3	2,9	28,6	**24,1**	55,7	244,8	55,7	1,1

Source BRI et BCE

Choix d'un moyen de paiement

La situation

Le Groupe Ignace (140 salariés) est composé de quatre petites sociétés spécialisées dans la fabrication et l'usinage de pièces de très haute précision destinées principalement à l'industrie aéronautique.
Plus de 50 % de son chiffre d'affaires dépend du programme Airbus.
Tout le personnel est constitué principalement d'ouvriers et de techniciens de haute qualification, le fils du fondateur, une trentaine d'années, étant ingénieur Arts et Métiers.
Trois entreprises sur les quatre ont la certification « aviation ». Toute une partie des descriptifs de commande est en anglais.

Ses principaux clients se situent en France, Allemagne, Espagne, Grande-Bretagne et Italie. Le groupe répond aussi à des commandes en provenance de Suisse, Pays-Bas et Belgique.

Il est confronté à des retards de paiement parfois importants (30 à 60 jours souvent) des clients, le plus souvent des grandes entreprises.
Un conseiller lui avait suggéré de s'assurer auprès de la Coface, ce qui est sans utilité car les clients sont solvables, simplement ils paient avec retard.
Son courtier en assurances lui procure des renseignements sur les pratiques en Europe : il apparaît que les retards de paiement sont souvent « classiques » comme le montrent les tableaux en annexes.

Excédé de tous ces retards, M. Ignace s'adresse à une société d'affacturage. Celle-ci lui a indiqué que la souscription d'un contrat impliquait le transfert, à son profit de l'exclusivité de tous les encaissements France et étranger. Par ailleurs, son courtier lui adresse des renseignements sur Intrum Justitia, une société hollandaise qui, contrairement à la société d'affacturage, ne réclame pas l'exclusivité sur tous les encaissements, mais propose ses services sur les pays demandés par le client. Son taux de commission est de 0,5 % en Europe, sauf la Grèce et le Portugal pour lesquels le taux est de 0,7 %.

Travail à faire

1. Pourquoi une assurance crédit Coface est-elle de peu d'utilité pour l'entreprise ?
2. Bien que la Coface ait développé aussi un service de recouvrement de créances, vous indiquerez quels sont les avantages de s'adresser à une entreprise de recouvrement de créances plutôt qu'à la Coface pour ce type de difficultés.
3. Pour chaque pays de vente de l'entreprise, relevez les retards moyens de paiement. En sachant que les commandes allemandes sont en valeur trois fois supérieures à celles en provenance d'Espagne, de Grande-Bretagne et d'Italie et que celles de Suisse, des Pays-Bas et de Belgique sont encore inférieures, analysez les conséquences des retards moyens de paiement par pays sur la trésorerie de l'entreprise.
4. Si en plus du recouvrement, la facturation est faite dans chaque pays par Intrum Justitia (commission : 0,2 % du montant facturé), l'entreprise peut-elle espérer une diminution des délais de paiement ?
5. À la différence d'une société d'affacturage, Intrum Justitia ne rachète pas les créances. Énoncez les principales différences entre les deux types d'organisations et leurs avantages et inconvénients. Quels seraient les coûts évités dans chaque cas ?

ANNEXE 1 · Délais moyens de paiement en Europe de l'Ouest

Pays	Délai moyen contractuel de paiement achat interne	Jours de retard achat interne	Délai moyen contractuel de payement à l'import	Jours de retards achat à l'étranger
Allemagne	23	11	45	9
Autriche	29	8	33	6
Belgique	48	20	44	17
Danemark	27	7	31	10
Espagne	68	8	68	4
Finlande	19	10	29	21
France	48	10	45	3
Grande-Bretagne	31	19	38	10
Grèce	75	19	65	34
Irlande	35	16	35	14
Italie	65	22	47	10
Norvège	21	6	32	4
Pays-Bas	27	19	35	13
Portugal	60	41	67	2
Suède	25	7	32	19
Suisse	28	10	42	13

Source : BRI et Intrum Justitia

ANNEXE 2 · Présentation de la société Intrum Justitia, société hollandaise de recouvrement de créances

Intrum Justitia offers a complete pan-European solution for invoicing and ledger management that allows businesses of all sizes to benefit from an unrivalled range of resources and expertise. With only one interface to our system you will have access to all the local payment methods and administrative services you need throughout Europe.

Our service packages are designed to work as part of your overall process and include invoicing, the monitoring and matching of payments, running the ledger, issuing reminders and collection activities. As a client you will be able to view all transactions online with your financial system being automatically updated.

We are in partnership with Netgiro, one of Europe's leading electronic payment providers. The company manages online and off-line payments for business-to-business and business-to-consumer markets. Netgiro's strength lies in the ability to offer a single channel, multi-currency transaction processing solution. Regardless of which country the product originates in or is sold to.

INTERNATIONAL INKASSO/DEBT COLLECTION
When your customer is based in another country, Intrum Justitia can follow and collect the debt in the local language. The debt collection procedure is always done via the local Intrum Justitia company in the country you are based, because in 19 countries throughout Europe, Intrum Justitia Offices are connected by an online network.

We are Europe's leading company in Debt Collection and Credit Management services with over 75 years of experience. The company has its European Headquarters in Amsterdam.

Fact File based on end 2000

Average number of employees	1,709
International network	22 countries
Stock of collection cases 2000	5.2 million
Gross collection value	4.8 billion
Number of customers	we serve well over 60,000

So you can see Intrum Justitia is a truly international organisation that has the experience to deal with your debt collections. Our network is unrivalled. Our routines are standardised so that the quality of service you get from our office in one country is of the same nature and quality of another.

Module 10

Le crédit documentaire

EXERCICES

Exercice 1

▶ *Dans un crédit documentaire, que signifient les termes suivants : bénéficiaire, banque notificatrice, date de validité, délai de présentation des documents ?*

Exercice 2

L'entreprise Vinantier commande des mémoires livrables CIP Roissy transportées par avion par émission d'un crédit documentaire.

▶ **1.** *Pourquoi doit-elle indiquer un délai de présentation des documents inférieur à 21 jours ?*

La même entreprise commande un équipement industriel livrable CIF Anvers à une entreprise située dans l'État de New York payable par crédit documentaire dont le délai de présentation des documents est de 21 jours et transportées par voie maritime en 10 jours des États-Unis à Anvers. À l'arrivée de la marchandise au port, les documents ne sont pas envoyés.

▶ **2.** *Expliquez la situation. Qu'aurait-il fallu faire ?*

L'entreprise a reçu une commande par notification de crédit documentaire dont les dates d'expédition au plus tard et de validité sont les mêmes.

▶ **3.** *Que doit faire l'entreprise ?*

Exercice 3

La société Gemsa produit des téléphones-fax.
Elle reçoit une commande urgente d'un revendeur des Émirats arabes unis de 200 téléphones-fax le 21 mai par notification de crédit documentaire et dont les conditions sont les suivantes : expédition au plus tard le 23 mai (c'est un jeudi), délai de présentation des documents : 7 jours, certificat d'origine délivré par la CCI (délai 48 heures), facture visée par le consulat des Émirats arabes unis.
Le consulat n'est ouvert que le lundi et le lundi 27 mai est férié.

▶ *Exposez la situation. Indiquez la démarche à suivre.*

Exercice 4

La banque vous communique les irrégularités qu'elle a relevées sur les documents qu'elle vient de recevoir pour payer le crédit documentaire qu'elle a ouvert sur votre demande :

- N° de crédit documentaire porté sur le connaissement différent,
- Une facture signée au lieu de trois demandées,
- Connaissement établi 7 jours après la date limite d'expédition,
- Poids, dimensions et marques non notés sur B/L,
- Réserves mentionnant un emballage abîmé.

▶ *Elle vous demande de lever ces irrégularités. Que faites-vous ?*

Exercice 5

La banque vous indique que le certificat d'assurance que vous avez réclamé pour le paiement de marchandises achetées CIF Le Havre par crédit documentaire mentionne une date fantaisiste et une valeur à 100 % de la facture CIF Le Havre. D'autre part, le connaissement est émis par le transitaire au lieu de la compagnie et ne porte pas la mention « *on board* » suivie de la date et de la signature.

▶ *Quelle est votre attitude ?*

Exercice 6

▶ *Que signifient les expressions suivantes ?*

1. FULL SET OF CLEAN ON BOARD OCEAN BILLS OF LADING MADE OUT TO ORDER AND BLANK ENDORSED MARKED "FREIGHT PREPAID" AND NOTIFY THE APPLICANT
2. WHICH IS AVAILABLE BY NEGOTIATION WITH ANY BANK
3. AIR WAYBILL OR FORWARDER'S AIR WAYBILL SHOWING GOOD CONSIGNED TO THE MAURITIUS COMMERCIAL BANK LTD PORT LOUIS MAURITIUS INDICATING NUMBER OF THIS CREDIT MARKED "FREIGHT TO COLLECT"
4. NEGOTIABLE THROUGH YOUR BANK ONLY
5. INSTRUCTIONS TO THE PAYING/ACCEPTING/NEGOCIATING BANK
6. DOCUMENTARY CREDIT SUBMITTED-TO U.C.P. 1993 PUBLICATION 500 OF I.C.C.

Exercice 7

Engagement de l'acheteur par crédit documentaire

Un grand groupe bancaire français fait précéder l'engagement de l'acheteur par crédit documentaire des conditions générales suivantes. Le donneur d'ordre est l'entreprise acheteuse.

▶ *Analysez chaque clause et indiquez les conséquences pour le donneur d'ordre.*

CONDITIONS GÉNÉRALES DE L'ENGAGEMENT DU DONNEUR D'ORDRE :

1. Il est bien entendu que nous, donneur d'ordre, nous prenons à notre charge tous les risques et conséquences pouvant résulter de la présente opération que nous vous demandons de mettre en place pour notre compte, et notamment le risque de change.

2. Nous nous engageons, si l'assurance est signée par nous, à vous faire communiquer dans les délais les plus brefs les renseignements relatifs à l'embarquement et à obtenir de notre assureur un titre négociable que nous vous remettrons sur votre demande.

3. De convention expresse, les documents ainsi que la marchandise qu'ils représentent, et plus généralement les biens, objet du présent crédit documentaire, sont affectés par nous, à titre de gage et de nantissement à la bonne fin de l'engagement que nous vous demandons de souscrire. Cette affectation garantira également les avances résultant de votre paiement ou le remboursement des engagements souscrits par vous ou par vos correspondants sous forme d'acceptation ou autrement et, d'une façon générale, le remboursement de toutes sommes dont nous serions débiteurs envers vous pour quelque cause que ce soit.

4. Pendant toute la durée de cette affectation, nous nous engageons à donner des instructions à tout détenteur des marchandises ou des biens pour qu'il ne se dessaisisse de ceux-ci qu'avec votre accord exprès.

5. Nous sommes expressément d'accord pour considérer que, dans le cas où le crédit comporterait une réalisation par tirage sur nous-mêmes, nous serions tenu à l'acceptation et au paiement de cette acceptation à son échéance, de la même façon que vous seriez vous-même tenu si le tirage était sur vous.

6. Si la valeur de la marchandise ou du bien, objet du présent Crédit documentaire, vient à baisser en dessous du montant de celui-ci par suite d'une variation, soit des prix, soit du cours de la monnaie, la présente affectation en gage et en nantissement ne fait pas obstacle à votre demande de reconstitution de marge aussi longtemps que votre engagement demeurera en vigueur et que nous ne vous aurons pas intégralement remboursé.

7. Cette opération est soumise aux « Règles et Usances Uniformes relatives aux Crédits documentaires » de la Chambre de commerce international, actuellement en vigueur, sous réserve de l'application des réglementations et usages propres aux pays où l'opération se déroulera.

Recevez, Messieurs, nos salutations distinguées.

Date et signature

Comparaison de conditions de vente avec la réception d'une commande par crédit documentaire

La situation

La société Partenay est spécialisée dans la fabrication et la vente de matrices et de moules de toutes sortes s'intégrant dans les machines à former. Elle publie un tarif annuel EXW en USD mais propose aussi de livrer FOB ou CIF suivant les indications publiées dans son tarif.
Elle vient de recevoir la notification d'un crédit documentaire d'un client indien.

Travail à faire

1. Vérifiez que les conditions du crédit documentaire sont conformes aux conditions de vente de l'entreprise. Relevez les différences.
2. Rédigez le fax à envoyer à l'entreprise indienne pour que cette dernière fasse établir un amendement au crédit documentaire par sa banque.

ANNEXE 1 · Conditions de l'entreprise

Extraits des tarifs

Code produit	Désignation	Colisage		Prix EXW unitaire en USD
		poids en t	volume en m³	
1401	Moule pour injection de polyéthylène	0,040	0,060	615
3242	Matrice à estamper l'aluminium	0,190	0,220	535
3280	Matrice à former la tôle d'acier	0,210	0,340	2 120
8320	Extrudeuse pour bouteille PVC ou polyéthylène	0,130	0,390	3 760

Prix EXW Pontoise établis en USD pour des marchandises emballées pour un transport maritime sous pontée.

Supplément FOB Anvers, Le Havre ou Marseille

Commande inférieure à 15 000 USD	200 USD + 4 % du prix EXW
Commande égale ou supérieure à 15 000 USD	400 USD + 2 % du prix EXW

Supplément CIF port maritime dénommé : prix FOB + coût transport ci-dessous

Destination	Coût de transport forfaitaire
Amérique du Nord côte Est	180 USD la tonne ou le m^3
Amérique du Sud et Amérique du Nord côte ouest	250 USD la tonne ou le m^3
Méditerranée Est	160 USD la tonne ou le m^3
Mer Rouge, golfe Persique et océan Indien	210 USD la tonne ou le m^3
Pacifique Est et Australie	260 USD la tonne ou le m^3

Conditions de vente

Enregistrement de commande par ouverture de crédit documentaire irrévocable et confirmé par une banque française, selon les modalités prévues ci-dessous :

Commande inférieure à 15 000 USD	Ouverture d'un crédit documentaire irrévocable et confirmé, 20 % à vue et 80 % par acceptation sur banque française, à 90 jours date de connaissement.
Commande égale ou supérieure à 15 000 USD	Ouverture d'un crédit documentaire irrévocable et confirmé, 20 % à vue et 80 % par acceptation sur banque française, à 180 jours date de connaissement.

Délai d'expédition : 30 jours

ANNEXE 2 · Extraits de la notification de crédit documentaire

TO BARCLAYS BANK, PARIS BRANCH, PARIS
FM BANK OF BOMBAY 1675 NEW DELHI AVENUE
BOMBAY 780560 REPUBLIC OF INDIA
DD APR. 19
WE HEREBY ESTABLISH AN IRREVOCABLE DOCUMENTARY CREDIT NO LC YU 15203

BENEFICIARY : PARTENAY SA 137 AVENUE DU GENERAL DE GAULLE PONTOISE FRANCE

APPLICANT : BOMBAY'S MACHINERY CORPORATION
GANDHI AVENUE BOMBAY 780690 REPUBLIC OF INDIA

AMOUNT : USD 22,810.00
SAY US DOLLARS TWENTY TWO THOUSAND EIGHT HUNDRED TEN ONLY WHICH IS AVAILABLE IN OUR COUNTERS :
- AT SIGHT FOR USD : 4,562.00,
- BY NEGOCIATION FOR USD : 18,248.00 AGAINST A DRAFT AT 180 DAYS AFTER SHIPPING,

AGAINST : FULL SET BILL OF LADING MADE OUT TO ORDER AND BLANK ENDORSED MARKED "ON BOARD" AND "FREIGHT PREPAID" AND NOTIFY THE APPLICANT, DATED NOT AFTER 1ST MAY.

AND AGAINST THE FOLLOWING DOCUMENTS :
1) SIGNED COMMERCIAL INVOICE IN SEXTUPLATE EVIDENCING THAT ALL IS IN COMPLIANCE WITH THE PRICELIST EDITED JANUARY 1ST
2) CERTIFICATE OF FRENCH ORIGINE STAMPED BY FRENCH CHAMBER OF COMMERCE
3) DETAILED PACKING LIST IN SEXTUPLATE ISSUED BY BENEFICIARY
4) CERTIFICATE OF QUALITY ISSUED BY BENEFICIARY IN TRIPLICATE
5) INSURANCE POLICY/CERTIFICATE FOR 110 PCT OF THE INVOICE VALUE COVERING ALL RISKS AND INSTITUTE CARGO, WAR, STRIKES CLAUSES, DAMAGES PAYABLE IN INDIA
6) TELEX SENT BY BENEFICIARY TO APPLICANT ADVISING SHIPMENT DETAILS
7) CERTIFICATE EVIDENCING THAT THE VESSEL DON'T PUT IN AN PAKISTAN PORT

EVIDENCING SHIPMENT OF :

NUMBER OF PRODUCTS	N° OF CLASSIFICATION	PRICE IN USD CIF BOMBAY
4	1 401	2 460
2	3 242	1 070
2	3 280	4 240
4	8 320	15 040
TOTAL		22 810
12 (TWELVE) PRODUCTS AS DESCRIBED IN PRICELIST EDITED JANUARY 1ST		

SHIPMENT : FROM EUROPEAN PORT TO BOMBAY PORT UNDERDECK, PARTIAL SHIPMENT NOT ALLOWED, TRANSSHIPMENT NOT ALLOWED
LATEST SHIPMENT DATE : MAY 1ST

EXPIRY DATE : MAY 10 IN FRANCE

SPECIAL INSTRUCTIONS : PLEASE ADVISE BENEFICIARY WITHOUT ADDING YOUR CONFIRMATION.

BANK CHARGES : ALL BANK CHARGES OUTSIDE INDIA ARE FOR ACCOUNT OF BENEFICIARY.

CAS 2

SEE : Société européenne d'Éclairage

Analyse d'un message SWIFT d'ouverture de crédit

La situation

La Société européenne d'Éclairage (SEE) est la filiale française d'un groupe industriel de taille mondiale. Elle fabrique des appareils d'éclairage domestique, des installations d'éclairage public, ainsi que des lampes et tubes d'éclairage. Elle réalise 70 % de son chiffre d'affaires à l'exportation.
Employé(e) au service « Administration des ventes export » de la SEE, installé à Boulogne-Billancourt (Hauts-de-Seine), vous participez au suivi des commandes en provenance d'Asie, et en particulier du Japon. La présence de la SEE dans ce pays est récente, et les produits y sont distribués pour le moment par des importateurs non exclusifs.
Vous recevez sans engagement de sa part de la banque Indosuez à Paris la photocopie de message Swift figurant en annexe.

Travail à faire

1. Repérez les parties en présence et les modalités concrètes de ce règlement.
2. Établissez la liste des documents à fournir, en précisant éventuellement quand et comment ils pourront être obtenus.
3. Relevez les trois dates importantes de ce crédit documentaire.

ANNEXE 1

21/06/2001 – 11:17:28 FileOutputMT -0675-00002

-------------------- Transmission --------------------

Received from SWIFT
Network priority : Normal
Message Output Reference :
010705BINDSUPARXXX2156487
Correspondent Input Reference :
010705BOTKJPJTOSA234895

-------------------- Message Header --------------------

Swift Output Original
FIN 700 Issue of a Documentary Credit

Sender :	BOTKJPJTOSA Bank of Tokyo OSAKA Japan
Receiver :	BINDSUPAR XXX Banque Indosuez PARIS France

-------------------- Message Text --------------------

40A :	Form of Documentary Credit IRREVOCABLE
20 :	Documentary Credit Number 90-93-0622
31C :	Date of Issue 010621
31D :	Date of Expiry 011108
50 :	Applicant JAPAN ELECTRIC APPLIANCES COMPANY PO BOX 3125 OSAKA JAPAN

59 :	Beneficiary SOCIETE EUROPEENNE D'ECLAIRAGE TOUR CHAMBORD 92500 BOULOGNE-BILLANCOURT FRANCE
32B :	Currency Code and Amount EUR 26,780.00
41A :	Available with/by ADVISING BANK BY NEGOTIATION
42C :	Drafts at SIGHT
42D :	Drawee ADVISING BANK
43P :	Partial Shipment PROHIBITED
43T :	Transhipment PROHIBITED
44A :	Onboard/Disp/Taking Place ANY FRENCH PORT
44D :	Onboard/Disp/Taking Date LATEST 011025
44B :	For Transportation to OSAKA JAPAN
45A :	Description of Goods LIGHTNING FIXTURE FD23 COMETE FOR 640 PCS CIF OSAKA
46A :	Documents Required SIGNED COMMERCIAL INVOICE IN 5 COPIES ONE FULL SET OF CLEAN ON BOARD OCEAN BILLS OF LADING MADE OUT TO THE ORDER OF BANK OF TOKYO OSAKA MARKED FREIGHT PREPAID NOTIFY BUYER INDICATING LC NUMBER INSURANCE POLICY OR CERTIFICATE IN DUPLICATE ENDORSED IN BLANK FOR 110 PERCENT OF CIF VALUE COVERING ALL RISKS INCL. WAR RISKS PACKING LIST IN TRIPLICATE CERTIFICATE OF ORIGIN
48 :	Period for Presentation ALL DOCUMENTS MUST BE PRESENTED FOR NEGOTIATION WITHIN 15 DAYS OF B/L DATE BUT WITHIN CREDIT VALIDITY PERIOD
49 :	Confirmation Instructions WITHOUT
71B :	Charges ALL BANKING CHARGES OUTSIDE JAPAN ARE FOR ACCOUNT OF BENEFICIARIES
78 :	Instructions to Pay/Accpt/Negot Bank YOU ARE AUTHORISED TO DEBIT OUR A/C WITH YOU IF DOC. ALL IN ORDER
72 :	Sender to Receiver Information THIS CREDIT IS SUBJECT TO UCP PUB 500 REV. 1993

-------------------- Message Trailer --------------------

MAC : 9C65OC33
CHK : 72797901A26

Analyse d'une ouverture de crédit

La situation

La société Dolfin, de Rueil-Malmaison (Hauts-de-Seine), fabrique et commercialise depuis un demi-siècle des produits d'accastillage en acier inoxydable destinés à la navigation de plaisance.
Vous êtes assistant(e) commercial(e) au service export de l'entreprise. Vous recevez le 8 août de la banque Natexis de Rueil-Malmaison la notification de l'accréditif résumé ci-dessous.
L'acheteur est un distributeur de produits pour le nautisme de Lagos (Nigeria) que vous aviez rencontré au Salon nautique de Paris. Suite à une demande d'offre de sa part, une pro-forma avait ensuite été établie exigeant un paiement par crédit documentaire. Vous n'avez en effet jamais traité avec cet acheteur, et ne disposez d'aucun réseau au Nigeria.

Travail à faire

1. Vous jugez non satisfaisantes certaines stipulations de cette ouverture jointe en annexe. Quelles modifications allez-vous demander ? Comment allez-vous procéder pour cela ?
2. Quelle précautions particulières devez-vous prendre (documents, délais, etc.) pour satisfaire aux conditions du crédit ?
3. Suivant la teneur du crédit après amendement, dans quelle situation allez-vous vous trouver si, une fois l'expédition réalisée,
– l'acheteur conteste le fait que vous n'ayez expédié que 3 000 manilles ?
– l'acheteur fait opposition auprès de la banque nigériane à la présentation des traites, car la marchandise ne le satisfait pas ?
– l'État nigérian interdit à la National Bank tout virement vers l'étranger ?

ANNEXE

- Crédit ouvert par « National Bank of Nigeria ». Lagos. Fédération du Nigeria.
- Pour ordre de « African Queen Shipschandling » Po Box 266 à Lagos.
- Montant : « 1 280 USD environ ».
- Concernant : « environ 3 200 manilles acier inoxydible de 80 mm, modèle 80C4, à 0.4 USD FOB Le Havre, selon pro-forma n° 1120659 du 26 juin courant ».
- Crédit réalisable aux caisses de la banque émettrice par négociation d'une traite à 90 jours tirée sur le donneur d'ordre, accompagnée des documents suivants :
  - 6 factures commerciales légalisées ;
  - jeu complet de connaissements maritimes on board ;
  - liste de colisage en 6 exemplaires ;
  - certificat ou police d'assurance ;
  - photocopie de la licence d'importation ;
  - certificat EUR.
- Expéditions partielles interdites.
- Expédition de tout port européen au plus tard le 10 septembre.
- Date limite de validité du crédit : 12 septembre.

Demande d'ouverture de crédit

La situation

JP-Import souhaite importer du Japon des tondeuses à gazon thermiques.

La société Takashama lui a fait l'offre suivante dans sa pro forma n° 12-875 du 8 mars courant :
- 260 tondeuses à gazon thermiques HLD 25.
- Prix unitaire CIF Le Havre : 200 USD.
- Règlement par crédit documentaire irrévocable payable au Japon à 60 jours de la date d'expédition.
- Expédition : un mois après réception de l'avis d'ouverture de crédit.

Cette offre intéressant JP-Import, on vous a chargé de faire auprès de la Société Générale (agence BX de Courbevoie), la demande d'ouverture de crédit au mieux de vos intérêts.

Travail à faire

Le 12 avril, vous remplissez l'imprimé de demande d'ouverture de crédit documentaire joint en vous aidant des éléments fournis en annexes.

ANNEXE 1 · Identité des opérateurs

Acheteur : JP–Import
6, avenue de Gennevilliers
92400 COURBEVOIE
Compte SG n° 5.127207.3

Vendeur : TAKASHAMA
Kaiun Building
64, Hirakawa-cho 2-Chome
Higashi-ku
TOKYO 102-1072 Japan

Correspondant de la SG : SG-UEI
D.F. Buuilding
Minami-Aoyama
TOKYO 107-127 Japan

ANNEXE 2 · Extraits de la microfiche tarifaire relative aux tondeuses à gazon

Produit libre à l'importation - droits de douane : 3,5 % – TVA : 19,6 %

Normes : limitation de l'émission sonore des tondeuses à gazon.
Lors du dédouanement, doit être joint à la déclaration en douane :
– soit une copie du procès-verbal de mesures acoustiques sur modèle NGD 403.
– soit un certificat de conformité établi par le constructeur ou l'importateur sur modèle NGD 524 qui garantit le niveau de puissance acoustique.

ANNEXE 3 · Emploi de la langue française

La loi n° 94-665 du 4 août 1994 rend obligatoire l'usage de la langue française dans les messages publicitaires et interdit l'emploi d'expressions étrangères lorsqu'il existe des termes français équivalents. La portée de cette obligation est très large. Ainsi, l'usage de la langue française est obligatoire « dans la désignation, l'offre, la présentation, le mode d'emploi ou d'utilisation, la description de l'étendue et des conditions de garantie d'un bien, d'un produit ou d'un service, ainsi que dans les factures et quittances ».

L'obligation d'emploi de la langue française pèse à tous les stades de la distribution sur ceux qui mettent sur le marché des produits destinés au public. Le fait qu'en amont de la distribution cette obligation n'ait pas été respectée par leur vendeur n'exonère pas les acheteurs de l'obligation qui leur est faite, par la loi du 4 août 1994, d'utiliser obligatoirement la langue française dans la présentation du produit.

SOCIETE GENERALE — **DEMANDE D'OUVERTURE DE CREDIT DOCUMENTAIRE** 7

________________, le ________________

NOM ET ADRESSE DU CLIENT

SOCIETE GENERALE

SELON LES INSTRUCTIONS CI-DESSOUS MARQUEES D'UNE CROIX, VEUILLEZ OUVRIR POUR NOTRE COMPTE UN CREDIT DOCUMENTAIRE

☐ **irrévocable,** ☐ **révocable,**

☐ **irrévocable et confirmé,** ☐ **transférable**

EN FAVEUR DE

CHEZ : NOTRE CORRESPONDANT

par ☐ courrier ☐ télex/swift

Devise/Montant : ________________ Expirant le : ________________ à ________________

REALISABLE A : - PAR :

☐ paiement à vue

☐ paiement différé à ____ jours ☐ de présentation des documents ☐ après la date d'expédition

☐ acceptation par vous-mêmes de traite(s) à ____ jours ☐ de présentation des documents ☐ après la date d'expédition

☐ acceptation par votre correspondant de traite(s) à ____ jours ☐ de présentation des documents ☐ après la date d'expédition

☐ négociation de traite(s) à vue

☐ négociation de traite(s) à ____ jours ☐ de présentation des documents ☐ après la date d'expédition

EXPEDITIONS PARTIELLES

☐ autorisées

☐ interdites

☐ ________ obligatoires

TRANSBORDEMENTS

☐ autorisés

☐ interdits

Expédition de : ________________ au plus tard le : ________________ à destination de : ________________

Relatifs à (nature des marchandises, quantité, prix...)

CONDITIONS D'EXPEDITION

☐ EXW (départ usine)

☐ CPT (port payé jusqu'à)

☐ CFR (coût et fret)

☐ CIF (coût assurance et fret)

☐ FAS (franco le long du navire)

☐ DDP (rendu droits acquittés)

☐ DEQ (rendu à quai)

☐ FCA (franco transporteur)

☐ FOB (franco bord)

☐ CIP (port payé assurance comprise)

☐ DAF (rendu frontière)

☐ DDU (rendu droits non acquittés)

☐ DES (rendu ex ship)

11786.7 - 03/96

CONTRE REMISE DES DOCUMENTS SUIVANTS

- ☐ Facture commerciale
- ☐ Jeu complet de connaissements maritimes
- ☐ Lettre de transport maritime
- ☐ Connaissement de Charte Partie
- ☐ Document de transport multimodal
- ☐ Document de transport aérien
- ☐ Document de transport par route
- ☐ Document de transport par rail
- ☐ Récépissé postal
- ☐ Récépissé de sté de courrier express
- ☐ Police ou certificat d'assurances couvrant ____________
- ☐ Note de Poids ☐ Liste de colisage
- ☐ Certificat d'origine émis par ____________
- ☐ Certificat d'origine form A émis par ____________
- ☐ Autres Documents

☐ A ordre (de) ☐ au nom de ☐ notify

☐ fret payé ☐ fret payable à destination

AUTRES CONDITIONS

- ☐ Tous les frais bancaires hors de France à la charge du bénéficiaire
- ☐ Les documents devront être présentés à votre correspondant dans les ________ jours de la date d'expédition

ASSURANCE SOUSCRITE

- ☐ par l'acheteur
- ☐ par nos soins, Délégation à votre profit
- ☐ par le vendeur (sans justificatif)
- ☐ marchandises non assurées

NOUS VOUS AUTORISONS A :

☐ Débiter
- ☐ notre compte en EUR n° ____________
- ☐ notre compte en devises n° ____________

☐ Acheter les devises nécessaires au règlement
- ☐ à terme au ____________
- ☐ au comptant

(le risque de change étant à notre charge)

☐ Provisionner immédiatement cette ouverture du montant en EUR ou de sa contrevaleur

Le produit de ce prélèvement est fait à votre profit exclusif en contrepartie de cette ouverture. Vous le comptabiliserez dans vos propres avoirs à titre de gage espèces à votre profit. Cette couverture, sans laquelle vous n'auriez pas consenti à cette opération, se compensera de plein droit à due concurrence avec les sommes que vous seriez appelées à verser en vertu de vos engagements à valoir sur ce crédit documentaire.

☐ Prélever les frais refusés par le bénéficiaire selon art.18 des RUU 500

Il est bien entendu que ce crédit est soumis aux Règles et Usances Uniformes relatives aux Crédits Documentaires, version révisée de 1993, Publication 500 de la Chambre de Commerce Internationale.

Veuillez agréer, Monsieur le Directeur, nos salutations distinguées.

Cachet commercial
Qualité du signataire
Signature autorisée

(D) 553.000

Module 11

La gestion du risque de crédit

EXERCICES

Exercice 1

Tubelec est une PME (120 salariés) du secteur de la plasturgie implantée dans l'Est de la France, non loin de la frontière allemande. Elle s'est progressivement spécialisée dans la fabrication de goulottes, moulures et plinthes pour la distribution électrique. L'entreprise a développé son marché grâce aux artisans installateurs électriques locaux qui recherchent des solutions simples, économiques et rapidement mises en œuvre pour l'équipement électrique de l'habitat individuel et collectif (locaux neufs ou rénovés). Fort de ses succès sur les marchés proches, Tubelec met en place une véritable politique d'exportation. Les marchés qui, a priori, sont les plus intéressants pour l'entreprise sont ceux où le parc immobilier est à rénover ou à reconstruire. Le développement du câblage informatique dans l'immobilier de bureau a constitué une opportunité que l'entreprise a su exploiter.
Le tableau ci-dessous donne la répartition du chiffre d'affaires (année 20.. en milliers d'euros) de l'entreprise par pays et voie d'accès au marché.

Pays / Voie d'accès aux marchés	France		Reste UE et Suisse		États-Unis Canada		Hong Kong		Reste du monde [1]	
	CA	Nbre	CA	Nbre	CA	Nbre	CA	Nbre	CA	Nbre
Artisans installateurs	1 872	216	346	16					58	1
Distribution spécialisée	1 344	22	2 160	25					22	1
Grande Distribution Spécialisée (bricolage)	1 584	2	950	4					58	1
Filiales			518	1	1 440	2				
Importateurs-distributeurs			346	2			720	1	583	11

CA : chiffre d'affaires année 20.. en milliers d'euros ; Nbre : nombre de clients directs
(1) Norvège, Australie, Nouvelle-Zélande.

▶ **1.** *Après avoir calculé le CA moyen par client, évaluez la nature et l'intensité du risque en fonction du pays.*

▶ **2.** *L'entreprise est contactée par un importateur turc ; le potentiel du marché est important. Le courant d'affaires envisagé est de l'ordre de 800 000 EUR par an. Évaluez le risque client et pays. La gestion des risques peut-elle rester similaire à celle des autres pays ?*

Exercice 2

La défaillance d'un client coûte très cher. Le plus souvent des précautions sont prises avec les nouveaux clients. Avec la routine, la vigilance a tendance à se relâcher avec les clients existants. C'est pourquoi le responsable financier de votre entreprise souhaite profiter de la mise en place d'un système d'information intégré pour améliorer l'information des commerciaux.
Actuellement, les commerciaux ont accès depuis leur ordinateur aux informations suivantes : identification du client ; chiffre d'affaires cumulé depuis le début de l'exercice ; conditions habituelles de paiement.

▶ **1.** *De nombreuses autres informations pourraient être intégrées à la base de données de l'entreprise. Identifiez les informations à intégrer dans le masque d'écran pour sensibiliser les commerciaux aux risques sur les clients existants.*

▶ **2.** *Quelles sont les limites de cette action ?*

Exercice 3

Pour gérer le risque client l'entreprise peut faire appel à cinq types de prestataires :
a) Les sociétés de recouvrement pour les relances et le suivi contentieux des règlements,
b) Les banques pour la prise en charges des paiements garantis par crédit documentaire ou lettre de crédit stand by,
c) Les sociétés d'assurances crédit pour la souscription d'une assurance,
d) Les sociétés de renseignement pour l'évaluation du risque client,
e) Les sociétés d'affacturage pour la cession des créances et la gestion du poste client.

▶ **1.** *Classez ces prestations en fonction du degré d'externalisation de la gestion du risque client.*

▶ **2.** *Identifier les prestations qui impliquent une participation active du client à la gestion du risque. Ce critère de distinction est-il important ?*

▶ **3.** *Dans chacune des situations décrites ci-dessous quel est le prestataire et la prestation qui vous semblent les mieux adaptés ?*

A) Poulette SA est une société qui fabrique et vend du matériel pour les exploitations avicoles. Elle est contactée par un importateur marocain qui souhaite devenir son distributeur exclusif sur ce marché.

B) Tubelec est spécialisée dans la fabrication de goulottes, moulures et plinthes pour la distribution électrique. Ses clients sont nombreux et très hétérogènes, les délais de paiement relativement longs (60 à 90 jours). Une partie significative de sa clientèle connaît régulièrement des difficultés de trésorerie, règle avec retard ou tente d'obtenir des reports d'échéance.

C) Automeca est une PME qui fabrique et vend des machines-outils. Elle participe au salon de la machine-outil de Hanovre. Elle est contactée par un acheteur ivoirien qui lui demande de transmettre très rapidement une offre. Le montant de l'offre est de 90 000 euros.

D) La coopérative Caves de Blebenheim exporte des vins d'Alsace sur tous les grands marchés de consommation. Les commandes sont d'un montant unitaire relativement faible et donnent lieu à des courants d'affaires assez réguliers.

E) Swimpleasure conçoit et vend des piscines en kit. Un client danois refuse de régler sa facture. Le motif invoqué est que la notice de montage n'étant pas claire, le résultat obtenu n'est pas conforme à ce qui était attendu.

Exercice 4

Materbois a conclu une police d'assurance Globalliance auprès de la Coface :
- délai maximum de crédit de 180 jours ;
- délai maximum avant demande d'intervention :
  - 180 jours comptés à partir de l'échéance initiale ou régulièrement prorogée,
  - 30 jours en cas d'insolvabilité de droit du débiteur (faillite, règlement judiciaire…) si cet événement intervient avant expiration du délai de 180 jours précités ;
- délai constitutif de sinistre : 5 mois ;
- quotité garantie : 90 % ;
- délai d'indemnisation : 30 jours.

Bjornvorc est un importateur-distributeur slovaque pour lequel la Coface sollicitée autorise un découvert de 10 000 euros.
- Le 1er mai, le client Bjornvorc passe une commande acceptée par Materbois. Le matériel est livré et facturé le 1er juin pour un montant de 18 000 euros à échéance du 30 août.
- Le 4 septembre, Bjornvorc prévient qu'il n'est pas en mesure d'honorer l'échéance du 30 août. Il demande à bénéficier d'un crédit supplémentaire de 1 mois. Materbois décide de lui accorder ce délai de régularisation.
- Le 31 octobre, le client n'a toujours pas réglé Materbois qui décide de demander l'intervention de la Coface.

▶ **1.** *Du 30 juin au 30 août : quel est le risque résiduel potentiel supporté par l'entreprise ?*

▶ **2.** *Quelles mesures permettaient d'éviter cette prise de risque ?*

▶ **3.** *Quelle mesure doit prendre Materbois pour sauvegarder ses droits d'assuré ?*

▶ **4.** *Le 31 octobre : quelle est la conséquence pratique de la demande d'intervention ?*

Composition du portefeuille des clients et modalités de gestion du risque

La situation

Colex est une PME de 30 salariés. Son activité principale consiste en la production de colles. Celles-ci se présentent sous forme de métrages linéaires de voiles. Destinées au contre-collage de matériaux généralement souples, elles peuvent intéresser de nombreux segments de marché. Leur première application actuelle est le domaine textile. Le produit fini se présente en bobines de faible largeur ou en rouleaux, en fonction des besoins du client. Faiblement pondéreux et incorporant une forte valeur ajoutée en savoir-faire, il supporte bien les coûts de transport.
Après la qualité du produit et le service aux clients, avec tout ce que cela entend de définition technique, de maîtrise industrielle, de contrôle et de garantie, la solvabilité du client est l'un des premiers soucis de l'entreprise. Une entreprise ne peut supporter un niveau de sinistre dépassant 10 % de son chiffre d'affaires. La gestion du risque client n'a pas fait l'objet, jusqu'à présent, d'une réflexion globale et ce seuil a été dangereusement approché lors du précédent exercice.

Travail à faire

1. À partir de la composition du portefeuille des clients (*cf.* document en annexe), analysez le risque client de l'entreprise.
2. Proposez des solutions pour la gestion du risque client.
3. L'entreprise envisage un effort de prospection très important en direction des marchés du Maghreb. Rédigez à l'intention de vos commerciaux un document structuré destiné à les guider dans le choix des instruments et techniques de paiement à recommander, à éviter, à proscrire.

ANNEXE · Composition du portefeuille client

Ventes par pays selon le mode de distribution et le mode de paiement (année 20..)
C = client industriel utilisateur ; **D** = importateur distributeur ; **F** = filiale

Pays	Nombre	Répartition du CA selon le mode de distribution (en % du CA total)			Mode de paiement
		C	D	F	
Allemagne	3	17 11 2			Virement à 30 jours Virement à 30 jours Virement à 30 jours
France	1		21		Traite à 60 jours
Italie	5	3 2 0,5 0,5		9	Virement à 120 jours Virement à 30 jours Virement à 90 jours Reçu bancaire à 90 jours Contre remboursement
États-Unis	1	10			Virement à 60 jours
Benelux	1		9		Virement à 30 jours
Royaume-Uni	2		2,5 0,5		Virement à 60 jours Virement à 60 jours
Suisse	1	2			Virement à 60 jours
Espagne	2	2,5 0,5			Comptant sous 10 jours (– 3 %) Virement à 60 jours
Portugal	1	1,5			Virement à 60 jours
Japon	1		1,5		Virement à 30 jours
Afrique du Sud	1	1			Crédoc à 60 jours
Inde	1	1			Crédoc à 90 jours
Canada	1	0,5			Virement à 60 jours
Scandinavie	2		0,5 0,5		Virement à 60 jours Virement à 60 jours
Chili	1	0,5			Crédoc à 120 jours
TOTAL	**24**	**55,5**	**35,5**	**9**	

Le coût de la gestion du poste clients

La situation

Disfond est une PME spécialisée dans la fabrication de fours à très haute température utilisés dans l'industrie chimique, pharmaceutique et agroalimentaire. Créée par des ingénieurs pour répondre à une demande spécifique du tissu industriel local, elle a progressivement élargi son marché et réalise la totalité de son chiffre d'affaires dans 6 pays de l'Union européenne.

L'entreprise gère elle-même son risque client. Elle s'interroge sur le coût de gestion de ses comptes clients. L'entreprise propose systématiquement le paiement à 30 jours et le paiement comptant avec un escompte.

Travail à faire

1. Calculez le coût financier de la gestion du poste clients.
2. Calculez le coût administratif des interventions pour obtenir le paiement.
3. Sachant que la marge nette est de 11 % du chiffre d'affaires, calculez le chiffre d'affaires supplémentaire à générer pour couvrir les retards de paiement.
4. Dans le cadre de cette politique d'autocouverture du risque de crédit, quelles mesures conseillez-vous à l'entreprise pour diminuer ce coût de gestion.

ANNEXE 1 · Chiffres d'affaires en fonction des retards de paiement (en milliers d'euros)

Règlements clients		France	Royaume-Uni	Allemagne	Italie	Pays-Bas	Belgique
Comptant		4	0	71	1	2	1
Retard	inf. à 15 jours	1 027	580	1 013	698	173	343
	15 à 30 jours	430	197	117	199	73	143
	30 à 60 jours	404	176	96	243	71	135
	60 à 90 jours	71	26	16	60	9	24
	90 à 120 jours	44	14	12	46	5	15
	> à 120 jours	50	22	28	106	5	17
	Total	2 030	1 015	1 353	1 353	338	678

ANNEXE 2 · Coût financier de la gestion du poste client

1. Les clients qui règlent comptant bénéficient d'un escompte de 2 %.
2. Jusqu'à 120 jours de retard le coût du financement du besoin en fonds de roulement induit est estimé à 7 % (taux annuel), calculé sur la limite supérieure de la fourchette du retard.
3. Les créances non réglées après 120 jours sont considérées comme irrécouvrables.

ANNEXE 3 · Coût en euros de la gestion administrative et contentieuse du poste clients

Retards moyens	Interventions	Créances françaises		Créances sur l'étranger	
		Nbre	Coût par créance	Nbre	Coût par créance
15 à 30 jours	un rappel	27	18,00	49	25,00
30 à 60 jours	deux rappels	51	36,00	82	50,00
60 à 90 jours	trois rappels dont un par le service contentieux	33	200,00	31	370,00
90 à 120 jours	contentieux	12	1 000,00	54	1 450,00
sup. à 120 jours	contentieux	5	1 800,00	22	2 500,00

Module 12

Les devises et le change

EXERCICES

Exercice 1

La désignation internationale des devises fait l'objet d'une normalisation internationale.

▶ **1.** *Quel est l'organisme à l'origine de cette norme ? Intervient-il dans d'autres domaines ?*

▶ **2.** *Quelle est la règle employée pour la construction de ces sigles ?*

▶ **3.** *Recherchez la signification des codes suivants :* EUR ; CNY ; RUB ; ILS.

Exercice 2

Vous êtes un exportateur européen et vous préparez votre budget en vue d'un voyage de prospection. Sachant que vous allez avoir besoin de devises sur place, vous consultez votre banquier, qui vous fournit la cotation suivante : EUR = 46,73200-99750 INR.

▶ **1.** *Quel est le pays prospecté ?*

▶ **2.** *Pour vous, cette cotation est-elle une cotation au certain ou à l'incertain ?*

▶ **3.** *Lequel de ces deux cours allez-vous retenir pour établir le budget prévisionnel de votre déplacement ?*

▶ **4.** *Calculez le cours INR (1000) contre EUR.*

Exercice 3

Vous disposez du tableau de cotation ci-dessous :

	USD	JPY (100)	EUR	CHF
USD			0,94655	
JPY (100)	114,38507		108,27000	71,10500
EUR				0,65665
CHF	1,60751			

▶ **1.** *Complétez ce tableau.*

▶ **2.** *Quel est le sens de lecture le plus probable :*

a) pour un exportateur européen qui doit recevoir des encaissements en devises ?

b) pour un importateur européen qui doit effectuer des règlements en devises ?

Exercice 4

On vous donne les éléments suivants :
Cours spot du dollar contre yen :
1,00 USD = 109,822/109,882 JPY (achat/vente).
Cours spot de l'euro contre dollar :
1,00 EUR = 0,85164/0,85215 USD (achat/vente).

▶ **1.** *Calculez les cours (achat/vente) :*

a) du yen en dollar ;

b) du dollar en euro ;

c) de l'euro en yen.

Exercice 5

Le tableau ci-après donne les prix d'exercice et les primes put sur EUR/USD à trois mois (options européennes).

Prix d'exercice	Prime
1,20	4,50 %
1,15	3,85 %
1,10	3,15 %
1,00	2,65 %
0,95	1,80 %
0,90	0,85 %
0,85	0,30 %

▶ **1.** *Calculez les cours effectifs garantis.*
▶ **2.** *Quel est le cours à terme minimum à 90 jours de l'EUR contre USD ? Pourquoi ?*

Exercice 6

Une entreprise qui n'a jusqu'alors réalisé aucune opération en devises conclut, le 1er janvier, un contrat de vente de marchandises, d'un montant de 100 000 USD, payables le 28 février. Le cours du dollar au moment de l'établissement du prix d'offre était de 1,1555-75 EUR.
Le 5 janvier, la même entreprise reçoit d'un fournisseur une offre de marchandises pour 60 000 USD, payables également le 28 février.
Le dollar est à 1,1472-00 EUR, et l'entreprise accepte l'offre du fournisseur.
Le 10 janvier, le dollar est à 1,1015-47 EUR.

▶ **1.** *Enregistrez ces différentes opérations dans la position de change de l'entreprise, et déterminez, à la date du 10 janvier, sa position de change à l'échéance du 28/02.*

Gestion de trésorerie intragroupe

La situation

L'entreprise Suprasystèmes est spécialisée dans les systèmes de régulation de la production. Ses clients se situent actuellement en France, au Royaume-Uni, aux États-Unis, et en Australie.
Les composants qu'elle utilise sont achetés pour partie en France même, pour partie en Asie et au Japon.
Excepté en France, ils sont systématiquement payés en dollars.
Les ventes export se font par l'intermédiaire de filiales. Suprasystèmes dispose d'une filiale à Londres, à New York, et à Sydney.
Tous les échanges avec les filiales se font en USD.
L'entreprise a mis en place une trésorerie centralisée, qui gère les flux de devises intragroupe, ainsi que les règlements/encaissements avec l'extérieur.

Les règlements se font systématiquement à 30 jours fin de mois de facturation.

Les prévisions de règlements, pour le premier trimestre, sont regroupées en annexe 1.

Travail à faire

1. Déterminez les soldes mensuels de trésorerie intragroupe, en USD, pour chaque entité du groupe.
2. Expliquez comment vont se dérouler les mouvements de devises intragroupe, à la fin de chaque mois, dans l'hypothèse où les prévisions se réaliseraient exactement.
3. En l'absence d'investissements prévisionnels en USD, les flux nets mensuels du groupe sont convertis en EUR. Le trésorier, systématiquement, couvre à terme 80 % de leur montant (les 20 % restants constituant une marge d'erreur sur prévision). Cette couverture est mise en place en début de chaque trimestre, pour les trois mois à venir.
Compte tenu des éléments fournis en annexe 2, et en supposant :
– que les réalisations seront conformes aux prévisions,
– qu'en fin de chaque mois, toutes les devises sont échangées contre EUR,
déterminez les contreparties en EUR dont l'entreprise disposera en fin de chaque mois.

ANNEXE 1 · État prévisionnel des transactions pour le premier trimestre (USD)

		VENTES			
	JANVIER	Paris	Londres	New York	Extérieur
ACHATS	Paris		90 000	200 000	650 000
	Londres	455 000		355 000	550 000
	New York	368 000	485 000		125 000
	Extérieur	1 200 000	1 420 000	1 320 000	

		VENTES			
	FÉVRIER	Paris	Londres	New York	Extérieur
ACHATS	Paris		110 000	241 000	520 000
	Londres	430 000		289 000	640 000
	New York	320 000	510 000		150 000
	Extérieur	1 544 000	1 252 000	1 362 000	

		VENTES			
	MARS	Paris	Londres	New York	Extérieur
ACHATS	Paris		182 000	215 000	640 000
	Londres	300 000		285 000	745 000
	New York	220 000	612 000		210 000
	Extérieur	1 400 000	1 100 000	950 000	

NB : Ce tableau se lit ainsi :
Au mois de janvier, la filiale parisienne achète pour 90 000 USD de biens et services à la filiale britannique, 200 000 USD à la filiale américaine, et 650 000 USD à l'extérieur du groupe. Elle vend pour 455 000 USD à la filiale britannique, 368 000 à la filiale américaine, et 1 200 000 USD à l'extérieur du groupe.

ANNEXE 2 · *Cours de change USD/EUR*

Cours spot USD/EUR au 1/01/n : 1,15
report USD/EUR à :
1 mois : 0,0065
2 mois : 0,0086
3 mois : 0,0117

Cours spot USD/EUR le :
31/01/n : 1,1420
28/02/n : 1,1345
31/03/n : 1,1235

Choix d'une solution de couverture

La situation

Logitech est une entreprise spécialisée dans le matériel médical de haute technologie. Son activité couvre plus particulièrement les appareils d'assistance pré et post-natale.
Sa clientèle est constituée d'hôpitaux publics et de cliniques privées, et les marchés sont, à de rares exceptions près, conclus sur appels d'offres ouverts.
La concurrence est rude, et les conditions peu ou pas négociables.

Logitech a remporté un appel d'offres émis par un hôpital situé à Durban (Afrique du Sud), d'un montant principal de 425 000 USD. Le règlement de l'appel d'offres contient les dispositions suivantes :
- les offres doivent être valables 6 mois ;
- la livraison des matériels doit intervenir dans les deux mois de l'adjudication ;
- le règlement interviendra 3 mois après la livraison, par virement administratif.

Le règlement de l'appel d'offres prévoit également un certain nombre de prestations optionnelles, de montant prédéfini, mais dont la commande définitive est laissée à la discrétion du maître d'ouvrage.
Logitech a élaboré son offre sur la base d'un cours EUR/USD de 0,8565.
Pour couvrir son risque de change en phase d'offre, le trésorier a en effet acquis une option call EUR/put USD, au prix d'exercice de 0,8565 (le coût de l'option a été intégré dans le coût de revient de l'opération, avec une hypothèse de revente de l'option à prix négligeable).

Lors de l'avis d'attribution du marché, les conditions sont les suivantes : Cours spot : 1 EUR = 0,8375 USD
Report EUR contre USD à :

30 j	0,0054
60 j	0,0085
90 j	0,0115
120 j	0,0145
150 j	0,0152
180 j	0,0176

Dès que Logitech a été déclaré adjudicataire, la consultation du service d'ordonnancement des commandes a permis de déterminer le délai de livraison : 30 jours.
Le trésorier considère qu'il a désormais le choix entre deux solutions :
- conserver l'option jusqu'au règlement (ce qui est possible, sa date de validité étant postérieure à la date du règlement) ;
- revendre l'option et se couvrir à terme.

Travail à faire

1. Après avoir expliqué pourquoi le trésorier peut décider de revendre l'option, indiquez les avantages et inconvénients respectifs des deux solutions indiquées ci-dessus.
2. Le trésorier opte pour la deuxième solution, et décide donc de se couvrir à terme. Déterminez le montant total en EUR que Logitech percevra sur cette opération (on négligera le prix de revente de l'option).
3. Après avoir mis en place la couverture à terme, que peut faire le trésorier dans les trois cas suivants :
a) le maître d'ouvrage décide de confier à Logitech la fourniture d'appareils supplémentaires, pour un montant de 30 000 USD ;
b) le règlement intervient avec une semaine d'avance par rapport à l'échéance prévue.
c) le règlement intervient avec deux semaines de retard par rapport à la date prévue.

Module 13

Le risque de change et sa couverture

EXERCICES

Exercice 1

Vous devez régler un fournisseur dans 60 jours en dollars, pour un montant de 150 000 USD.
Vous consultez votre banquier qui vous donne les renseignements suivants :
EUR/USD : 0,9843 - 0,9847
Barème des reports-déports EUR/USD :

30 j	0,0048 - 0,0036
60 j	0,0056 - 0,0041
90 j	0,0078 - 0,0060

▶ **1.** *Vous vous couvrez à terme. À quel prix en euros paierez-vous cette importation ?*

▶ **2.** *Vous êtes baissier et décidez d'attendre. À l'échéance, l'euro cote au comptant 0,9637 – 43. Quel est dans ce cas votre résultat ?*

Exercice 2

Le 15 février, le cours de l'euro contre dollar s'établit à : 1 EUR = 0,89686 USD, soit 1 USD = 1,1150 EUR.
À cette date, la position de change de votre entreprise en fin de mois, pour le 2e trimestre, est la suivante, en USD contre EUR :

Date : 15 février		Avril		Mai		Juin	
USD/EUR Cj =	1,1150	montant	cours	montant	cours	montant	cours
Position (+ longue, – courte)		850 000	1,1230	550 000	1,1320	– 835 000	1,1315
Gain ou perte latent en EUR							

▶ **1.** *Remplissez la dernière ligne du tableau.*

▶ **2.** *Les cours à terme sur l'USD sont les suivants :*
30 avril : 1,1245 ; 31 mai : 1,1305 ; 30 juin : 1,1320.
Concernant chacune des échéances, que décidez-vous a priori (couverture à terme ou maintien en position) ?

▶ **3.** *Calculez le résultat dans l'hypothèse où vous vous couvrez.*

Exercice 3

L'entreprise Duroy a passé, le 10 mars, une commande par fax, représentant un montant de 35 000 USD.
Les conditions de règlement négociées sont les suivantes :
Acompte à la commande de 15 %.
Livraison dans les 30 jours, au maximum, après la date de la commande.
Règlement du solde 60 jours après la date d'expédition, par acceptation de traite (remise documentaire).
Duroy a donc, en même temps qu'elle envoyait le télex de commande, donné l'ordre à sa banque de virer la somme de 5 250 USD au compte de son fournisseur (15 % × 35 000). Ce jour-là, le dollar était à 1,1555 — 75 EUR.
Le 05 avril, le service achats est averti par courrier électronique que la commande est prête et sera expédiée le 08 avril, et qu'aux documents d'expédition sera jointe, pour acceptation, une traite au 08 juin, de 29 750 USD, représentant le solde du montant.
On vous communique les informations suivantes :
Cours Spot USD/EUR le 05 avril : 1,1685 — 15
Report à 60 jours USD/EUR : 0,0125
Commission de change : 1,2 ‰

▶ **1.** *Quel risque de change l'entreprise Duroy court-elle, lorsqu'elle passe sa commande ?*

▶ **2.** *Aurait-on pu se couvrir à terme dès l'envoi de la commande, c'est-à-dire le 10 mars ?*

▶ **3.** *Conformément à la stratégie générale de couverture de l'entreprise, le trésorier décide, le 05 avril, de se couvrir à terme.*
Calculez le prix auquel reviendra, en EUR, cette importation.

Exercice 4

Vous avez à remettre une offre le 30 avril, dont certaines caractéristiques figurent ci-après :
– montant, hors frais de couverture de change : 330 000 EUR ;
– durée de validité de l'offre : 30 jours ;
– règlement à 90 jours de la signature.
L'offre doit être faite en USD.
Pour couvrir le risque de change, vous pensez recourir au marché des options de change sur USD.

▶ **1.** *Quel type d'option achèterez-vous (américaine ou européenne, PUT ou CALL USD) ?*

▶ **2.** *Calculez les différents cours effectifs garantis (CALL et PUT). Quelle remarque pouvez-vous faire en ce qui concerne leur niveau par rapport au cours du jour du dollar ?*

▶ **3.** *Déterminez votre prix d'offre en USD, dans l'hypothèse où vous décidez d'avoir recours au marché des options sur devises. Quel est le risque que vous prenez dans ce cas ?*

▶ **4.** *Que faites-vous dans l'hypothèse où vous apprenez le 30 mai :*
– que l'offre a été rejetée ; le dollar cote 1,0555 EUR sur le marché des changes ?
– que l'offre a été acceptée ; le dollar cote 1,1535 EUR sur le marché des changes ?

Annexe
Marché des options sur USD au 30 avril
Cours Spot : 1 USD = 1,1525 EUR
(validité 31 mai)

Prix d'exercice	Prime Call	Prime Put
1,2000	0,45 %	4,05 %
1,1750	1,23 %	2,56 %
1,1500	2,25 %	1,23 %
1,1250	3,56 %	0,52 %
1,1000	5,12 %	0,25 %

Exercice 5

Le 01/06/n, la position de change non couverte d'un exportateur au 30/06/n est de + 224 000 USD.
Soucieux de couvrir sa position, tout en préservant la possibilité de bénéficier de gains de change, il souscrit auprès de sa banque une couverture à terme à intéressement, aux conditions suivantes :
Cours à terme au 30/06 : 1 USD = 1,12654 EUR
Cours garanti (Cg) : 1 USD = 1,08525 EUR
Intéressement : 50 %
Base de calcul de l'intéressement : Cj de l'échéance — Cg
Commission de change : 1,2 ‰

▶ *Déterminez la somme en euros que percevra l'entreprise contre USD au 30 juin, dans les trois cas suivants :*
1er cas : 1 USD = 1,15582 EUR ;
2e cas : 1 USD = 1,07569 EUR ;
3e cas : 1 USD = 1,10548 EUR.

Assurance change

La situation

EP Industrie fabrique et distribue de l'outillage industriel de grande qualité.
Ses principaux marchés se situent en Europe, aux États-Unis, au Canada, et en Afrique.
Elle participe à de nombreux salons professionnels, et dispose d'un catalogue comportant 550 références, édité en six langues, et expédié systématiquement à tous les clients en début d'année. Ce catalogue est mis à jour tous les ans, le taux de renouvellement de la gamme étant proche de 15 %.
Le tarif, en USD pour les États-Unis et le Canada, en EUR pour les autres pays, est joint au catalogue.
Il arrive que des variations fortes du dollar conduisent EP Industrie à modifier ses tarifs en cours d'année. Dans ce cas, tous les clients reçoivent un nouveau tarif, qui annule et remplace le précédent.
Quel que soit son sens, cette variation n'est d'ailleurs pas répercutée entièrement dans le nouveau tarif : elle ne l'est que partiellement. Lorsque une évolution à la hausse du cours du dollar est constatée de manière durable, EP Industrie baisse ses tarifs, en répercutant environ 50 % de l'appréciation du dollar contre euro. Lorsque le dollar baisse, les tarifs ne sont en revanche modifiés qu'exceptionnellement.
Pour toutes les ventes en USD, EP Industrie procède à la vente à terme des devises à l'expédition des commandes, ce qui permet de couvrir le risque de change entre expédition et règlement (ce dernier, sauf cas particuliers, intervient à 30 jours fin de mois, par virement SWIFT).

La Direction a décidé de souscrire une assurance change CIME au début de l'année, pour un chiffre d'affaires prévisionnel de 680 000 USD, avec un taux d'intéressement de 50 %.
La taux de la prime est égal à 0,64 %, et le cours garanti, calculé sur la base du cours à terme du dollar au moment de la souscription du contrat, est égal à : 1 EUR = 0,95315 USD.
C'est ce cours que l'entreprise a utilisé pour élaborer son tarif en USD.
L'assurance a été souscrite pour un an, et les prévisions trimestrielles de chiffre d'affaires fournies à la Coface sont les suivantes (en USD) : T1 : 180 000 ; T2 : 210 000 ; T3 et T4 : 145 000.
Le contrat prévoit une vente à terme systématique dès facturation, le calcul des pertes ou gains de change se faisant sur la base du cours à terme obtenu.
Le tableau ci-après reprend les facturations réalisées au cours du premier trimestre et le cours à terme obtenu du banquier.

Janvier	facturations USD	Ct obtenu EUR/USD	Février	facturations USD	Ct obtenu EUR/USD	Mars	facturations USD	Ct obtenu EUR/USD
05-janv	11 853	0,95582	03-févr	22 586	0,94085	01-mars	10 040	0,94113
07-janv	22 653	0,95582	04-févr	18 819	0,94085	05-mars	10 021	0,94115
15-janv	9 396	0,95843	10-fév	9 473	0,94183	10-mars	8 224	0,94524
25-janv	17 253	0,96124	15-févr	8 219	0,94282	15-mars	16 011	0,94683
			20-févr	2 984	0,94274	20-mars	15 433	0,94693
						25-mars	17 253	0,94803
TOTAUX	61 155			62 082			76 982	

Travail à faire

1. Portez une appréciation sur la procédure utilisée jusqu'à présent pour élaborer les tarifs et les communiquer à la clientèle.
2. Décrivez le déroulement de cette assurance CIME, pour les ventes du premier trimestre.
3. Au vu des résultats du premier trimestre, la souscription de cette assurance a-t-elle été une bonne opération ?
4. Les chiffres d'affaires réalisés aux trimestres 2, 3 et 4 sont les suivants :
T2 : 234 420 ; T3 : 200 550 et T4 : 117 750.
Quelles sont les conséquences de ces différences entre prévisions et réalisations ?
5. Que se passe-t-il si le cours du dollar monte, en cours d'année, nettement au-dessus du cours garanti ?

Gestion du risque de change sur appel d'offres

La situation

La société Imeca fabrique des moules utilisés dans l'industrie pharmaceutique pour la confection des conditionnements de certains médicaments.
Elle a reçu une demande de prix d'un laboratoire britannique pour un marché important.
Les conditions de ce marché sont les suivantes :
– les offres doivent être remises au plus tard le 15 novembre n ;
– elles doivent être faites en livres sterling, et valables 6 mois ;
– si l'offre est retenue, le client propose de verser un acompte de 10 % à la commande, et le solde en trois trimestrialités égales, la première échéant trois mois après le versement de l'acompte ;
– la livraison doit intervenir dans les deux mois qui suivront la commande.
Compte tenu de ses anticipations à la baisse sur la livre sterling, Imeca envisage dans un premier temps de souscrire une garantie Coface Change Negociation.

Travail à faire

1. Vous devez calculer le prix d'offre, compte tenu des indications figurant ci-dessous, dans le cas où Imeca souscrirait une garantie Coface Negociation.
Prix d'offre en EUR (coût du crédit inclus) : 840 000 (hors assurance)
Assurance Coface Change Negociation :
Prime engagement : 0,06 % (pour une durée de validité de l'offre de 6 mois)
Prime conclusion : 0,32 %
Cours garanti : 1 EUR = 0,6229 GBP

2. Contrairement aux prévisions initiales, la livre sterling a tendance à monter, et Imeca décide de renoncer à souscrire la garantie Coface. En effet, au moment de la remise de son offre (le 12/11/n), l'euro s'échange contre la livre sterling à 0,6030, et la livre est orientée à la hausse. C'est ce cours de 0,6030 qui sert de base de calcul du prix en GBP.
Calculez le prix d'offre qui sera proposé au client britannique.

3. Imeca est retenu par le client britannique. L'acompte à la commande est versé le 1er mars n +1.
La livraison intervient le 15 avril, et le règlement se déroule conformément au projet de contrat.
Imeca décide de se couvrir à terme dès réception de l'acompte.
cours EUR/GBP le 01/03/n +1 : 0,6030-45

Barème des reports-déports, le 01/03/n +1

	achat	vente
à 3 mois	0,00842	0,00832
à 6 mois	0,01045	0,00958
à 9 mois	0,01255	0,01120

Déterminez, en EUR, la somme que la société obtiendra en définitive sur cette opération.

4. Quelle(s) conclusion(s) pouvez-vous tirer de cette affaire ?

Stratégies alternatives de couverture du risque

La situation

La société Duvalier SA fabrique des machines à emballer sous vide. Elle a acquis dans ce secteur une notoriété certaine, d'abord sur les marchés européens, puis aux États-Unis, où elle doit cependant lutter contre une rude concurrence, locale et allemande notamment.
Toutefois, la qualité de ses machines, et surtout la rigueur commerciale dont elle fait preuve lui permettent de fort bien réussir sur ce marché exigeant, où l'amateurisme est rapidement sanctionné.
À la suite d'un appel d'offres lancé par une usine de Detroit, Duvalier a conclu un important contrat.
Les négociations ont été difficiles, plusieurs concurrents ayant répondu à l'appel d'offres.
Compte tenu de l'orientation du dollar à la hausse, le prix a pu être fixé à 455 000 USD.
Le coût de production est de 445 000 EUR, le délai de fabrication des machines est de cinq mois, et le délai de livraison est de un mois après fabrication. Le règlement se fera au comptant.
La marge sur coût de production de Duvalier sur ce type de machine est de 15 %.
Vous avez été chargé de réfléchir à la couverture du risque de change sur cette opération.
Vous contactez votre banquier, qui vous indique :
Cours à terme à 180 jours EUR/USD : 0,8325
(ce cours est net de commissions)
Le dollar étant orienté à la hausse, il vous suggère, plutôt qu'une couverture à terme classique, une « couverture à terme participative », qui vous garantit un « cours dégradé » de 0,8450, avec une participation de 50 % sur l'écart positif entre cours du jour constaté à l'échéance et cours à terme garanti.
Il vous propose également une option, dont les caractéristiques sont données en annexe.

Travail à faire

1. *Calculez le cours du dollar qui assurera à Duvalier sa marge sur cette affaire.*
2. *Déterminez le résultat dégagé par la couverture à terme classique.*
3. *Déterminez le prix d'exercice de l'option qui garantira la marge minimale (en faisant abstraction du coût du financement de la prime).*
4. *Calculez :*
- *le cours à l'échéance à partir duquel l'achat d'une option se sera révélé préférable à la vente à terme ;*
- *le cours à l'échéance à partir duquel la couverture « participative » se sera révélée plus intéressante que la couverture à terme classique ;*
- *le cours à l'échéance à partir duquel la détention d'une option est préférable à la couverture « participative ».*

5. *Que pensez-vous de vos résultats, et que conseilleriez-vous à cette entreprise ?*

ANNEXE · Barême des options à six mois (PUT USD / CALL EUR)

Prix d'exercice	Prime (%)
1,25	4,620 %
1,20	3,100 %
1,15	2,680 %
1,10	1,820 %
1,05	1,410 %
1,00	1,250 %
0,95	1,150 %
0,90	0,850 %

Module 14

La prospection des marchés étrangers

EXERCICES

Exercice 1

Abchoc est un chocolatier industriel, ses pralinés sont commercialisés dans les magasins d'épicerie fine et les grands magasins en France et en Belgique. Les marchés des pays du Nord sont ses cibles prioritaires.
Le responsable export envisage une mission de prospection en Norvège.

▶ **1.** *Expliquez pourquoi « les marchés des pays du Nord » sont prioritaires.*

▶ **2.** *Établissez une liste chronologique des tâches à accomplir.*

Exercice 2

La société Cablomat est une PME régionale qui fabrique des faisceaux. Ces réunions de minces fils de cuivre sont utilisées comme éléments de connectiques dans les machines-outils et les automobiles. L'entreprise travaille avec tous les constructeurs présents en Europe. Elle réalise un chiffre d'affaires de 11 millions d'euros dont 60 % hors de France mais en Europe. Pour garantir le très haut niveau de qualité exigé par ses clients habituels elle a investi dans un outil de production très automatisé. Elle suit avec intérêt le développement de l'industrie automobile en Asie et en Amérique latine. Cette zone constitue sa meilleure opportunité pour le développement de ses exportations.
Après avoir hésité entre une présence à Automec, le salon international de l'équipement automobile de Sao Paulo et une participation aux Rencontres industrielles Equipement automobile organisées par le CFCE (CFME ACTIM) en partenariat avec l'ONUDI (Organisation des Nations unies pour le développement industriel), elle choisit cette manifestation. Le budget prévisionnel s'élève à 21 000 EUR.

▶ **1.** *Expliquez ce choix des Rencontres industrielles Equipement automobile.*

▶ **2.** *Sachant que, sur les exportations à destination de cette zone, la marge sur coût variable est de 40 %, calculez le montant des exportations à réaliser pour couvrir le coût de la participation à cette manifestation.*

▶ **3.** *Pourquoi ce montant ne peut-il être considéré comme le seuil de rentabilité de l'investissement commercial nécessaire à la pénétration du marché d'Amérique latine ?*

▶ **4.** *Quelles sont les aides dont peut bénéficier Cablomat pour le développement de ses exportations ?*

Exercice 3

Pascal Gervais est un consultant indépendant, il exerce dans le domaine des services informatiques depuis environ quatre ans. Il a développé, pour l'un de ses clients, un logiciel qui permet le déploiement simultané d'un site Web et de la plate-forme de commerce électronique (place de marché) qui lui est associée. Avec l'accord de son client, il a standardisé son produit. La société Netsilon B2C qui assurera sa commercialisation est en cours de création. Le marché de ce type de produit est clairement mondial mais la jeunesse de l'entreprise et sa très petite taille (4 salariés) ne lui permettent pas d'envisager une prospection mondiale.
Pascal Gervais a consulté les sites Internet sur lesquels il pensait trouver une information sur les soutiens mis en place par les pouvoirs publics.

▶ **1.** *À sa place, quels sites auriez-vous consultés ?*

▶ **2.** *Il a repéré les procédures FREX, FRAC et l'assurance prospection.*
– Sur quels sites a-t-il trouvé ces informations ?
– Netsilon B2C remplit-elle les conditions d'accès à ces soutiens ?
– Analysez ces trois procédures et montrez celle qui, d'après vous, correspond le mieux aux besoins de Netsilon B2C.

▶ **3.** *Pascal Gervais a lu une étude réalisée par le PEE de San Francisco sur la distribution par Internet des logiciels aux États-Unis. Il pense que son produit devrait intéresser ce marché, rédigez la lettre qu'il adresse au conseiller commercial. Que pensez-vous de cette démarche directe auprès du conseiller commercial en poste ?*

Exercice 4

La Coface a accepté de garantir, sur un an (année 1) un budget de prospection de 122 000 EUR, avec une quotité garantie de 65 %, un taux d'amortissement de 7 % et un taux de prime de 3 %.

▶ **1.** *Dans les conditions générales de l'assurance prospection quelle sera la durée totale minimale du contrat ?*

▶ **2.** *Dans chacun des scénarios ci-contre, calculez :*
– la prime payée ;
– le solde du compte de liquidation ;
– le montant de l'indemnité et de(s) reversement(s) ;
– le bilan, pour l'entreprise, commentez.

Scénario n°	Année 1	Année 2	Année 3	Année 4	Année 5
	CA	CA	CA	CA	CA
1	282 000	320 000	555 000	712 000	822 000
2	310 000	510 000	652 000	902 000	955 000
3	241 000	252 000	198 000	190 000	101 000
4	303 000	502 000	630 000	880 000	930 000

Le bilan de la participation à un salon

La situation

PME de 63 salariés, Pack'inprocess conçoit et commercialise des machines destinées à la fabrication de tubes, de boîtes et de fûts en carton, ou en matériaux composites (carton plus plastique ou aluminium). Elle réalise un chiffre d'affaires de 9 160 000 EUR (71 % à l'exportation dans l'UE) et sous-traite la plus grande partie de la fabrication. À l'exportation, elle s'appuie exclusivement sur un réseau de 11 agents commerciaux.

Toute entreprise ayant à résoudre des problèmes de conditionnement est un client potentiel, direct ou indirect, de la société. La gamme de produits de l'entreprise couvre l'ensemble du processus de fabrication de l'emballage. En amont, l'offre de l'entreprise répond aux besoins des activités de transformation du matériau brut : la plaque de carton. À l'aval du processus, le « packaging », Pack'inprocess propose des machines pour la formation des emballages et l'impression sur les emballages, le conditionnement final de l'emballage de vente (machine pour poser les films plastiques...). Le marché de l'entreprise est vaste, il se divise en deux grands segments : les entreprises ayant comme activité principale la fabrication d'emballage et les sociétés qui produisent, en interne, les emballages qui leur sont nécessaires. Dans l'industrie de transformation du carton, Pack'inprocess est une marque connue qui bénéficie d'une excellente notoriété. La société sait répondre aux besoins de ses clients tout en conservant à ses produits une flexibilité suffisante pour qu'ils puissent s'adapter aux évolutions technologiques et aux exigences marketing du conditionnement des produits.

Vous êtes chargé de réaliser le bilan et le suivi de la participation de l'entreprise au salon Drupa à Düsseldorf en Allemagne.

Travail à faire

1. Caractérisez le marché et le processus d'achat des produits de Pack'inprocess.
2. Le directeur financier conteste la participation à Drupa 20... Le stand est trop grand et l'équipe mobilisée trop nombreuse ; défendez la composition de l'équipe, la structure et l'importance du stand.
3. Analysez les statistiques de visiteurs.
4. Les statistiques sont réalisées à partir d'une fiche visiteur. Elle ne satisfait pas les commerciaux de l'entreprise qui lui reproche son manque d'orientation vers l'action et le suivi, proposez un modèle de fiche.
5. Les ingénieurs commerciaux répondent à chaque contact, dès lors qu'une fiche de visite est établie. La charge de travail est considérable et souvent jugée inutile. Proposez une réorganisation du suivi utilisant chaque fois que cela vous semble opportun une ou plusieurs lettres standards.
6. Rédigez ces lettres standard.

ANNEXE 1 · Le salon Drupa

DRUPA 18 au 31.05.20.. Foire internationale de l'Imprimerie et du Papier D-Düsseldorf
Périodicité : tous les 5 ans (www.messe-duesseldorf.de).

Revue de presse

C'est avec une grande attention que l'industrie de l'impression et de la communication regarde vers Drupa 20.., le salon print media qui se tient du 18 au 31 mai 20... L'extraordinaire succès de Drupa pendant cinq décennies, son attrait pour ainsi dire magique en tant que centre de communication spécialisé de rang mondial mobilisent tous les acteurs des secteurs concernés.
Drupa est né le 24 novembre 1949. C'est à cette date que des représentants de l'industrie graphique, de transformation du papier ainsi que de l'impression et des machines à papier ont décidé de fonder une exposition spécialisée pour l'imprimerie et le papier. Après cette première réunion, onze fédérations du secteur de l'imprimerie et du papier ont mis au point le concept qui devait devenir celui de Drupa.

1

clés année 20..
s : 1 957
: 413 500 dont 47 % d'étrangers de 171 pays

Fréquentation internationale

as : 12 %
ue : 9 %
e : 8 %
e : 7 %
Unis : 6 %
ume-Uni : 6 %
iche : 4 %
e : 4 %

Principaux centres d'intérêt

Matériels récents pour l'impression : 60 %
Prépresse et prémédias : 48 %
Reliure et façonnage : 27 %
Transformation du papier et production d'emballage : 26 %

Remarque : le total est supérieur à 100 %, certains exposants étant présents dans plusieurs centres d'intérêt.

NNEXE 2 · *Pack'inprocess à Drupa*

stand

onception, réalisation, montage et démontage ont été totalement sous-traités à l'agence Prima Design partenaire habituel de Drupa. Il mesure 18 m × m et comprend :
- un espace d'accueil,
- un espace de démonstration dans lequel l'entreprise expose une de ses dernières nouveautés : l'Activa,
- un espace de réception isolé du public.

La présence sur le stand d'une machine en activité induit des contraintes fortes en matière d'aménagement, d'approvisionnement (électricité, air comprimé, eau) et d'évacuation (eaux usées, déchets). L'entreprise Schenker se charge de tout ce qui concerne les fluides.
Le montage et le démontage des machines nécessitent deux jours.

Personnel mobilisé

Personnel commercial et adm.	Nbre	Jours	Personnel technique	Nbre	Jours
Directeur commercial	1	2	Techniciens monteurs	2	4
Commerciaux	2	16	Technicien Bureau d'études	1	16
Secrétaire	1	16			
Hôtesse d'accueil (intérimaire)	1	17			

Coût total de la participation à Drupa 20.. : 104 408,00 EUR.

Les visiteurs

Statistiques visiteurs

Visiteurs / Origine	Agents	Clients [1]			Prospects [1]			Fournisseurs	Concurrents	Non caractérisés
		N	DO	C	N	DO	C			
Allemagne	0	16	3	0	34	4	0	5	7	18
Italie	0	18	5	0	9	0	1	3	1	6
Brésil [2]	1	9	0	0	10	0	0	3	0	1
Turquie	0	5	2	1	11	3	1	6	0	1
Espagne	1	11	2	0	5	1	0	4	0	0
Inde	2	11	0	0	5	0	0	1	1	0
France	0	5	3	0	9	2	0	4	1	1
Royaume-Uni	2	12	3	0	2	0	0	2	1	0
Hollande	1	4	2	0	6	3	0	5	0	1
Égypte	0	3	1	0	9	2	1	2	0	1
elgique	1	7	0	0	3	0	0	1	0	0
apon	1	1	1	0	3	0	0	3	0	4
rèce	1	3	1	0	3	0	0	2	0	0
raël	1	3	1	0	3	2	0	2	0	1
utres	0	46	4	0	51	2	0	78	0	32

olonnes Clients et Prospects : N = nbre total de contacts, DO = nbre de demandes d'offre, C = nbre de commandes.
ack'inprocess est sur le point d'ouvrir une filiale au Brésil. Le taux des droits de douane à l'importation dans ce pays s'élève à 14 %.

Choix des salons et assurance prospection

La situation

IMB SA fabrique et commercialise des machines utilisées pour emballer des produits de grande consommation. Son expérience et son savoir-faire lui ont permis d'acquérir une position de leader sur certains segments de marchés et d'être reconnue au plan international. Avec 120 salariés, elle réalise un chiffre d'affaires de 21 000 000 EUR dont 75 % à l'export essentiellement dans l'Union européenne.
Elle participe à des salons internationaux qui s'avèrent coûteux et qui ne sont pas toujours suivis d'un courant d'affaires permettant de les amortir. Tous les cinq ans, plus de 100 000 EUR sont investis dans la participation au Salon Drupa à Düsseldorf qui attire des visiteurs du monde entier. Pour couvrir le risque de non-rendement de cet investissement elle décide de mettre en place une police d'assurance prospection.
Contacté, le délégué régional de la Coface pour l'Assurance Prospection est réticent à délivrer une police annuelle pour cette unique manifestation. Il demande à l'entreprise de préciser sa stratégie à l'exportction et d'envisager une garantie sur une période plus longue (au minimum 3 ans).
Après un débat au sein de l'équipe de direction, une demande de garantie est envoyée à la Coface. Celle-ci est acceptée dans les conditions précisées en annexe 2.

Travail à faire

1. Expliquez la position initiale du délégué régional de la Coface.
2. Un comité de direction devra sélectionner et classer les salons et foires auxquels l'entreprise pourrait participer dans les 5 années à venir. Vous préparez la liste qui sera examinée lors de cette réunion.
a. Quels seront vos critères de choix ?
Dans une première approche, vous avez constitué la liste qui figure en annexe 1.
b. Quelles sources d'informations avez-vous utilisées ?
c. Quelles logiques en expliquent la composition ?
d. Structurez la liste à partir de ces logiques de façon à faciliter le déroulement de la réunion.
3. Comment expliquez que seuls 10 % du chiffre d'affaires de la zone Europe entrent dans le calculs des recettes affectées à la police Coface.
4. Calculez le chiffre d'affaires à réaliser pour que le contrat ne soit pas résilié par la Coface.
5. Compte tenu des prévisions de chiffre d'affaires sur la zone couverte, le recours à l'assurance prospection vous paraît-il justifié ?

ANNEXE 1 · Liste des salons professionnels potentiellement intéressants

A – Manifestations annuelles

P = périodicité de la manifestation : * tous les ans, ** tous les deux ans, *** tous les trois ans...		
Ville	**P**	**Acronyme & Nom d'exposition**
Cologne	*	ISM *International Sweets and Biscuits Fair Cologne*
Shanghai	*	CONVERFLEX CHINA *International Exhibition for Paper, Tissue, Paper Converting, Package Printing Machines and Materials*
Shanghai	*	MeatPak China *International Meat, Fish, and Poultry Processing Technology and Supplies Exhibition*
Wuhan	*	IIME *International Industrial Machinery Exhibition*
Shanghai	*	PACKTECH & FOODTECH *Shanghai International Exhibition for Packaging and Food Processing Technology*
Shanghai	*	PakPrint China *International Converting, End Line Packaging and Printing Exhibition*
Shanghai	*	ProPak China *International Packaging and Processing Exhibition*
Tokyo	*	International Food & Beverage Exhibition
Long Beach	*	GUTENBERG FESTIVAL *Graphic Communications, Prepress, Printing and Converting Trade Show*

B – Manifestations biennales

P = périodicité de la manifestation : * tous les ans, ** tous les deux ans, *** tous les trois ans…

Ville	P	Acronyme & Nom d'exposition
Bologna	**	PACK-MAT *Exhibition of Materials, Products and Solutions for Packing and Packaging*
Milan	**	IPACK-IMA *International Exhibition of Packing and Packaging, Mechanical Handling and Food Processing Machinery*
Cologne	**	Anuga with anuga spezial
Nuremberg	**	PrintPack *Trade Fair for Package and Label Printing and Packaging Supplies Production*
Hamburg y	**	Marketing Services *International Event for Marketing and Communication*
Beijing	**	NATIONAL FOODEX CHINA *International Food, Food Processing and Packaging Trade Fair*
Tokyo	**	Japan Pack *Japan International Packaging Machinery Show*
Las Vegas	**	PACK EXPO LAS VEGAS *The Western Packaging Technology Show*
Philadelphia	**	EastPack *The Eastern Packaging Exposition*
Atlanta	**	SouthPack *The Southern Packaging Exposition*
Anaheim	**	WestPack *The Western Packaging Exposition*

C – Autres périodicités

P = périodicité de la manifestation : * tous les ans, ** tous les deux ans, *** tous les trois ans…

Ville	P	Acronyme & Nom d'exposition
Düsseldorf	*****	DRUPA *print media messe - World Market for Printing and Paper*
Milan	****	GRAFITALIA *Exhibition of Machinery and Material for the Graphic Arts, Publishing and Communication Industries*
Milan	****	CONVERFLEX EUROPE *Printing Machines and Materials, International Exhibition for Paper, Tissue, Paper Converting*
Chicago	****	PACK EXPO International *The World of Packaging Technology*
Leipzig	***	CONVERPACK *International Trade Fair on all Processes, Raw Materials and Machines for the Production of Packaging Materials and Auxiliary Materials*
Düsseldorf	***	interpack *International Fair Packaging Machinery, Packaging and Confectionery Machinery*

ANNEXE 2 · *Délivrance de la garantie d'assurance prospection Coface*

Zone couverte : Europe (10 % du CA réalisé sur la zone), États-Unis, Chine

Prise d'effet et durée du contrat

Entrée en vigueur du contrat	Période de garantie	Période d'amortissement
1/03/20..	3 ans	3 ans

Conditions générales de la police d'assurance prospection

Taux d'amortissement	Taux de prime	Qualité garantie	Seuils de résiliation
7 %	3 %	65 %	Premier exercice : 20 % Deuxième exercice : 40 %

Budget de prospection (EUR)

Exercice 1	Exercice 2	Exercice 3
410 000	640 000	640 000

ANNEXE 3 · *Prévision de chiffres d'affaires en EUR*

Zones de marché	Années					
	1	2	3	4	5	6
Europe*	5 510 000	9 400 000	10 500 000	10 100 000	8 450 000	8 700 000
États-Unis	321 000	653 000	998 000	1 489 000	2 117 000	2 460 000
Chine	84 000	122 000	505 000	655 000	981 000	1 226 000

* CA total Europe hors France.

Module 15

Le contrat de vente

EXERCICES

Exercice 1

Les entreprises françaises et en particulier les PME-PMI accordent en général trop peu d'importance à la rédaction de leurs contrats. Or quel que soit l'objet de l'opération envisagée, vente, concession, prestation de service, licence, cession de savoir-faire, contrat avec un agent local, ainsi que dans les « BTP », la composante juridique joue un rôle capital dans le commerce international.
Parmi elles, il en est une qui est probablement la plus méconnue des exportateurs français, et qui, paradoxalement a pourtant un rôle majeur.
Il s'agit de la clause de détermination du droit applicable à un contrat international.
Après la conclusion, la législation applicable conditionne la validité et les effets des diverses clauses. L'exportateur peut-il, par exemple, limiter sa garantie pour le matériel vendu ? (En droit français cette stipulation est moins bien reconnue que dans les autres droits occidentaux.)
Si une telle clause ne figure pas dans le contrat et qu'aucun litige ne survient, ce défaut ne se ressent pas. Mais malheureusement il faut compter avec l'effet « paratonnerre ». Les clauses manquantes exercent une sorte d'attraction sur le contentieux.
Avant de pouvoir dire qui a tort et qui a raison, le juge ou les arbitres seront obligés de déterminer la loi du contrat à la place des intéressés.
De plus la méthode laisse planer une incertitude sur le résultat et fait régner par conséquent une certaine insécurité peu propice à la vie des affaires.
En bref l'omission de la clause de désignation de la loi applicable à un contrat international est préjudiciable pour l'exportateur comme pour son client.
Il ne faut surtout pas confondre la clause qui désigne soit un tribunal, soit des arbitres, et qui indique le lieu où ils devront siéger, avec la clause qui détermine la loi applicable.
Le droit français est certes relativement rigoureux en ce qui concerne notamment les clauses qui limitent la garantie de l'exportateur. Mais il peut être préconisé parce qu'il a le mérite d'être connu, en théorie du moins, par l'exportateur.
Le droit allemand est également conseillé. Il est favorable au vendeur (réserve de propriété et reconnaissance des clauses qui limitent la garantie des vices ou des défauts cachés).
Le droit suisse est souvent recommandé. Il a l'avantage d'être favorable à l'exportateur et d'appartenir à un Etat neutre, ce qui est un point positif lors d'une négociation.
Il faut cependant reconnaître que certains États tels que l'Algérie, l'Irak et la Chine exigent que leur législation s'applique aux opérations qu'ils passent.
D'autres fois l'importateur, en raison de la position économique dominante qu'il occupe sur le marché ou parce qu'il existe une très vive concurrence entre les différents exportateurs, se montre intraitable en demandant l'application de son propre système juridique.

D'après « Comment choisir le meilleur droit »
(*L'Exportation* n° 40)

▶ **1.** *Pour quelles raisons les entreprises accordent-elles peu d'importance à la rédaction des contrats internationaux ?*

▶ **2.** *La composante juridique de l'accord est essentielle : indiquez les raisons en prenant l'exemple du BTP.*

▶ **3.** *Pour quelles raisons le choix du droit applicable à un contrat international est-il une solution délicate ?*

▶ **4.** *La non-indication du droit applicable n'est pas à conseiller. Pourquoi ?*

▶ **5.** *Écrire que le tribunal du vendeur sera compétent permet-il d'affirmer que le droit du vendeur sera applicable ?*

▶ **6.** *Quels sont les différents choix possibles en matière de droit applicable à un contrat de droit international ?*

▶ **7.** *Faut-il choisir le droit français ou le droit allemand dans un contrat ?*

▶ **8.** *Pour quelles raisons est-il quand même nécessaire de choisir le droit non souhaité par l'exportateur français ?*

Exercice 2

La société de transport Jival dont le siège est à Paris avait commandé par contrat aux chantiers de construction navale Guntz, installés à Rotterdam, un navire transporteur de gaz naturel liquéfié. Ce navire devrait être livré au plus tard le 15 mai de l'année n. Hormis les cas de force majeure, le constructeur Guntz devrait payer les indemnités suivantes en cas de retard de livraison :
– 6 000 USD par jour de retard pendant les 30 premiers jours ;
– 20 000 USD par jour de retard pendant les 30 jours suivants ;
– 40 000 USD au-delà (maximum 1 100 000 USD).
Le contrat définissait les cas de force majeure : il s'agissait notamment des guerres, accidents, incendies, défaillance de sous-traitants.
Les mêmes pénalités étaient prévues en cas de retard de Jival dans les paiements ou la fourniture des dessins et spécifications.
La vitesse promise était de 20 nœuds 25. À défaut de l'obtention de cette performance, les pénalités suivantes s'appliquaient :
– pour les 2/10 de nœud manquant : 0 ;
– de 3/10 à 5/10 de nœud manquant : 0,2 % du prix ;
– au-delà pour chaque 1/10 de nœud manquant : 0,4 % du prix.
Le contrat prévoyait un bonus correspondant si la vitesse dépassait 20 nœuds 25.
Il y a eu 68 jours de retards dans la livraison et Jival réclame1 100 000 USD + 6 % d'intérêts.
Guntz réplique qu'il y a eu des retards dans la délivrance des dessins et spécifications. Par ailleurs, un retard de deux jours a été constaté lors d'un paiement et qu'enfin il y a des cas de force majeure (incendie, défaillance des sous-traitants).
La vitesse du navire ayant dépassé 21 nœuds 15, Guntz réclame 1 003 464 USD.
Les parties étant liées par la clause d'arbitrage de la Chambre de commerce internationale, un arbitre est désigné par la CCI pour résoudre le différend.

▶ **1.** *Quelle démarche mettriez-vous en œuvre si vous étiez l'arbitre désigné ?*
▶ **2.** *Quelle serait l'orientation de la sentence selon que vous jugez en droit ou en équité ?*

Exercice 3

Alumix, entreprise constituée en SARL, est spécialisée dans la construction de systèmes de menuiserie en aluminium destinés à la construction.
La direction, composée de deux cadres jeunes et motivés, souhaite améliorer la compétitivité des produits en réduisant les coûts d'approvisionnement de l'aluminium. Pour cela, ils souhaitent augmenter les quantités achetées en se livrant au négoce international de plaques d'aluminium.
Des contacts intéressants ont été pris à Construmat, salon international de la construction à Barcelone.
Un accord verbal est conclu et les livraisons à l'entreprise Garcia seraient échelonnées. Les deux parties rencontrent des difficultés dans la rédaction du contrat , en raison des fluctuations de prix inhérentes aux matériaux concernés.
Alumix préconise l'application du droit français, tandis que M. Garcia souhaite retenir le droit de la Convention de Vienne.

Extraits
Article 1591 du Code civil :
« Le prix de la vente doit être déterminé et désigné par les parties. »
Article 1592 du Code civil :
« Il peut cependant être laissé à l'arbitrage d'un tiers ; si le tiers ne veut ou ne peut faire l'estimation, il n'y a point de vente. »
La jurisprudence française n'exige pas que le prix soit fixé ; il suffit, pour que le contrat soit valablement formé, qu'il puisse être déterminé en se référant à des éléments qui ne dépendent pas de la volonté des parties.
Article 55 de la Convention de Vienne :
« Si la vente est valablement conclue sans que le prix des marchandises vendues ait été fixé dans le contrat expressément ou implicitement ou par une disposition permettant de le déterminer, les parties sont réputées, sauf indication contraire, s'être tacitement référées au prix habituellement pratiqué au moment de la conclusion du contrat, dans la branche commerciale considérée pour les mêmes marchandises vendues dans des circonstances comparables. »

▶ **1.** *Explicitez les modalités envisageables pour la détermination du prix selon que les parties se réfèrent :*
– au droit français ;
– à la Convention de Vienne.
▶ **2.** *Indiquez, du point de vue d'Alumix, quel droit semble devoir être choisi ?*
▶ **3.** *Concluez sur l'intérêt de l'application de la Convention de Vienne.*

Exercice 4

De nombreuses raisons justifient la rédaction de conditions générales de vente export différentes de celles utilisées en France. En effet la vente à l'étranger suppose, en raison même de l'éloignement, toute une série d'opérations pour l'acheminement de la marchandise à destination. Les risques de non-paiement sont une contrainte supplémentaire.

▶ *Quelles sont les clauses spécifiques qui peuvent avoir une importance particulière pour la vente des produits suivants afin de protéger l'exportateur contre les problèmes imprévus ?*

Vente de légumes frais	
Vente de fleurs fraîches	
Vente de produits ou de composants qui exigent un assemblage par le client (motocyclettes par exemple)	
Vente de tous types de machines	
Vente de machines à souder d'une valeur de 30 000 à 50 000 EUR, fabriquées sur spécifications d'acheteurs de l'Asie du Sud-Est	
Vente de marchandises sujettes à dessiccation telles que le bois, les fibres murales ou les éponges	

Exercice 5

La Commission européenne envisage, dans le cadre de sa directive sur les délais de paiements, d'uniformiser la clause de réserve de propriété (CRP). Mais le chemin à parcourir risque d'être long. Ce mécanisme juridique, rappelons-le, diffère le transfert de propriété des biens jusqu'au moment où le prix d'achat a été totalement payé.
La CRP est diversement utilisée suivant les États membres, par exemple plus souvent en Allemagne qu'en France. La stricte uniformisation en la matière, à travers une CPR commune, supposerait de procéder à une réforme profonde du droit de la propriété dans certains États.
Parallèlement, partant du constat d'un manque d'efficacité de la CRP en France, certains professionnels jugent nécessaire un renforcement du dispositif français.
Les plus radicaux de ces professionnels envisagent une modification de l'article 1583 du Code civil, lequel considère le transfert de propriété acquis dès lors qu'il y a eu accord sur la chose et le prix, quoique la chose n'ait pas encore été livrée ni le prix payé.
L'impact dépend en grande partie de la nature des biens couverts, s'ils sont transformables ou non, et s'il est possible de suivre le parcours du produit dans le temps. *« La modification du dispositif, uniquement sur le plan du droit, risque de rester théorique. »*
Quand on est un fournisseur, la réalité c'est la puissance d'achat des grands clients ou distributeurs, qui vous obligent parfois à rayer la clause de réserve de propriété de vos conditions générales de vente.
En matière de clause de réserve de propriété, il faut différencier deux types de systèmes en Europe. Les systèmes de vente « translative » – qui s'appuient sur le consentement des parties – en vigueur en France, en Belgique, en Espagne... et les systèmes de vente « non translatives » – où le transfert de propriété comprend deux éléments : l'un, intentionnel, à travers un accord de volontés pour opérer le transfert de propriété, l'autre, matériel, qui consiste dans le transfert immédiat de la possession du bien. Ce système est en vigueur en Allemagne, au Pays-Bas...
La nouvelle version de la clause de réserve de propriété introduit certaines limites, tout en conservant des avantages substantiels.
Le droit de propriété s'étend aux produits issus de la transformation des marchandises qui sont l'objet de cette réserve de propriété. Ce mécanisme entre en action dès que l'acheteur ne respecte pas les conditions de paiement : le vendeur peut alors reprendre les marchandises vendues, et recouvrer les créances cédées.

« La clause de réserve de propriété sur la selette »
(*La Tribune*, 13.01.1998)

▶ **1.** *Définissez le contrat de vente de marchandises.*
▶ **2.** *Selon le droit français :*
– à quel moment la vente de marchandises est-elle conclue ?
– quel est l'effet principal de l'accord des parties ?
▶ **3.** *En quoi consiste la clause de réserve de propriété ?*
▶ **4.** *Quelles sont pour le vendeur les effets de cette clause ?*
▶ **5.** *En quoi la clause de réserve de propriété du droit allemand diffère-t-elle de celle du droit français ?*
▶ **6.** *Quelles sont les conséquences de ces disparités réglementaires dans les échanges intra-communautaires ?*
Quelle solution peut-être préconisée pour remédier à ces inconvénients ?

Convention de Vienne, formation des contrats internationaux

La situation

Afredi Daniel, entreprise familiale de création récente, installée à Roanne (Loire), est spécialisée dans la fabrication et la commercialisation de vêtements en pur lin.
Elle se distingue par la qualité et l'originalité de ses produits. Afredi Daniel, soucieuse d'élargir son assortiment en raison de l'engouement du consommateur pour les vêtements naturels à connotation écologique, veut diversifier ses fournisseurs.
M. Dumas, responsable des achats, se rend au salon Première Vision à Paris, manifestation commerciale qui permet aux tisseurs de présenter leurs matériaux, plus d'un an à l'avance, aux fabricants et aux stylistes du monde entier.
Des producteurs polonais et néerlandais paraissent de bons fournisseurs potentiels de tissus en lin pur.
M. Dumas sollicite des propositions commerciales qui se concrétisent, par la réception de factures proforma accompagnées d'échantillons.
La proposition de la firme Zarmach, installée en Pologne est jugée intéressante mais pose un problème juridique à M. Dumas : la Convention de Vienne est retenue comme le droit applicable au contrat.
M. Dumas sollicite votre aide pour identifier parmi toutes les propositions qui peuvent être échangées au cours des pourparlers celles qui peuvent engager l'entreprise et être qualifiées d'acceptation.
Votre premier travail a consisté à recenser toutes les situations qui résultent des articles 14 à 24 de la Convention de Vienne et à les présenter sous la forme d'un tableau.
Il faut maintenant aller plus loin.

Travail à faire

Complétez le tableau élaboré pour les 11 cas de figure en vous servant du texte fourni en annexe.

	Exposé du problème	OUI	NON	JUSTIFICATION
1	L'offre, proposition de conclure un contrat, est suffisamment précise si elle désigne les marchandises, fixe la quantité et le prix ou donne des éléments permettant de le déterminer.			
2	Une simple proposition faite à une clientèle potentielle sous forme de publicité, d'émission de catalogues, de listes de prix constitue une offre ferme.			
3	La rétractation d'une offre irrévocable est possible si elle parvient au destinataire avant la réception de l'offre initiale.			
4	Le silence, la passivité du destinataire de l'offre vaut acceptation.			
5	Le seul paiement du prix de la marchandise par le destinataire de l'offre vaut acceptation.			
6	Une offre non parvenue au destinataire peut-elle être révoquée ?			
7	Une offre ferme assortie d'un délai précis pour acceptation constitue une offre irrévocable.			
8	L'acceptation qui intervient après le délai imparti pour répondre forme le contrat.			
9	Le contrat est formé dès l'instant où le destinataire a accepté l'offre.			
10	L'acceptation, sous condition que le mode de transport ou l'emballage soient modifiés, constitue une contre-offre.			
11	Des éléments de l'acceptation, relatifs aux prix, aux causes exonératoires de responsabilité, au mode de règlement des litiges... qui s'opposent aux termes de l'offre constituent une contre-offre.			

ANNEXE · Extraits de la Convention de Vienne

FORMATION DU CONTTRAT

Article 14

1. Une proposition de conclure un contrat adressée à une ou plusieurs personnes déterminées constitue une offre si elle est suffisamment précise et si elle indique la volonté de son auteur d'être lié en cas d'acceptation. Une proposition est suffisamment précise lorsqu'elle désigne les marchandises et, expressément ou implicitement, fixe la quantité et le prix ou donne des indications permettant de les déterminer.
2. Une proposition adressée à des personnes indéterminées est considérée seulement comme une invitation à l'offre, à moins que la personne qui a fait la proposition n'ait clairement indiqué le contraire.

Article 15

1. Une offre prend effet lorsqu'elle parvient au destinataire ;
2. Une offre, même si elle est irrévocable, peut être rétractée si la rétraction parvient au destinataire avant ou en même temps que l'offre.

Article 16

1. Jusqu'à ce qu'un contrat ait été conclu, une offre peut être révoquée si la révocation parvient au destinataire avant que celui-ci ait expédié une acceptation.
2. Cependant, une offre ne peut être révoquée :
a) Si elle indique, en fixant un délai déterminé pour l'acceptation, ou autrement, qu'elle est irrévocable ;
b) Ou s'il était raisonnable pour le destinataire de considérer l'offre comme irrévocable et s'il a agi en conséquence.

Article 17

Une offre, même irrévocable, prend fin lorsque son rejet parvient à l'auteur de l'offre.

Article 18

1. Une déclaration ou autre comportement du destinataire indiquant qu'il acquiesce à une offre constitue une acceptation. Le silence ou l'inaction à eux seuls ne peuvent valoir acceptation.
2. L'acceptation d'une offre prend effet au moment où l'indication d'acquiescement parvient à l'auteur de l'offre. L'acceptation ne prend pas effet si cette indication ne parvient pas à l'auteur de l'offre dans le délai qu'il a stipulé ou, à défaut d'une telle stipulation, dans un délai raisonnable, compte tenu des circonstances de la transaction et de la rapidité des moyens de communication utilisés par l'auteur de l'offre. Une offre verbale doit être acceptée immédiatement, à moins que les circonstances n'impliquent le contraire.
3. Cependant, si, en vertu de l'offre, des habitudes qui se sont établies entre les parties ou des usages, le destinataire de l'offre peut indiquer qu'il acquiesce en accomplissant un acte se rapportant par exemple à l'expédition des marchandises ou au paiement du prix, sans communication à l'auteur de l'offre, l'acceptation prend effet au moment où cet acte est accompli, pour autant qu'il le soit dans les délais prévus par le paragraphe précédent.

Article 19

1. Une réponse qui tend à être l'acceptation d'une offre, mais qui contient des additions, des limitations ou autres modifications, est un rejet de l'offre et constitue une contre-offre.
2. Cependant, une réponse qui tend à être l'acceptation d'une offre, mais qui contient des éléments complémentaires ou différents n'altérant pas substantiellement les termes de l'offre, constitue une acceptation, à moins que l'auteur de l'offre, sans retard injustifié, n'en relève les différences verbalement ou n'adresse un avis à cet effet. S'il ne le fait pas, les termes du contrat sont ceux de l'offre, avec les modifications comprises dans l'acceptation.
3. Des éléments complémentaires ou différents relatifs notamment au prix, au paiement, à la qualité et à la quantité des marchandises, au lieu et au moment de la livraison, à l'étendue de la responsabilité d'une partie à l'égard de l'autre ou au règlement des différends, sont considérés comme altérant substantiellement les termes de l'offre.

Article 20

1. Le délai d'acceptation fixé par l'auteur de l'offre dans un télégramme ou une lettre commence à courir au moment où le télégramme est remis pour expédition ou à la date qui apparaît sur la lettre ou, à défaut, à la date qui apparaît sur l'enveloppe. Le délai d'acceptation que l'auteur de l'offre fixe par téléphone, par télex ou par d'autres moyens de communication instantanés commence à courir au moment où l'offre parvient au destinataire.
2. Les jours fériés ou chômés qui tombent pendant que court le délai d'acceptation sont comptés dans le calcul de ce délai. Cependant, si la notification ne peut être remise à l'adresse de l'auteur de l'offre le dernier jour du délai, parce que celui-ci tombe un jour férié ou chômé au lieu d'établissement de l'auteur de l'offre, le délai est prorogé jusqu'au premier jour ouvrable suivant.

Article 21

1. Une acceptation tardive produit néanmoins effet en tant qu'acceptation si, sans retard, l'auteur de l'offre en informe verbalement le destinataire ou lui adresse un avis à cet effet.
2. Si la lettre ou autre écrit contenant une acceptation tardive révèle qu'elle a été expédiée dans des conditions telles que, si sa transmission avait été régulière, elle serait parvenue à temps à l'auteur de l'offre, l'acceptation tardive produit effet en tant qu'acceptation à moins que, sans retard, l'auteur de l'offre n'informe verbalement le destinataire de l'offre qu'il considère que son offre avait pris fin ou qu'il ne lui adresse un avis à cet effet.

Article 22

L'acceptation peut être rétractée si la rétractation parvient à l'auteur de l'offre avant le moment où l'acceptation aurait pris effet ou à ce moment.

Article 23

Le contrat est conclu au moment où l'acceptation d'une offre prend effet conformément aux dispositions de la présente convention.

Article 24

Aux fins de la présente partie de la convention, une offre, une déclaration d'acceptation ou toute autre manifestation d'intention « parvient » à son destinataire lorsqu'elle lui est faite verbalement ou est délivrée par tout autre moyen au destinataire lui-même, à son établissement, à son adresse postale ou, s'il n'y a pas d'établissement ou d'adresse postale, à sa résidence habituelle.

CAS 2

Laredier SA

Le contrat de vente d'un bien de consommation

La situation

Laredier SA, au capital de 50 000 euros, située à Épernay dans la Marne, est un négociant qui prospecte et commercialise les vins de champagne.

L'entreprise, créée en 1990, s'est d'abord intéressée au marché français puis aux pays limitrophes. Elle doit aujourd'hui affronter la concurrence d'autres maisons du terroir et voit ses ventes stagner en raison d'une conjoncture plus difficile.

Elle participe, en janvier 20-n, au SIAL (salon international de l'agro-alimentaire) pour élargir ses contacts et ainsi diversifier sa clientèle.

Elle conclut une première vente avec la société Venezuelian Import House Ltd, négociant en vins et spiritueux implantée à Caracas.

Le contrat est signé le 24 février 20-n.

Travail à faire

1. Analysez chaque clause de l'accord donné en annexe à l'exception de l'article 6.
2. Soulignez les aspects positifs et négatifs de ce contrat pour le vendeur.
3. Indiquez les clauses qu'il aurait été nécessaire d'ajouter à ce contrat.
4. Donnez votre avis sur le mode de paiement retenu. Quel instrument de paiement aurait-il été préférable ? Justifiez votre réponse.

ANNEXE

Article 1er : *Objet*

Le vendeur vend et l'acheteur achète 120 cartons de 12 bouteilles de 78 cl de champagne AOC, récolte 1997.

Article 2 : *Qualité*

Elle sera conforme aux prescriptions édictées par l'institut national des appellations d'origine (av. des Champs-Élysées Paris), la capsule apposée sur chaque bouchon portant garantie.

Article 3 : *Prix*

Le prix est de 180 euros le carton de 12 bouteilles emballées et logées, en gare SNCF d'Épernay.

Article 4 : *Livraison*

Les cartons seront placés dans un conteneur et voyagent aux risques et périls de l'acheteur. Les frais de transport sont à la charge du client et facturés en sus. La livraison se fera en deux fois le 1er mai et le 1er juillet.

Article 5 : *Retards de livraison*

Le délai d'acheminement prévu est de 6 semaines. Tout retard de 3 semaines imputable au vendeur entraînera une pénalité de retard de 4 % du montant de la marchandise expédiée. Si le retard est supérieur à 6 semaines, l'acheteur est en droit de demander la résiliation du contrat par lettre recommandée.

Article 6 : *Paiement*

À 90 jours date de facture émise 4 (quatre) semaines après l'expédition de la marchandise, par virement SWIFT au compte de la société à la BNP d'Épernay. Toute somme impayée portera intérêt au taux de 1 % par mois.

Article 7 : *Clause de change*

Le prix est payable en euros à Épernay.

Article 8 : *Durée*

Le présent contrat peut être renouvelé par lettre recommandée envoyée pour le 1er octobre 20 – *n* + 1, l'expédition se faisant le 1er du mois suivant la réception de la lettre. Le prix étant alors indexé sur le cours moyen du champagne établi par la chambre de la Marne.

Article 9 : *Litiges*

Tout litige à propos de l'interprétation et de l'exécution de ce contrat qui ne serait pas réglé à l'amiable sera soumis à un tribunal d'arbitrage de la C.C.I. de Caracas, statuant conformément au règlement de conciliation de l'arbitrage des C.C.I. Les arbitres auront pouvoir d'amiables compositeurs.

Fait à Épernay, le 24 février 20-n.

Le contrat de vente d'un bien d'équipement léger

La situation

La société Tourautom est spécialisée dans la fabrication de divers biens d'équipement standard destinés aux industries mécaniques. Elle peut aussi produire selon les spécifications de sa clientèle. Elle réalise 30 % de son chiffre d'affaires dans les pays de l'Union européenne.
Les ventes stagnent sur les marchés actuels. Un ingénieur, M. Gallego, s'est occupé avec succès de constituer une clientèle en Espagne.
Il lui est maintenant demandé de s'intéresser au marché chilien, pays qui paraît offrir des perspectives intéressantes. Il conclut une première affaire avec l'entreprise Embresa de Chile installée à Valparaíso. Prudent et avisé, il veut formaliser l'accord par un contrat écrit.
Un étudiant en DESS commerce extérieur, stagiaire dans l'entreprise, a rédigé le projet de ce contrat qui figure en annexe.

Travail à faire

1. Donnez un titre à chacun des articles de ce projet de contrat.
2. Analysez les différentes clauses de ce projet de contrat.
3. Dégagez les aspects positifs et négatifs pour le vendeur.
4. Proposez une rédaction améliorée des articles 1er, 2, 4, 6, 7 et 10.

ANNEXE

CONTRAT entre les soussignés,
– la société TOURAUTOM dont le siège est à Lyon (France) ci-dessous dénommée le VENDEUR
– la société EMPRESA DE CHILE dont le siège est à Valparaíso (Chili) ci-dessous dénommée l'ACHETEUR il a été convenu ce qui suit :

Article 1er

L'acheteur passe commande, au vendeur qui l'accepte, d'une fraiseuse.

Article 2

Le prix du contrat s'élève à 167 000 USD. Ce prix s'entend départ usine du vendeur. Les frais de transport et d'assurance sont à la charge du vendeur.

Article 3

L'expédition aura lieu dans les quatre mois de la date de fabrication.
En cas de non-respect du délai ci-dessus, le vendeur paiera à l'acheteur des pénalités de retard calculées au taux de 1 % par jour de retard.

Article 4

À l'arrivée du matériel sur le site, il sera procédé à la mise en route et aux essais de la machine.
Cette mise en route devra avoir lieu dans les cinq mois de la signature du présent contrat.
Dès que les essais seront satisfaisants, il sera établi un procès-verbal de mise en route signé par le vendeur.

Article 5

– 15 % d'acompte à la commande ;
– 15 % à la livraison ;
– 70 % en trois traites annuelles d'un montant égal, la première venant à échéance un an après la date de signature du contrat.
Sur la partie payable à terme l'acheteur paiera au vendeur un intérêt calculé au taux de 8 % l'an.
Pour la facture payable à terme il sera créé un jeu de trois billets à ordre d'un montant égal reprenant nominal et intérêts. Ces billets seront remis par l'acheteur à la banque.

Article 6

Le vendeur garantit l'équipement livré à l'acheteur pour une période d'un an à compter de la date du procès-verbal de mise en route de la machine.

Article 7

Tous les impôts, taxes et droits de douane présents ou à venir sont à la charge du vendeur.

Article 8

Les cas de force majeure qui peuvent empêcher le vendeur de remplir ses obligations telles que prévues au présent contrat ne peuvent être opposées à l'acheteur que s'ils sont communiqués à ce dernier par lettre recommandée dans les dix jours après l'établissement des faits.
Peuvent être reconnus comme cas de force majeure au titre du présent contrat :
– les grèves,
– intempéries,
– coupures de courant,
– conflits,
– fermeture des frontières.
Au cas où un événement de force majeure survient pendant la réalisation du contrat, les obligations des parties sont prolongées automatiquement de la durée du délai.

Article 9

Tout différend de quelque nature qu'il soit, en rapport avec le présent contrat et que les parties ne pourront résoudre à l'amiable, sera soumis à l'arbitrage, cette décision étant sans appel.
Les arbitres seront nommés par le tribunal de commerce de Lyon. Les arbitres jugent selon la loi française, l'arbitrage ayant lieu à Valparaíso.

Article 10

Le présent contrat entrera en vigueur après l'accomplissement des conditions suivantes :
– signature des présentes par les deux parties,
– mise en fabrication du matériel.

Article 11

Le présent contrat est établi en deux exemplaires de langue française. Il pourra en être établi des traductions en langue espagnole pour l'usage de l'acheteur : néanmoins, en cas de litige, seul le texte original en langue française fera foi.

Module 16

Le financement à court terme

EXERCICES

Exercice 1

Dans une société dont le chiffre d'affaires annuel est de 500 000 EUR, les retards de paiement des clients sont en moyenne de 15 jours.

▶ **1.** *En supposant que le CA est uniformément réparti dans l'année, quel est, au taux de 9 %, le coût des retards de paiement constatés ?*

▶ **2.** *De combien faudrait-il théoriquement augmenter les factures pour intégrer le coût de ces retards ?*

Exercice 2

Vous avez à financer une créance de 55 000 USD, à 120 jours.
Votre banquier vous escompte cette créance aux conditions suivantes :
- cours à terme net EUR/USD à 120 jours : 0,8850 ;
- taux net du crédit de mobilisation : 7, 50 % ;
- commission : 55 EUR.

▶ **1.** *Calculez le montant qui sera porté au crédit de votre compte.*

▶ **2.** *Calculez le taux réel d'escompte supporté par votre entreprise.*

Exercice 3

Vous avez expédié, le 28 novembre, une commande à un acheteur saoudien, auquel vous facturez vos livraisons en USD.
Le montant de l'opération s'élève à 10 560 USD, payables par traite à 60 jours fin de mois (le coût du crédit est inclus dans ce prix).

Vous avez besoin de trésorerie, et décidez de financer cette créance par une avance en devises.

Le 30 novembre, vous disposez des renseignements suivants :
- cours EUR/USD : 0,8555 ;
- taux d'intérêt sur euro-dollar à 60 jours : 7 3/8 % ;
- marge bancaire sur avance en devises : 1,2 % ;
- commission de change : 20 EUR + 1 ‰.

▶ *Quel sera, en euros, le montant porté sur votre compte ? (On fera abstraction de la TVA sur commissions.)*

Exercice 4

Le 2 mars, une entreprise dispose en portefeuille d'une créance de 3 225 200 yens, payable au 30 mars.

Elle souhaite financer cette créance, et consulte son banquier qui lui indique les éléments suivants :
- Cours Spot EUR/JPY : 106,286 ;
- report de l'euro contre yen au 30/03 : 1,025 ;
- taux de mobilisation : 7,55 % ;
- commissions : 20 EUR + 0,85 ‰ ;
- valeur : j + 1.

▶ *Quelle somme l'entreprise recevra-t-elle sur son compte ? (On fera abstraction de la TVA sur commissions.)*

Exercice 5

Le 15 avril, l'entreprise Duroc a mobilisé une créance au 30 mai d'un montant de 45 200 USD.

Elle a été créditée de 52 273,78 EUR.

Le jour de la signature de l'opération de mobilisation, les conditions offertes par la banque de l'entreprise étaient les suivantes :
- cours comptant EUR/USD : 0,8615 ;
- déport de l'EUR contre USD à 45 jours : 0,0058 ;
- commissions : 18 EUR + 0,8 %.

▶ *Déterminez le taux de mobilisation qui a été appliqué par la banque.*

Assurance prospection et besoin de financement

La situation

L'entreprise Villers produit du Champagne de qualité, qu'elle exporte en Allemagne, Royaume-Uni, Italie, Espagne et Belgique.

Elle a commencé à prospecter le marché américain en participant à quelques salons, dans lesquels ses produits ont rencontré un vif intérêt.

Forte de ces expériences encourageantes, elle décide de se lancer dans une campagne plus soutenue de prospection du marché américain, en y mettant plus de moyens, tout en procédant par étapes. Pour ce faire, elle a souscrit une assurance prospection, aux conditions reprises en annexe 1.

À l'issue de deux années de prospection, le chef d'entreprise vous demande de faire un bilan financier de l'opération. Sans nier l'intérêt de la souscription de l'assurance prospection en matière de gestion du risque, il s'interroge sur son coût financier.

Travail à faire

Le chef d'entreprise souhaite savoir de quelle manière la souscription de l'assurance prospection a réduit son besoin de financement.
En supposant que les réalisations ont été approximativement conformes aux prévisions :
1. Déterminez les indemnités reçues de la compagnie d'assurance.
2. En faisant l'hypothèse que, si l'on fait abstraction des dépenses de prospection, la marge nette dégagée sur le chiffre d'affaires aux États-Unis est approximativement égale au taux d'amortissement retenu par la compagnie d'assurance, soit 7 %, déterminez le besoin de financement net de Villers en matière de prospection du marché américain, pour chacune des deux années.
3. En utilisant un taux d'actualisation de 8 %, déterminez si l'assurance prospection a été rentable pour l'entreprise Villers.
4. Qu'en serait-il si les CA réalisés avaient été les suivants ?

année	CA
1	100 000
2	300 000
3	500 000
4	600 000
5	800 000

Quelles conclusions en tirez-vous ?

Pour financer sa prospection, Villers a souscrit un emprunt auprès de sa banque, aux conditions indiquées en annexe 2.

5. Déterminez le montant des annuités que Villers devra rembourser.
6. En reprenant l'hypothèse du 2, dressez un tableau reprenant, pour chaque année, les différentes recettes et dépenses en relation avec la prospection aux États-Unis. (On ne tiendra pas compte, pour ce travail, du moment de l'année auquel les versements ou encaissements ont effectivement lieu.)
7. Commentez les résultats.

ANNEXE 1

Assurance prospection :

Durée garantie : deux ans
Prime : 3 % du budget garanti
Taux d'amortissement : 7 %
Amortissement sur 3 ans
Quotité garantie : 65 %

Dépenses de prospection :

Année	Dépenses (EUR)
1	45 000
2	50 000

CA réalisés :

Année	CA (EUR)
1	35 000
2	110 000
3	135 000
4	215 000
5	280 000

ANNEXE 2

Crédit accordé : 25 000 EUR, en deux tranches.
15 000 en début d'année 1, remboursables en une fois en début d'année 3
10 000 en début d'année 2, remboursables en une fois en début d'année 4
TEG : 8 %

Financement à court terme et gestion du risque clients

La situation

L'entreprise Labinal gère actuellement un portefeuille de 120 clients à l'export.

Elle a recruté un stagiaire à qui elle a confié l'analyse des règlements sur les deux dernières années, analyse qui a conduit aux conclusions suivantes :

- 35 % du CA est recouvré par crédit documentaire irrévocable, dont le coût moyen représente hors retards de paiement environ 0,85 % des montants facturés.

Il ressort des Conditions générales de vente de Labinal que l'échéance moyenne des opérations réglées par crédit documentaire est de 65 jours de la date d'expédition.
En réalité, l'entreprise est créditée en moyenne 78 jours après la date de facture ;

- 45 % du CA est recouvré par virement à réception de facture, et les 20 % restants par traite à 60 jours.

Sur les règlements par virement, les retards de paiement sont de plus en plus fréquents.
L'analyse montre que le délai moyen entre émission et encaissement effectif de la facture est de 18 jours.

Ce qui s'explique par les éléments suivants :

- la date de réception de la facture par le client est en pratique impossible à vérifier ;
- un certain nombre de clients tardent à donner à leur banque l'ordre de virement ;
- même lorsque l'ordre de virement est donné à temps, le délai de mise à disposition des fonds est étroitement dépendant de la connexion ou de la non-connexion directe de la banque du client au réseau SWIFT.

Pour ce qui concerne les règlements par traite, le délai de mise à disposition effective des fonds est en moyenne de 72 jours.

L'entreprise considère que ces retards lui coûtent cher, non seulement à cause du préjudice financier direct, le taux des crédits à court terme étant de 8 %, mais également du fait de la charge de travail supplémentaire due aux relances continuelles des clients payant par virement.

Ces relances mobilisent le secrétariat export, et leur coût est estimé par le trésorier à 1 % du CA payable par virement.

En outre, la société a eu à faire face ces derniers temps à la défaillance de quelques clients, qui lui ont posé des problèmes de trésorerie, les créances n'ayant pu être recouvrées. Les demandes de report d'échéance ne sont pas rares, et la situation de la trésorerie, bien que saine, ne permettrait pas de supporter des sinistres trop importants ou trop fréquents.

L'entreprise a été contactée par une société d'affacturage qui lui propose :

- à l'exception d'un ou deux clients, abandon du crédit documentaire : les clients paieraient à la même échéance par traite, ce qui permettrait de faire des économies sur les différentes commissions ;
- prise en charge de la totalité du portefeuille clients ;
- règlement des factures par crédit en compte sous 7 jours en moyenne ;
- commission d'affacturage : 1,25 % ;
- commission de financement : 8,5 % *prorata temporis* ;
- souscription obligatoire d'une police d'assurance crédit, avec nantissement au profit de la société d'affacturage. Le coût de cette police serait d'environ 0,45 % du CA.

Vous êtes consulté pour éclairer le choix du trésorier :
- maintenir la situation actuelle ;
- souscrire une police d'assurance crédit, sans souscription d'un contrat d'affacturage (les règlements par crédit documentaire seraient maintenus, mais sortis du portefeuille assuré).

Dans ce cas, le taux moyen de la prime d'assurance serait de 0,55 % ;
- souscrire un contrat d'affacturage (ce qui entraîne donc obligatoirement la souscription d'une police d'assurance crédit).

Travail à faire

1. Quel est, en pourcentage du chiffre d'affaires, le coût actuel des retards de règlements ?

2. Déterminez le coût global des solutions faisant appel :
- à l'assurance crédit ;
- à l'affacturage (afin de simplifier sa gestion, Labinal ferait dans ce cas financer ses créances par la société d'affacturage, plutôt que par sa banque).

3. Quels éléments doit-on prendre en compte pour choisir entre les trois solutions ?

Gestion de la trésorerie devises

La situation

L'entreprise Guérin fabrique des échafaudages métalliques utilisés dans les entrepôts et plates-formes de stockage et de réexpédition.

Elle pratique une veille commerciale active, suivant notamment de très près tous les projets d'implantation de grandes surfaces et d'entrepôts.

Grâce à l'adaptabilité de son appareil de production, elle réalise également des opérations intéressantes sur le marché du renouvellement.

Les ventes export se font toutes en USD, sauf au Canada, où Guérin est bien implanté et facture en CAD. Les achats à l'étranger sont, eux, toujours payés en euros.

Le service international gère l'intégralité des achats et des ventes à l'étranger.

Guérin ne couvre pas systématiquement le risque de change, estimant que les variations des devises se compensent approximativement d'une période à l'autre.

Travail à faire

• Le 25 mai, l'état des prévisions de la trésorerie internationale, pour les trois mois à venir, fait apparaître les éléments suivants (les montants sont tous convertis en euros) :

	mai	juin	juillet
Encaissements	435 432	250 198	495 787
Décaissements	680 650	159 971	135 456
SOLDE	-245 218	90 227	360 331
SOLDE CUMULE	-242 373	-152 146	208 185
(Le solde fin avril est égal à 2 845 EUR)			

Le détail des facturations export à encaisser en juin et en juillet est le suivant :

juin Réf. commande	Prix EUR	Devise de facturation	Cours de conversion utilisé	Montant facturé en devises
GR67	43 867	USD	0,95578	41 927
UIH79	53 968	CAD	1,26768	68 414
KG95	53 647	CAD	1,27134	68 204
DH43	96 756	CAD	1,27876	123 728

juillet				
Réf. commande	Prix EUR	Devise de facturation	Cours de conversion utilisé	Montant facturé en devises
AR65	95 670	USD	0,95678	91 535
GR54	77 890	USD	0,95543	74 418
FR87	98 760	USD	0,95445	94 261
GT77	65 780	USD	0,94678	62 279
EX56	46 730	CAD	1,26750	59 230
EZ78	56 790	CAD	1,27560	72 441

Les cours des devises le 25 mai s'établissent à :
EUR/USD = 0,94440 - 0,94675
EUR/CAD = 1,26325 - 1,26435

1. Déterminez de quelle façon ont été obtenus les montants prévisionnels des encaissements de fin juin et fin juillet qui figurent dans le budget de trésorerie.

• Compte tenu du découvert de trésorerie prévu pour fin mai, et du solde largement positif pour fin juillet, Guérin demande à son banquier une avance.
Les taux d'intérêt sur EUR, USD, et CAD proposés par la banque sont les suivants :
EUR : 6 3/8
USD : 5 6/8
CAD : 6 7/8
Guérin demande le 25 mai à son banquier une avance en USD, mise en place à partir du 30 mai, et destinée à couvrir le découvert de trésorerie export avec une marge de sécurité de 10 %. Cette avance sera immédiatement convertie en EUR, pour permettre le règlement des fournisseurs fin mai.
Elle sera remboursable en deux fois :
– fin juin, en fonction de la position prévisionnelle de la trésorerie internationale,
– fin juillet, pour le solde de l'avance.

2. Déterminez le montant de l'avance de trésorerie que Guérin va demander à son banquier, et le montant des remboursements à effectuer fin juin et fin juillet.

3. Quel(s) risque(s) le trésorier prend-il en demandant une avance en USD ?

• Les cours des devises fin juin et fin juillet sont les suivants :

	fin juin	fin juillet
EUR/USD	0,95325	0,94322
EUR/CAD	1,25467	1,26132

4. En supposant que les encaissements et décaissements en euros et en devises ont été conformes aux prévisions, décrivez ce que devra faire l'entreprise Guérin fin juin et fin juillet pour faire face à ses obligations.

Module 17

Garanties et financement à moyen terme

Garanties internationales

CAS 1 — OTV

La situation

La société OTV est, avec Dégremont, l'un des leaders français du traitement de l'eau. Elle réalise des installations de production d'eau potable et de traitement des eaux usées et exploite des unités de dépollution.

Elle vient de remporter un appel d'offres restreint du gouvernement turc pour la réalisation d'une unité de traitement d'eau potable et des eaux usées dans la région de Konya.

Ce contrat est financé par crédit acheteur, dans le cadre d'un protocole interbancaire franco-turc dont la BNP-Paribas est le chef de file.

L'acheteur réclame une garantie (caution) de bonne fin au fournisseur, ouverte par la National Bank of Turkey, avec contre-garantie de la BNP-Paribas. Celle-ci est ouverte le 11 juin et figure en annexe.

Travail à faire

1. Faites un schéma de l'opération de garantie en précisant la rôle des différents intervenants.
2. Quels sont les risques courus par la BNP-Paribas dans cette affaire ?
3. Qui jugera du bon droit à appeler la garantie ? Quels problèmes cette pratique pose-t-elle ?

Voir annexe page suivante.

ANNEXE : L'engagement de BNP-Paribas

DE BNP-PARIBAS ENGAGEMENTS CAUTIONS POSTE 658
LE 11.06.01

A
NATIONAL BANK OF TURKEY
ISTIKLAL CO. 10
ULUS 06100 ANKARA

BY ORDER OF OTV ENTREPRISE 26 RUE VICTOR LEBON 75020 PARIS (FRANCE),
PLEASE ISSUE ON OUR BEHALF AND UNDER OUR FULL RESPONSIBILITY A PERFORMANCE GUARANTEE
ACCORDING TO THE FOLLOWING TERMS :

WE HEREBY DECLARE TO BE GUARANTOR OF : OTV ENTREPRISE S.A. 26 RUE VICTOR LEBON 75020 PARIS (FRANCE)
IN FAVOUR OF :
THE REPUBLIC OF TURKEY – MINISTRY OF PUBLIC HEALTH ANKARA ;
UP TO THE LIMIT OF USD 360 000,00 (TRHEE HUNDRED AND SIXTY THOUSAND US DOLLARS)
IN ORDER TO GUARANTEE THE PERFORMANCE OF THE CONTRACT
RELATING TO THE WATER TREATMENT EQUIPEMENT AT KONYA IN THE TURKISH GOVERNORATE OF KONYA REGION.
YOU ARE AUTHORISED TO UNDERTAKE TO PAY TO THE MINISTRY OF PUBLIC HEALTH ANKARA THE AMOUNT HEREIN ABOVE
GUARANTEED UPON THE WRITTEN REQUEST OF THE MINISTRY OF PUBLIC HEALTH
JUSTIFYING THAT OTV ENTREPRISE S.A. 26 RUE VICTOR LEBON 75020 PARIS (FRANCE)
HAS NOT FULFILLED ITS CONTRACTUAL OBLIGATIONS.
THIS UNDERTAKING SHALL BECOME EFFECTIVE ON THE EFFECTIVE DATE OF THE CONTRACT.
THE PERFORMANCE GUARANTEE SHALL AUTOMATICALLY EXPIRE
IN ITS ENTIRELY ON THE DATE WHEN THE PRELIMINARY CERTIFICATE
OF COMPLETION FOR THE WHOLE OF THE WORKS IS SIGNED, OR, AT THE
LATEST, ONE YEAR AFTER THIS PERFORMANCE GUARANTEE BECOMES
EFFECTIVE, WHICHEVER IS EARLIER
WE COUNTERGUARANTEE YOU UP TO USD 360 000,00 FOR THE RISKS
RESULTING FROM ISSUANCE OF THIS LETTER OF GUARANTEE

PLEASE HANDOVER YOUR UNDERTAKING TO THE BENEFICIARY
AND AIRMAIL US COPIES UNDER OUR REFERENCES : ENGAGEMENTS CAUTIONS

BEST REGARDS

BNP-PARIBAS ENGAGEMENTS CAUTIONS

Financement à moyen terme

La situation

La société Lamantel, 53 rue de Fontainebleau 77000 Melun, fabrique et commercialise des machines-outils numériques. Elle a négocié la fourniture de quatre ensembles d'usinage numérique pour un montant de 432 000 CAD avec le Ministère de l'Enseignement du Québec. Le contrat, présenté en annexe, est signé le 15 janvier.
Une garantie de change sous forme d'option a été souscrite auprès de la Société Générale pour 200 000 EUR avec une prime de 4 pour mille par tranche de 6 mois ; la Coface assure le risque politique contre un taux de prime de 0,38 %.
Taux de change :
1 EUR = 1,4200 CAD ;
1 EUR = 0,9500 USD.

Travail à faire

1. Établissez le planning de l'opération envisagée à partir de la mise en vigueur du contrat, l'acompte étant versé le 1er février. Pourquoi le Ministère réclame-t-il une garantie de restitution d'acompte et une caution de retenue de garantie ?
2. Construisez l'échéancier des paiements par l'acheteur depuis l'entrée en vigueur du contrat jusqu'au dernier paiement. Cet échéancier se fera sous forme de tableau où seront indiqués les dates, les pourcentages du capital remboursés, le montant des versements, les intérêts payés, le capital remboursé, le restant dû.

Voir annexe page suivante.

ANNEXE · *Contrat de vente de quatre ensembles d'usinage numérique*

Le présent contrat est conclu entre la Société Lamantel, 53 rue de Fontainebleau 77000 Melun (Seine-et-Marne) France,
et le Ministère de l'Enseignement du Québec, la Chevrotière, Québec.

1. Objet.
Le vendeur s'engage à livrer à l'acheteur 4 ensembles d'usinage numérique, destinés à l'équipement de 4 collèges d'enseignement professionnel spécialisés dans l'usinage de pièces de précision en matériaux nouveaux et composites.
Ce matériel dont les spécifications techniques sont annexées au contrat est conforme aux normes ASTM (American Society for Testing and Materials).
La partie électronique, sur demande de l'acheteur pour des raisons de SAV, sera fournie par la société Nashminton de Hartford (Connecticut – USA) suivant les spécifications de la Société Lamantel. Ce matériel sera livré par l'intermédiaire de l'agent de Nashminton, Monsieur Jean Lessard, 412 Dorchester Avenue à Montréal.

2. Prix.
Le prix unitaire de chaque ensemble est de 108 000 CAD, CIF Montréal, dont 16 000 CAD représentent la part achetée aux USA.
Ce prix comprend l'installation, les essais, l'apprentissage pendant 160 heures par 1 personne de la société. Il ne comprend pas le transport du port de Montréal aux 4 collèges, ni l'hébergement du démonstrateur logé par le Ministère.

3. Entrée en vigueur.
Le contrat entrera en vigueur dès que le Ministère de l'Enseignement aura versé 5 % du montant du contrat et que la Banque Royale du Canada aura reçu les engagements de paiement irrévocable des billets à présenter aux échéances du crédit.

4. Obligations du vendeur.
Le vendeur s'engage à livrer les 4 ensembles dans les 9 mois du paiement de l'acompte et de la souscription des billets à ordre.
Le déballage aura lieu en présence du délégué de la Société Lamantel dans le mois suivant l'avis d'arrivée aux collèges. Le procès-verbal d'installation définitive interviendra dans le mois qui suit. L'apprentissage pourra commencer à partir de cette date.

5. Obligations de l'acheteur.
L'acheteur doit prévoir le transport du port de Montréal aux collèges dès réception d'avis d'expédition du matériel.
Il assurera à ses frais l'hébergement du démonstrateur.
Un agent qualifié sera désigné pour assister au déballage du matériel, de même pour attester la conformité des essais suivant les normes prévues.

6. Transfert de risque et de propriété.
Les ensembles seront entièrement sous la responsabilité de l'acheteur selon l'incoterm.
Le transfert de propriété aura lieu dès la signature du procès-verbal de réception définitive.

7. Garanties.
Les ensembles sont garantis 1 an à compter de la signature du PV de réception définitive. La Société Lamantel s'engage à réparer et à remplacer toute pièce défectueuse sans frais, sauf la partie électronique en provenance des USA, bénéficiant d'une garantie constructeur de 6 mois.
Le vendeur fera délivrer par la Société Générale une caution de retenue de garantie d'un montant de 43 000 CAD. Elle sera remise à l'acheteur lors de l'expédition. Sa validité expirera 1 an après la date de réception définitive.

8. Modalités de paiement.
Le prix prévu à l'article 2 est payable aux conditions suivantes :
1°. 5 % soit 21 600 CAD à la commande, à verser au compte de la Société Lamantel à la Société Générale contre la garantie de restitution d'acompte.
2°. 10 % soit 43 200 CAD à l'expédition contre remise des documents d'expédition.
3°. 5 % soit 21 600 CAD à la signature du procès-verbal de réception définitive, dans les 3 mois de l'arrivée de la marchandise à Montréal.
4°. 5 % soit 21 600 CAD dès que l'apprentissage est terminé, au moins 4 mois après la signature du procès-verbal de réception définitive, contre l'attestation de présence des personnes en formation.
5°. le solde, soit 324 000 CAD en 10 semestrialités égales, la première échéant 1 semestre après la signature du procès-verbal de réception définitive.
L'acheteur s'engage à souscrire 11 billets à l'ordre de la Société Lamantel, lors du versement de l'acompte, accompagnés d'un engagement irrévocable autorisant la Banque Royale du Canada à les payer suivant les conditions définies.
Les billets à ordre sont des engagements irrévocables et inconditionnels de paiement à l'échéance.
Le montant de chaque semestrialité comprendra le remboursement du capital et le payement d'un intérêt à terme échu, calculé sur le montant du capital restant dû. À ce jour ce taux est de 7,50 %. Il est susceptible de variation en fonction du taux d'intérêt sur le USD à la Bourse de New York.

9. Force majeure.
En cas de force majeure, les délais de livraison et de mise en route seront prolongés d'autant. L'acheteur s'engage à verser l'acompte de telle manière que le St Laurent soit libre de glaces au moment de l'expédition.

10. Règlement des litiges.
Les litiges se régleront à l'amiable et, à défaut, par l'arbitrage de la Chambre de commerce de Montréal.

11. Propriété industrielle.
La présente vente n'emporte aucune cession de droits de propriété industrielle et intellectuelle. Le Ministère s'engage à faire respecter les droits de la Société Lamantel suivant les procédures appropriées.

12. Droit du contrat.
La vente se fait suivant les lois du Canada et de la Province du Québec. La langue officielle est le français.

Lettre de crédit stand by

La situation

La société Nollinroc à Paris est une entreprise de négoce de produits chimiques de base. Elle vient d'obtenir un marché important de Esselen Associates Co de Boston aux États-Unis prévoyant plusieurs livraisons échelonnées sur deux ans.

Achetant elle-même ces produits dans les pays de l'Est et devant garantir le paiement, Nollinroc demande une garantie à son acheteur sous la forme d'une « *stand by letter of credit* ».

Quelques jours après, elle reçoit la notification d'une « *irrevocable stand by letter of credit* » émise en sa faveur par Brown Brothers Harriman sur ordre de Esselen Associates Co dont le texte figure en annexe.

Travail à faire

1. Identifiez les différents intervenants de cette lettre de crédit stand by.
2. Précisez les conditions dans lesquelles cette garantie sera mise en œuvre.
3. Relevez les différences avec un crédit documentaire « classique ».

ANNEXE

FROM : BROWN BROTHERS HARRIMAN & CO NEW YORK

JAN 13, 2001

WE HEREBY ISSUE OUR IRREVOCABLE STANDBY LETTER OF CREDIT NO. 1310946 IN FAVOUR OF : NOLLINROC 14 RUE DE TURBIGO 75001 PARIS

FOR ACCOUNT OF ESSELEN ASSOCIATES CO PO BOX 4012 BOSTON MA 02114 USA

FOR USD : 682,500.00 MAXIMUM

WHICH EXPIRES ON JANUARY 16, 2003 AND IS AVAILABLE AT SIGHT WITH BROWN BROTHERS HARRIMAN & CO., NEW YORK AGAINST THE FOLLOWING DOCUMENTS :

1) A COPY OF THE CONCERNED NOLLINROC INVOICE.
2) A COPY OF THE BILL OF LADING.
3) A BENEFICIARY'S CERTIFICATE SIGNED BY AN AUTHORIZED SIGNATORY STATING THAT ESSELEN ASSOCIATES CO HAS FAILED TO PAY IN ACCORDANCE WITH CONTRACT TERMS I.E. 30 DAYS AFTER SHIPMENT DATE.

THIS LETTER OF CREDIT IS SUBJECT TO INTERNATIONAL STAND-BY PRACTICE, 1998 REVISION, (ISP 98) INTERNATIONAL CHAMBER OF COMMERCE PUBLICATION NO. 590.
THIS IS AN OPERATIVE INSTRUMENT.
NO MAIL CONFIRMATION TO FOLLOW.

Garantie de bonne exécution

La situation

La Société des nouveaux équipements électriques et électroniques (SNEEE) a remporté un appel d'offres lancé par le gouvernement du Liban. Pour que le contrat entre en vigueur, l'entreprise doit produire une garantie de bonne exécution pour un montant de 30 % du prix du marché. Elle le demande à la Société lyonnaise de banque qui lui renvoie le projet ci-dessous.

Travail à faire

1. Analysez le texte de cette garantie.
2. À quelles règles est-il fait référence ?
3. Quelles sont les protections prévues par cette garantie ?

ANNEXE

Destinataire :
Ministère de l'industrie
Division des équipements
Beyrouth
Liban

Garantie de bonne exécution N° 02.001257

Messieurs,

Nous, soussignés, Société lyonnaise de banque, société au capital de 307 654 200 €, dont le siège social est situé au 39 boulevard Louis-Herriot à Lyon, et représenté par le Département des garanties internationales, 8 avenue des Alpes à Lyon,

D'ordre et pour compte de la Société des Nouveaux équipements électriques et électroniques, 17 avenue du Maréchal Foch à Lyon, ayant passé, aux termes d'un appel d'offres lancé par le gouvernement libanais, un contrat de fourniture et d'installation d'un équipement clé en main pour le contrôle et la régulation d'énergie électrique dans la région de Tripoli,

Nous nous engageons par les présentes, sous réserve des seules conditions précisées dans le présent document et les « Règles uniformes pour les garanties contractuelles » éditées par la Chambre de commerce internationale, à payer au bénéficiaire ci-dessus, à sa requête, formulée par écrit ou par câble, toutes les sommes jusqu'à concurrence d'un

–

à condition que :
1. la demande relative à ce paiement soit reçue au plus tard à la date d'expiration des fournitures soit le 31 mars 2003 ;
2. la demande contienne une déclaration du bénéficiaire affirmant que la somme réclamée ne lui a pas été versée d'une autre façon, directement ou indirectement, par le donneur d'ordre ou pour son compte ;
3. la demande soit appuyée par une déclaration du bénéficiaire selon laquelle le donneur d'ordre n'a pas satisfait à ses obligations découlant du contrat en précisant la nature de ce manquement, et, par suite, le bénéficiaire a acquis le droit au paiement du montant réclamé ;
4. la demande soit appuyée par un certificat délivré par le Bureau Veritas de Beyrouth évaluant les prestations et fournitures prévues au contrat non fournies.

Nous, en tant que garant, effectueront le paiement sans autre délai que celui nécessaire pour nous permettre de nous assurer que les conditions énoncées par les « Règles uniformes pour les garanties contractuelles » publiées par la Chambre de commerce internationale, ont été respectées, mais au plus tard dans un délai de 90 jours après réception de la demande conforme et complète.

Tous litiges entre nous-mêmes en qualité de garant et le bénéficiaire, relatifs à cette garantie ou tout autre paiement intervenant dans le cadre de celle-ci, et non réglées par ces règles relèveront de la compétence exclusive des tribunaux du ressort de la Cour d'Appel de Lyon

La Société lyonnaise de banque

Module 18

L'achat international

EXERCICES

Exercice 1

Lorvit SA est spécialisée dans le négoce d'objets promotionnels. Sa clientèle est très variée et ses fournisseurs se situent principalement en Asie.
Le 1er mars, l'un des acheteurs de la société a signé un contrat avec la société Li Lei de Shanghai relatif à la fourniture de 10 000 appareils réf. CDR82 aux conditions suivantes :
– prix unitaire : 15 USD FOB Shanghai ;
– emballage : par 20 unités dans des cartons de dimension 0,2 × 0,4 × 0,6 m et de poids total 12 kg ;
– paiement par crédit documentaire à vue ;
– expédition prévue 10 jours après notification de l'avis d'ouverture de crédit documentaire.

▶ *Indiquez l'ensemble des tâches à accomplir pour réaliser correctement cette opération d'importation.*

Exercice 2

L'entreprise Lucsor est une petite société spécialisée dans l'importation de tous produits en provenance d'Asie. Son responsable des achats vient de recevoir une offre de l'un de ses agents de Hong Kong. Les principaux éléments en sont les suivants :

Product. Ref.	Description	Quantity	Unit Price	Amount
PTR 99	CD Player like AM FM radio with CD drawer	5 000	6.20	31 000
		10 000	6.10	61 000

Currency :	USD
Terms :	FOB Hong Kong
Payment :	Irrevocable L/C at sight
Export Packing :	Cartons of 10 pieces
Net Weight :	3,600 kg
Gross Weight :	4,030 kg
Containers :	20' : 500 cartons 40' : 1 000 cartons 40'HC : 1 090 cartons
Lead time :	60 days of date of receipt of L/C
Shipment :	By sea
Origin :	China – GSP Form A Certificate of Origin available
Final Destination :	France
L/C opening date :	April 30, 2001
L/C expiring date :	21 days after date of shipment
Inspection :	Achieved by our company (company hired inspector) If achieved by buyer, special rebate of 3 % on FOB unit price is granted

▶ **1.** *Analysez les principales rubriques de cette offre du fournisseur de Hong Kong.*
▶ **2.** *Comment l'entreprise Lucsor peut-elle procéder pour l'inspection des marchandises ?*

Exercice 3

Pier Import achète 80 % de ses produits à l'étranger : 20 % proviennent d'Europe (Italie, Portugal, Pays-Bas, Belgique), 60 % d'Asie (essentiellement Chine et Indonésie). L'importance de ses approvisionnements asiatiques a conduit l'entreprise à réorganiser son circuit d'importation. Outre une refonte complète du système informatique qui permet de mieux gérer les flux d'exploitation et financiers, elle a procédé à un certain nombre de modifications et désormais :

– les fournisseurs livrent leurs produits sur l'une des 20 plates-formes de Pier Import en Asie pour consolidation ;
– les 20 plates-formes sont gérées par 3 prestataires logistiques, Mercantile, Cargo System et Danzas ;
– les conditions d'achat sont FCA plate-forme ;
– les marchandises ne sont pas immédiatement dédouanées à l'arrivée au Havre, mais acheminées à l'entrepôt de Lieusaint, entrepôt central de Pier Import dont une partie a un statut d'entrepôt privé sous douane.

▶ *Analysez les choix effectués par Pier Import et montrez-en les avantages.*

Exercice 4

Vous êtes embauché(e) par M. Defort, directeur général de la société Outilord, pour gérer les achats internationaux. Lors de votre première rencontre, il vous expose ses difficultés et vous précise votre première mission : « Vous savez, tout allait bien jusqu'à ces deux dernières années ; la croissance de nos achats suivait celle de notre chiffre d'affaires. Aujourd'hui, tel n'est plus le cas et notre taux de marge brute ne cesse de décroître. En deux ans, il est passé de 38 à 30 %. Je cherche à inverser cette tendance d'autant que viennent s'ajouter un accroissement du nombre d'interventions en service après vente et une augmentation des retours de matériels défectueux. Sachez que notre fichier articles comporte environ 8 000 références, que notre montant d'achats est de 61 millions d'EUR dont la moitié à l'international, que nous recherchons toujours pour chaque achat le meilleur prix et que nous achetons aussi souvent que possible aux conditions CIF ou DDP pour ne pas gérer les opérations administratives d'importation ».

▶ **1.** *Caractérisez la politique d'achat de l'entreprise.*
▶ **2.** *Quelles solutions proposez-vous à M. Defort pour améliorer la situation ?*

Comparaison d'offres de fournisseurs

La situation

La société Marie est spécialisée dans la production de produits surgelés. Elle occupe une place significative sur le marché français puisqu'elle est leader sur le segment des entrées et challenger sur celui des plats cuisinés. Sa production de 70 000 tonnes est répartie sur 3 sites spécialisés : Mirebeau (86), Airvault (79) et Chace (49).

Les approvisionnements représentent une part importante du coût de fabrication. Le service des achats veille donc à obtenir des matières premières au meilleur rapport prix/qualité. Le saumon qui est utilisé pour la fabrication de plusieurs produits de la gamme des plats cuisinés fait l'objet de commandes importantes, de l'ordre de 5 tonnes par mois. Toutes les nouvelles offres le concernant sont donc étudiées avec soin.

Travail à faire

1. Comparez les offres reçues et sélectionnez l'un des fournisseurs en justifiant votre choix.
2. Vous préciserez comment l'utilisation d'internet peut aider le service des achats dans sa recherche de nouveaux fournisseurs.

ANNEXE 1 · Offre de Narfish

NARFISH Munhegate 30 N – NARVIK 1 03 6612 37 37	**Invoice number** 433-01	**Invoice date** 2001.01.20

To : Marie Surgelés – Route Perrières – 49400 Chace – France Tel : 33 (0) 241 532 450 Fax : 33 (0) 241 532 451
Proforma Invoice

Terms of sale	**Terms of payment**
FCA Narvik	SWIFT for 100 % cash in EUR at dispatch day

Item	Quantity	Description	Unit price	Total price
Crt 1 to 500/500	500	Ref. 32-2 frozen salmon	48.5	24 250.00
		TOTAL AMOUNT		**24 250.00**
		Dispatch day = 12 days after order **Gross weight** = 5 500 kg **Net weight** = 5 000 kg **Period of validity** = 2001.03.30		

General terms and conditions of sale : see overleaf

ANNEXE 2 · Offre de Canaway

<table>
<tr><td colspan="2">CANAWAY
302 Ste Sarah – MTL H 31 2B4
Québec – Canada</td><td>**N° de facture/Invoice number**

PF 239 642</td><td colspan="2">**Date facture/Invoice date**

15/01/2001</td></tr>
<tr><td colspan="2">**Destinataire/Consignee**
Société Marie</td><td colspan="3">**Acheteur/Buyer**
Marie Surgelés – Route Perrière – 49400 Chace – France
Tél. : 33 (0) 241 532 450 – Fax : 33 (0) 241 532 451</td></tr>
<tr><td colspan="2">**Conditions de vente/
Terms of sale**
CIF Nantes</td><td colspan="3">**Monnaie de paiement/Currency of payment**

CAD</td></tr>
<tr><td colspan="2">**Conditions de paiement/
Terms of payment**
Crédit documentaire
irrévocable à vue</td><td colspan="3">**Banque du vendeur/Seller's bank**
Royal Bank of Canada – 847 St Clair – MTL H3T 2H3
Québec – Canada</td></tr>
<tr><td colspan="5">**Facture pro-forma/Proforma Invoice**</td></tr>
<tr><td>**Item**</td><td>**Qté/QTY**</td><td>**Description**</td><td>**Prix unitaire**
Unit Price</td><td>**Montant**
Amount</td></tr>
<tr><td>Cartons 1
à 250/250</td><td>250</td><td>Saumon surgelé Réf. A 24
Poids brut : 5 375 kg/Poids net : 5 000 kg

Montant Total/Total Amount</td><td>160,00</td><td>40 000,00

40 000,00</td></tr>
<tr><td colspan="5">**Date d'expédition :** 10 jours à partir de la réception de l'avis d'ouverture du crédit documentaire
Transit time : 20 jours
Offre valable jusqu'au 15/03/2001</td></tr>
</table>

ANNEXE 3 · Informations communiquées par la société de transport routier Nor Cargo

Transit time : 6 jours.
Transport et assurance : Narvik-Chace : 870 EUR dont 100 EUR pour la partie norvégienne.
Dédouanement assuré par notre agence de Boulogne-sur-Mer : 90 EUR.
Taux de droits de douane : 2 % pour le saumon congelé entier origine Norvège.

ANNEXE 4 · Informations communiquées par le transitaire IPV à Nantes

Frais de transit et de dédouanement à Nantes : 145 EUR.
Taux de droits de douane : 2 % pour le saumon congelé entier origine Canada.
Transport Nantes-Chace : 350 EUR.

ANNEXE 5 · Renseignements bancaires

Coût du virement SWIFT : 95 EUR.
Coût du crédit documentaire : 0,8 % du montant de ce crédit.
1 EUR = 1,6430 CAD.
Commission de change : 1,2 ‰.

Sélection de fournisseurs

La situation

Après la fusion avec le groupe Promodès, Carrefour est devenu le deuxième distributeur mondial, présent dans 26 pays. À l'instar de ses ventes, Carrefour achète dans de nombreux pays afin d'obtenir le meilleur rapport qualité/prix. Ainsi, une grande partie des produits textiles est importée : pour certains d'entre eux, la société s'adresse à des importateurs, pour d'autres, elle travaille en direct avec les fournisseurs étrangers qui sont sélectionnés de façon très rigoureuse.

Assistant du chef de produit textile, vous venez de recevoir 4 propositions concernant des pyjamas de femmes en fibre synthétique reprises dans le tableau ci-dessous et vous devez proposer la sélection de l'un de ces fournisseurs.

Tableau récapitulatif des offres

Rayon 63 – Famille 63 000 – Article : 63 020 Délai de validité : 2 mois

Fournisseur	CA annuel total (1 000 USD)	CA annuel avec Carrefour (1 000 USD)	Autres rayons concernés	Prix unitaire USD	Modalités de paiement
A Shanghai	12 300	280	61-62-64	10,2 CIF Le Havre	Crédit documentaire irrévocable avec paiement à 45 jours date de B/L
B Kaoshiung (Taiwan)	22 500	62	62	12 DDU entrepôt	Virement SWIFT avec paiement à 45 jours date de livraison
C Taipei (Taiwan)	19 000	225	62-64	8,5 FCA Taipei	Virement SWIFT avec paiement à 30 jours date de livraison
D Bangkok	14 800	370	61	10,5 CIF Le Havre	Crédit documentaire irrévocable avec paiement à 60 jours date de B/L.

Travail à faire

1. Comme les quatre fournisseurs offrent des articles de qualité similaire, vous identifiez le fournisseur le plus intéressant en retenant comme critère de choix le coût d'achat (les calculs seront présentés dans un tableau et ils seront justifiés).
2. Quels sont les autres critères que vous devez prendre en compte pour optimiser votre choix ?
3. Calculez ensuite le coût de revient de cet article pour le fournisseur sélectionné.

ANNEXE 1 · Délais de livraison

Fournisseur A : 5 semaines à compter de la réception de l'avis d'ouverture du crédit documentaire
Fournisseur B : 4 semaines à compter de la date de réception de la commande
Fournisseur C : 1 semaine à compter de la date de réception de la commande
Fournisseur D : 2 semaines à compter de la réception de l'avis d'ouverture du crédit documentaire
Délai moyen de transmission de la commande ou de l'avis d'ouverture du crédit documentaire au fournisseur : 1 semaine.

ANNEXE 2 · Informations logistiques

• « Transit time » (temps nécessaire du point de départ au point d'arrivée c'est-à-dire de port à port, d'aéroport à aéroport) :

Shanghai (Chine)-Le Havre :	42 jours
Kaoshiung (Taiwan)-Le Havre :	24 jours
Taipei (Taiwan)-Roissy-CDG :	2 jours
Bangkok (Thaïlande)-Le Havre :	29 jours

• Coût du transport aérien Taipei-Roissy CDG (assurance comprise) : environ 30 % du prix FCA.

• Conditions du post-acheminement :

Trajet	Coût	Délai
Roissy-Entrepôts Carrefour	Environ 2 % du prix CIP Roissy	1 jour
Le Havre-Entrepôts Carrefour	Environ 3 % du prix CIF Le Havre	3 jours

Les marchandises du fournisseur B arrivent par Le Havre. On considère que le coût du post-acheminement est identique à celui indiqué ci-dessus.

• Les frais d'intervention du transitaire sont négligeables.

• Douane :
Numéro de NDP (Nomenclature de Dédouanement des Produits) : 620722000000L.
Taux de droits de douane :
– République populaire de Chine : 12,5 % ;
– Taiwan : 12,5 % ;
– Thaïlande : 10,6 %.
Taxe parafiscale perçue au taux de 0,17 % sur la valeur imposable à la TVA.
L'entreprise bénéficie d'une procédure de dédouanement à domicile. Le dédouanement s'effectue à l'arrivée des marchandises dans les entrepôts par le service douane de Carrefour
Le cours de l'USD pour le dédouanement est de 1 EUR = 0,8560 USD.

ANNEXE 3 · Informations financières

• Coût du crédit documentaire irrévocable : environ 0,3 % du montant facturé.

• Délai moyen de remise des documents par le fournisseur à sa banque (à partir du moment où il obtient le B/L) : 1 semaine.

• Taux d'intérêt : 9 %.

• Carrefour se couvre à terme pour ses achats en devises et a obtenu les cours nets suivants :

	Au comptant	À 1 mois	À 2 mois	À 3 mois	À 4 mois	À 5 mois	À 6 mois
1 EUR =	0,8568 USD	0,8570 USD	0,8572 USD	0,8573 USD	0,8574 USD	0,8575 USD	0,8577 USD

Module 19

La gestion de l'achat international

Importation de produit

CAS 1
SFI

La situation

Importante société islandaise de produits de la mer, la société SFI a procédé, au cours des trois dernières années, à l'acquisition de deux entreprises familiales de Boulogne-sur-Mer : la première était spécialisée dans le négoce de produits de la mer frais et surgelés, la seconde dans les plats préparés (terrine de saumon...) et les poissons fumés. SFI dispose désormais d'une gamme complète de produits de la mer qui lui permet d'améliorer sa position lors des négociations avec les principales centrales de la grande distribution.

SFI cherche à répondre avec efficacité à la croissance du marché et aux exigences des acheteurs des centrales par une diversification de ses sources d'approvisionnement tout en maintenant les exigences de qualité qui ont fait sa réputation.

Le petit merlu blanc congelé fait l'objet d'une demande conséquente sur les principaux marchés européens. Le chef de produit « Surgelés – poissons » demande donc à la Direction des achats d'étudier l'approvisionnement de ce produit. Celle-ci prend contact avec différents fournisseurs d'Amérique latine afin d'obtenir une offre pour cette espèce. Plusieurs sociétés ont transmis des propositions. Celle de la société Frigorificos Troulo Des Uruguay (FTDU) de Montevideo retient son attention d'autant que le rapport de visite de l'acheteur de la zone est tout à fait favorable.

Travail à faire

1. Vous analysez cette proposition pour SFI sous l'angle commercial et financier en vous aidant des informations des annexes 1 et 2.
2. Déterminez la meilleure solution en matière de port de déchargement compte tenu des différents éléments de coûts et établissez le coût de revient prévisionnel au kg net rendu non dédouané, pour la première livraison de 40 tonnes sur la base de 1 EUR = 0,94 USD.
3. Indiquez l'ensemble des tâches à accomplir pour mener à bien cette opération d'importation.

ANNEXE 1 · La proposition de Frigorificos Troulo Des Uruguay

Les termes de la proposition sont les suivants :
- un approvisionnement de 40 tonnes/mois maximum la première année, 60 tonnes/mois la deuxième année pour arriver à 100 tonnes/mois ensuite (poids net de merlu) ;
- une exclusivité de commercialisation de ce produit en Europe francophone pour SFI à partir du 1er janvier 2002 ;
- un prix fixé pour les trois premiers mois à 1 800 USD/tonne nette FOB Montevideo, prix révisable tous les trimestres ;
- une présentation du produit en boîtes illustrées de 1 kg ;
- un paiement par crédit documentaire irrévocable réalisable par acceptation de traite à 90 jours date de connaissement ;
- un acheminement par bateau en cale réfrigérée à – 18° Celsius à raison d'une livraison par mois avec un transit time de trente jours au départ de Montevideo jusque Anvers ou Le Havre.

ANNEXE 2 · Les importations de merlu par la France

Pour pallier le décalage entre l'offre de la pêche française et la demande grandissante, la France importe, depuis de nombreuses années, du merlu blanc congelé, entier ou sous forme de filets en provenance essentiellement d'Amérique du Sud et, dans une moindre mesure, d'Afrique du Sud.
Jusqu'au début des années 90, le merlu blanc d'Afrique du Sud, surgelé en mer à bord de bateaux-usines était, dans certains secteurs de marché, de loin préféré à celui d'Amérique du Sud, congelé après plusieurs jours de pêche dans des usines à terre. Ce choix s'explique par une meilleure qualité obtenue par un traitement beaucoup plus rapide. Le marché du petit merlu blanc congelé, taille 200/250 grammes/pièce, se présente maintenant de la façon suivante :

Critères / Origines	Qualité	Prix (1)	Quantités	Clientèle
Afrique du Sud	Bonne	2 600 USD/ tonne en boîtes de 1 kg	Limitées	• Restauration • Grande distribution
Amérique du Sud	Moyenne	1 400 USD/ tonne en blocs de 20 kg	Abondantes	• Conserveries • Collectivités

(1) Prix moyen en 2001 (FOB port d'embarquement en USD).

ANNEXE 3 · Transport, assurance et déchargement

• Conditions de l'expédition

Les boîtes de 1 kg de merlu sont logées en cartons de 20 boîtes soit un poids net de 20 kg et un poids brut de 22 kg. Les dimensions extérieures de chaque carton sont 0,3 × 0,3 × 0,2 m.

• Conditions du fret maritime de Montevideo à Anvers ou Le Havre

Taux de fret fixé au poids ou au volume à l'avantage du navire	230 EUR par Unité payante
Surcharge pour les produits congelés	18 % du fret de base
Liner terms	Quai à Quai
Assurance maritime tous risques	0,48 % de la valeur CFR + 10 %

• Conditions du post-acheminement

Frais de rechargement sur camion et intervention du transitaire :
- à Anvers : 37 EUR/tonne brute,
- au Havre : 58 EUR/tonne brute.

Coût du transport routier pour un camion acheminant 22 tonnes brutes :
- Anvers-Boulogne-sur-mer : 965 EUR,
- Le Havre-Boulogne-sur-mer : 730 EUR.

CAS 2
Sportica

Optimisation d'une opération d'importation

La situation

Sportica, dont le siège social se situe à Lille, distribue des vêtements et articles de sport depuis une quinzaine d'années. Une sélection rigoureuse des articles vendus, des prix compétitifs et 90 points de vente spécialisés implantés dans les zones commerciales en périphérie des villes, lui ont permis de devenir l'un des leaders français dans ce domaine. Après une phase de consolidation sur le marché français, l'entreprise se développe actuellement sur les marchés allemand, espagnol et italien avec comme objectif de devenir l'un des cinq premiers distributeurs européens d'articles de sport.

Pour alimenter ses points de vente, Sportica travaille avec plus de 1 500 fournisseurs. Ses achats en valeur se répartissent de la façon suivante : 35 % en France, 25 % autres pays de l'UE, 25 % en Asie, 10 % en Afrique, 5 % aux USA .

Vous êtes chef de produit « Textile » et vous recherchez des shorts homme en coton avec poches pour le marché français. Le volume estimé sur la base de l'historique des ventes et des remontées des magasins est de 12 000 unités. La consultation de votre fichier « articles » fait apparaître plusieurs fournisseurs éventuels pour ce type de produit. L'examen de leur dossier vous conduit à privilégier une société indonésienne de Jakarta avec laquelle vous avez déjà travaillé antérieurement et qui vous a donné entièrement satisfaction.

Travail à faire

1. Calculez le coût logistique de cette importation en FCL/FCL et en LCL/LCL.
2. Votre choix du type d'expédition doit-il considérer uniquement ce coût logistique ?
3. Calculez le coût de revient moyen d'un short.

ANNEXE 1 · Fiche fournisseur

CAHAYA KOTA
Adresse : 9, jl Wahid Hasym - Jakarta - Indonesia
Tél : 715 821
Fax : 511 008
Contact : Lee Chong
Numéro d'identification interne : AS 818

Produits proposés

Type produit	Code fournisseur	Prix en USD	Unité de conditionnement	Dimensions de l'unité de conditionnement (m)	Poids de l'unité de conditionnement (kg)
Short homme en coton avec 2 poches	H 10100	5	75 pièces par carton	0,6 × 0,4 × 0,4	18
Short homme en polyamide avec 1 poche intérieure	H 10101	7	100 pièces par carton	0,6 × 0,4 × 0,4	13

Conditions de vente

- Prix FOB Jakarta
- Minimum de commande : 10 000 pièces.
- Paiement par crédit documentaire irrévocable à 60 jours date de B/L (Bill of Lading).
- Délai de livraison : 3 semaines à compter de la réception de l'avis d'ouverture du crédit documentaire.

Historique de la relation
- Date du premier contact : septembre 1996.
- Commandes antérieures sur 3 ans :
  - 18 000 tee shirts enfant en octobre 1998 ;
  - 25 000 shorts homme polyamide en avril 1999 ;
  - 30 000 shorts homme coton en mars 2000.

Évaluation fournisseur
- Date de la dernière visite : novembre 1999.
- Conclusion du rapport de visite :
  - Installations en bon état avec des conditions de travail satisfaisantes ;
  - Très bonne maîtrise de leurs produits de leur qualité et de leur organisation (fortement sous influence japonaise).
- Incidents : 1 000 pantalons de sport en coton non conformes en 1997.

ANNEXE 2 · *Informations logistiques*

- Cartons mis sur palette EUR (800 × 1 200 mm).

- Expédition en LCL/LCL (Less than Container Load) :
  - Groupage au port de Jakarta et dégroupage à Anvers ;
  - Fret Jakarta-Anvers : 100 USD par UP (Unité payante) ;
  - Frais de dossier : 100 USD ;
  - Un départ tous les 15 jours avec remise des marchandises au terminal à Jakarta pour groupage une semaine avant le départ du navire.

- Expédition en FCL/FCL (Full Container Load) :
  - Jakarta-Anvers : 1 600 USD All In (toute surcharge incluse) ;
  - THC (Terminal Handling Charges) à Anvers : 130 EUR.

- Acheminement routier Anvers-Halluin (ville française située à la frontière franco-belge où se situe la plate-forme de Sportica) :
  - Forfait conteneur 20' : 305 EUR ;
  - Tarif groupage appliqué sur le poids arrondi au 10 kg supérieurs sur la base de 3 m^3 = 1 tonne :

Minimum de taxation	61,50 EUR
Jusqu'à 1 000 kg	7,60 eur/100 kg
de 1 000 jusqu'à 3 000 kg	4,60 EUR/100 kg
de 3 000 jusqu'à 5 000 kg	3,80 EUR/100 kg
plus de 5 000 kg	3,50 EUR/100 kg

- Assurance : 0,35 % FOB + 15 %.

- Réglementation douanière :
  - Numéro de NDP des shorts en coton : 61 03 42 90 0 00 0 M.
  - La mise à la consommation des produits de l'espèce, originaires ou en provenance de tous pays est subordonnée à l'étiquetage ou au marquage sur les produits ou, à défaut sur la facture jointe à la déclaration, des dénominations, qualificatifs et teneurs en fibres prévus par le décret 73 - 357 du 14 mars 1973.
  - Les importations de shorts en coton en provenance d'Indonésie sont soumises à DS (Document de surveillance) visé par le ministère de l'Industrie.
  - TEC (Tarif extérieur commun) = 13,6 %. L'Indonésie étant un pays en voie de développement, le taux des droits de douane s'élàve à 11,5 %.
  - Une taxe parafiscale s'applique sur les produits textiles. Son taux est de 0,11 % et elle s'applique sur la valeur imposable à la TVA. Cette taxe entre dans l'assiette de TVA.

- Intervention du transitaire à Anvers : 85 EUR.

Les marchandises importées transitent par la plate-forme d'Halluin afin d'être dédouanées, triées et de recevoir un conditionnement adapté à la vente (coût : 0,76 EUR par carton). Elles seront ensuite livrées sous 24 heures après préavis aux différents magasins. Il est prévu que 100 cartons soient destinés aux magasins de la région Nord (coût de livraison : 1,00 EUR par carton) et le reste, aux magasins de la région Sud (coût de livraison : 3,00 EUR par carton).

Pour cette importation, vous estimez le transit time à :
- Djakarta-Anvers : 31 jours ;
- Anvers-Halluin :
  - 2 jours en moyenne en FCL ;
  - 7 jours en moyenne en LCL.

ANNEXE 3 · *Informations financières*

Votre banque vous informe que le délai moyen de transmission du crédit documentaire à votre fournisseur sera d'environ 1 semaine et que le coût de l'ouverture de ce crédit documentaire est de 0,6 % du montant du contrat par trimestre indivisible.

- Cours de change à retenir pour l'évaluation de cette opération d'achat : 1 EUR = 0,90 USD.
- Commission de change : 0,1 %.
- Le taux du crédit global d'exploitation obtenu par l'entreprise est de 8 %.

Module 20

La gestion de la vente internationale

EXERCICES

Exercice 1

La société calaisienne Bruget produit de la dentelle qu'elle vend à des fabricants français et étrangers de prêt-à-porter et de lingerie. Des opérations de croissance externe bien maîtrisées, des efforts d'investissement en matériel productif et un savoir-faire qui allie tradition et créativité lui ont permis d'accroître sa part de marché malgré une concurrence intense.
Vous êtes chargé(e) du traitement des commandes-clients et vous venez de recevoir, de la société japonaise Adisahn, un bon de commande de dentelle type « Leaver ».

▶ **1.** *Que devez-vous faire à la réception de ce document ?*

Au cours des semaines suivantes, la Société Générale vous informe que la société Adisahn a ouvert un crédit documentaire irrévocable en votre faveur. L'avis d'ouverture mentionne, parmi les documents requis par le client :
- une facture commerciale ;
- un connaissement maritime net de réserves ;
- une attestation d'assurance ;
- une liste de colisage ;
- un certificat d'origine.

▶ **2.** *Définissez ces documents et précisez leur rôle ainsi que leur émetteur.*

Exercice 2

La société Farbox produit des machines à ensacher pour le conditionnement des produits agricoles et alimentaires et commercialise aussi des sacs d'emballage qu'elle acquiert auprès de différents fournisseurs.
Responsable commercial dans cette entreprise, vous avez demandé à un stagiaire de préparer l'offre pour une société russe dont vous avez rencontré le directeur lors d'un salon spécialisé à Dusseldörf. Il souhaite, en effet, améliorer la productivité de son entreprise et a beaucoup apprécié les performances des matériels présentés sur le salon.
Après avoir réuni les informations nécessaires, le stagiaire vous soumet les principaux éléments qu'il envisage de préciser dans l'offre :
- produits : 5 conditionneuses référence GF88 ;
- prix : 126 000 USD DAF selon ICC 2000 ;
- modalités de paiement : crédit documentaire ;
- délai de livraison : 2 mois à compter de la réception de l'avis d'ouverture du crédit documentaire.

▶ *Analysez cette offre et apportez les corrections et précisions que vous jugez indispensables pour éviter les litiges ultérieurs.*

Exercice 3

Coltis SA, PME de 30 salariés, fabrique des colles utilisées pour le contrecollage de matériaux généralement souples, notamment dans le domaine textile. Elle commercialise ses produits en bobines de faible largeur ou en rouleaux en fonction des besoins des clients. Elle assure toutes les découpes aux dimensions souhaitées pour toute largeur inférieure à un yard.

Le 5 mai, le service commercial reçoit, par fax, de la société pakistanaise United Textile Corporation, une demande d'offre dont les principaux éléments sont repris ci-dessous :

> Thank you for your samples. We are interested in your product GNO/30, quality polyamid, without paper-transfer, slitted in slices of 3.5 inches, 5.5 inches and 7 inches.
>
> Please let us know your best price in USD CIF Karachi-port, valid until the end of the next year for following quantities :
>
> 3.5 inches : 500 rolls of 100 yards
>
> 5.5 inches : 1 000 rolls of 250 yards
>
> 7.0 inches : 800 rolls of 450 yards
>
> Give also the price per square yard for GLA/PE, quality polyester with paper-transfer, width 1.5 and 2.00 yards, length of the rolls : 150 yards.

an inch = 0,0254 m
a yard = 0,9144 m.

▶ *Analysez cette demande d'offre et mettez en évidence les points qui posent problème.*

Exercice 4

La société BCV est spécialisée dans la production de viande cuite (rôtis et sautés de veau, bœuf, porc, agneau et volailles) destinée à la Restauration Hors Foyer (RHF). Actuellement, elle n'exporte pas mais lors du dernier salon Equiphôtel, son directeur commercial a rencontré Tarek Simnez, représentant d'un important groupe turc. Ce dernier a axé son activité sur le développement touristique et se diversifie actuellement dans la RHF. Très intéressé par une étroite collaboration entre les deux entreprises, Tarek Simnez envisage comme première étape un courant d'approvisionnement régulier. Il a rédigé un projet de contrat qui comporte, entre autres, les éléments suivants :

- Montant moyen d'une commande : 30 000 EUR DDP Ankara ;
- Modalités de livraison : une expédition aérienne toutes les trois semaines ;
- Modalités de paiement : crédit documentaire révocable selon RUU 500 émis par la Commercial Bank of Turkey et réalisable aux caisses de celle-ci par négociation d'une traite à soixante jours tirée sur le donneur d'ordre.

Le directeur commercial vous demande d'étudier ce projet. Le banquier de BCV que vous avez consulté à propos de la notoriété du groupe turc vous a fourni les renseignements suivants : « croissance exceptionnelle de l'ensemble des activités, forte diversification inspirée par une logique essentiellement financière, endettement important mais soutien bancaire actif, rentabilité acceptable, aucun incident de paiement récent à signaler. »

▶ *Afin de préparer la négociation avec Tarek Simnez, vous appréciez les modalités du projet de contrat et vous proposez les modifications qui s'imposent dans l'intérêt de BCV.*

Gestion de commande

La situation

La société Demontey, installée à Blaye, près de Bordeaux, fabrique des machines-outils destinées au travail du bois. Malgré une vive concurrence, l'entreprise a su conquérir des parts de marché en proposant des produits de qualité, suffisamment polyvalents pour s'adapter aux exigences de chaque client.

Sa clientèle, tant en France qu'à l'exportation, est principalement constituée d'ateliers de menuiserie industrielle de taille petite ou moyenne. Ils sont prospectés par un réseau d'agents commerciaux non exclusifs.

Assistant(e) du chef de zone Amérique latine, vous êtes chargé(e) du suivi des commandes.

Vous avez reçu le 8 avril du client ATC de Caracas (Venezuela) la commande résumée à l'annexe 1.

Vous recevez le 16 avril de la BCIP de Bagnolet l'accréditif figurant en annexe 2, accompagné d'une lettre de confirmation.

Travail à faire

1. Déterminez les parties en présence et les modalités concrètes du règlement.
2. Établissez un planning précis des actions à réaliser pour mener à bien cette opération.

ANNEXE 1 · Commande

Commande n° 01.04.45 du 3 avril 20..
Émise par ATC, 12 calle Atlantico, CARACAS, Venezuela

Pour :

- *Four digital-processed machines-tools ref. 8010*
- *operating equipment and accessories*

EXW Blaye :	*110 000 EUR*
FOB charges :	*2 000 EUR*
Total FOB incoterms CCI 2000 :	*112 000 EUR*

according to pro-forma invoice n° 51.453 dated February 21st.

Paiement prévu par crédit documentaire irrévocable et confirmé par le correspondant en France de Banco Americano Caracas.
Date limite d'embarquement : 16 mai.

ANNEXE 2 · *Lettre d'ouverture de crédit*

B
Am BANCO AMERICANO

Documentary Credit Department

Credit number: YZ 3481

To : B.C.I.P.
Les Mercuriales
93170 BAGNOLET
France

Caracas, April 6th 20..

Dear Sirs,

By order and for account of ATC, 12 calle Atlantico, CARACAS, Venezuela, please issue an irrevocable documentary credit in favor of:

DEMONTEY 19, boulevard de la Republique 33390 BLAYE France

for EUR 110,000 (one hundred and ten thousand Euros), available on you by their drafts at sight, accompanied by the following documents:

1. Commercial invoice in five copies, visaed by the Chamber of Commerce of place of manufacture and legalized by a Venezuelan Consulate in the state of origin of the goods.
2. Packing list in six copies.
3. Full set of clean, shipped on board, ocean bills of lading, made out to order and blank endorsed, marked "Notify ATC Caracas" and mentioning "Freight collect". Bills of lading to show freight calculations.
4. Copy of seller's cable advising ATC on particulars of shipment and date of dispatch.
5. Supplier's certificate evidencing that the items shipped correspond to pro forma invoice n° 51435 dated 21/02/20..

Covering:

1. Four digital-processed machine-tools ref. 8010.
2. Operating equipment and accessories EXW France.

Shipment to be effected from a continental port not later than May 16th 20.. Partial shipment prohibited. Shipment on deck prohibited.

Shipping conditions:

1. Shipment to be effected in ISO containers.
2. Carrying vessel to fly Venezuelan flag compulsory, otherwise French vessel acceptable on condition that a certificate evidencing impossibility be produced.

Insurance : Covered by buyers

You are also authorized to settle an amount of maximum EUR 2,000 (two thousand Euros) for cover of inland freight and FOB charges on presentation of justifying documents, namely forwarding agent's bill of charges in three copies.
Drafts and documents are to be presented for payment at Bagnolet not later than May 24th 20..
All documents must bear the mention : "Documentary credit no YZ 3481, issued by Banco Americano Caracas."

Please confirm this credit to beneficiaries and debit our Euros account in your books with the amount of your payments together with your charges.

Yours faithfully.

pp Banco Americano
Alvaro SUAREZ

Prima Transversal de Montecristo, Edificio Bancaras, Caracas. Tel. : (02) 248.71.02 Fax : (02) 248.79.75

Rentabilité d'une exportation

La situation

Créée en 1978 à Strasbourg, l'entreprise Toga SA fabrique des équipements qui servent à la mise en forme, au refroidissement et à la découpe des pâtes à mâcher (chewing-gum).
Une bonne connaissance de la concurrence et une avance technologique lui ont permis de devenir le numéro un mondial sur ce marché.
Toga SA réalise ainsi 90 % de son chiffre d'affaires à l'exportation grâce à un système d'agents presque toujours exclusifs.

Cairia Trading, agent de Toga SA en Égypte, a communiqué, à la société Egypt Food, l'offre suivante :

- Prix Ex Works Strasbourg :
  - d'un extrudeur TOE 100 : 36 500 USD,
  - d'un laminoir TOKT 8 : 43 500 USD.
- Mise à FOB : + 5 %.
- CIF Alexandrie : FOB + 5 %.

Deux mois après cette offre, le contrat est signé aux conditions suivantes :
Quantités : un extrudeur TOE 100
un laminoir TOKT 8
Prix CIF Alexandrie, installation et mise en route : prix d'offre moins 2 %
Délai de livraison : 3 mois après la signature du contrat
Lieu de livraison : Alexandrie
Règlement : 10 % à la signature du contrat
20 % à l'expédition
70 % à 3 mois de la date d'expédition

Travail à faire

1. Calculez le coût de revient de cette commande.
2. Déterminez la rentabilité de cette opération sachant que l'entreprise se couvre à terme dès la signature du contrat.

ANNEXE 1 · Informations comptables

La comptabilité analytique de l'entreprise Toga évalue le coût de revient :
- d'un extrudeur TOE 100 à 18 000 EUR ;
- d'un laminoir TOKT 8 000 à 26 000 EUR.

Ce coût comprend le coût de production et les coûts indirects (services commerciaux et administratifs) pour une vente en France, à l'usine et non emballé. Il n'inclut aucun surcoût spécifique à l'exportation, ni charge financière.

ANNEXE 2 · Emballage et transport

Éléments	Extrudeur TOE 100	Laminoir TOKT 8
Poids des machines à nu	800 kg	2 000 kg
Emballage	caisse bois	caisse bois
Dimensions de l'emballage	1,50 x 1 x 2 m	2,6 x 1 x 2,5 m
Poids de l'emballage	150 kg	180 kg
Coût de l'emballage	800 EUR	3 200 EUR

Le transport est assuré par la compagnie maritime DMG qui prend en charge le pré-acheminement et le groupage en conteneur aux conditions suivantes :
- pré-acheminement jusqu'à Marseille : 40 EUR la tonne sur le tonnage arrondi à l'unité supérieure,
- frais de transit et d'embarquement : 65 EUR la tonne,
- fret maritime : 135 USD l'Unité payante (UP),
- assurance-transport : 0,626 % sur CIF + 10 % (assurance tous risques).

ANNEXE 3 · Coûts d'installation en Égypte

Le déplacement à Alexandrie entraîne les frais suivants :
- transport aérien : 1 425 EUR (aller-retour) ;
- hébergement pendant 3 jours : 460 EUR ;
- frais de déplacement en Égypte : 75 EUR.

ANNEXE 4 · Autres charges

L'entreprise a souscrit une police d'abonnement « Grand' Export » dont la prime atteint 1 010 EUR et qui couvre le risque de crédit à court terme et le risque de fabrication ou d'interruption de marché.
La commission de l'agent est fixée à 12 % de la valeur FOB.

ANNEXE 5 · Cours de l'EUR/USD

à la signature du contrat	1 EUR = 0,9005 USD
à 1 mois de cette signature	1 EUR = 0,9008 USD
à 2 mois de cette signature	1 EUR = 0,9010 USD
à 3 mois de cette signature	1 EUR = 0,9012 USD
à 6 mois de cette signature	1 EUR = 0,9015 USD
lors du paiement du transport et de l'assurance	1 EUR = 0,9000 USD

Réalisation d'une offre commerciale

La situation

Installée à Cergy-Pontoise, Xelton est spécialisée dans les terminaux d'informatique mobiles qui permettent la collecte, le traitement et le transfert des données à partir d'une source mobile. Avec des applications dans des domaines aussi variés que le transport (suivi des colis en temps réel) ou la santé, ces terminaux font l'objet d'une demande importante depuis une dizaine d'années sans que les fabricants soient très nombreux. Xelton a ainsi vu son chiffre d'affaires croître de 20 % par an en moyenne sur les 4 dernières années pour atteindre aujourd'hui 180 millions d'EUR. Elle dispose de filiales dans les principaux pays d'Europe, aux États-Unis, en Australie, au Japon et elle recourt à des distributeurs ou à des agents en Afrique, au Moyen-Orient et en Amérique latine.

Vous êtes responsable de la zone sud de l'Amérique latine qui comprend les pays du Mercosur et le Chili. Monsieur Fernandez, votre agent argentin, vous communique une demande émanant du ministère des Postes de son pays à laquelle il ne peut répondre par manque d'informations. Ce dernier souhaite acquérir des postes de saisie mobiles afin de mettre en place, à terme, un service identique à celui offert par les « Integrators » (DHL, Fedex…) en Europe et aux États-Unis (saisie des informations lors de la collecte et de la distribution des colis et transmission immédiate par radio sur le système informatique central). La première commande doit permettre de réaliser une expérience pilote sur la région de Buenos Aires.

Travail à faire

1. Établissez l'offre commerciale complète qui sera remise à l'agent, pour communication au ministère des Postes argentin, sur la facture pro-forma jointe en annexe 7. Vous justifierez les choix effectués.
2. Dans l'éventualité d'une réponse positive à votre offre, vous indiquerez l'ensemble des tâches administratives à accomplir pour mener à bien cette exportation.

ANNEXE 1 · Extrait de l'e-mail envoyé par l'agent argentin le 15 avril

Le Ministère des Postes argentin souhaite acquérir des terminaux portables et des supports de transmission pour réaliser une expérience pilote sur Buenos Aires. Je ne peux malheureusement pas formuler l'offre moi-même car je ne dispose que du tarif FCA Roissy alors que ce ministère impose des prix en CPT Buenos Aires (le prix unitaire en CPT doit être également indiqué).

Sa demande concerne :
- 36 XE 6 (handheld data collecting units)
- et 36 CE7 (handheld data communication units)

L'offre, rédigée en anglais ou en espagnol, doit parvenir pour le 5 mai et être formulée en USD.

ANNEXE 2 · Extrait du tarif Zone sud Amérique latine

Les prix s'entendent FCA Roissy.

Type	Prix unitaire en EUR
VP 4	2 300
XE 6	1 400
XE 9	3 250
CE 7	800

ANNEXE 3 · Extrait du contrat d'agent

Article 20
Sur toutes les ventes de produits contractuels conclues pendant la durée du contrat avec des acheteurs situés en Argentine, la commission de Monsieur Fernandez sera de 8 %.

Article 21
Aucune commission n'est due à Monsieur Fernandez en cas de non-acceptation par la société Xelton de propositions de commandes qu'il lui aurait transmises.
En cas de résiliation du contrat conclu par l'acheteur, Monsieur Fernandez n'aura droit à aucune commission à moins que cette résiliation ne tienne à un fait imputable à la société Xelton.

Article 22
La commission de Monsieur Fernandez se calcule sur le prix de vente facturé, déduction faite des remises ou rabais éventuels à l'exception des escomptes pour paiement comptant.
Le droit à commission n'est acquis qu'après règlement des factures et ce, au fur et à mesure des encaissements et au prorata de ceux-ci

ANNEXE 4 · Informations logistiques

Chaque produit de la société Xelton reçoit un emballage individuel. L'expédition à destination de l'Argentine comporterait :
4 cartons avec les XE 6 :
- dimensions de chaque carton : 0,7 x 0,45 x 0,24 m
- poids de chaque carton plein : 12 kg

6 cartons avec les CE 7 :
- dimensions de chaque carton : 0,7 x 0,32 x 0,28 m
- poids de chaque carton plein : 7 kg

La consultation d'un transitaire à Roissy a permis d'obtenir les renseignements suivants :
- Taxe LTA : 16 EUR ;
- Tarif IATA Roissy-Buenos Aires.

M	80,00 EUR
- 100	13,50 EUR
+ 100	6,50 EUR
+ 300	5,00 EUR

ANNEXE 5 · Autres informations

Délai de livraison : 6 semaines après réception de la commande ou de l'avis d'ouverture du crédit documentaire.
Cours de change retenu par Xelton pour établir son offre :
1 EUR = 0,8640 USD.

ANNEXE 6

Le diagnostic de la Coface publié dans *Le Moci* n° 1426 (Risques pays 2000) indique, pour l'Argentine :
À court terme : un risque modéré
À moyen terme : un risque élevé

Commerce courant en 1999 : taux d'impayés en Argentine

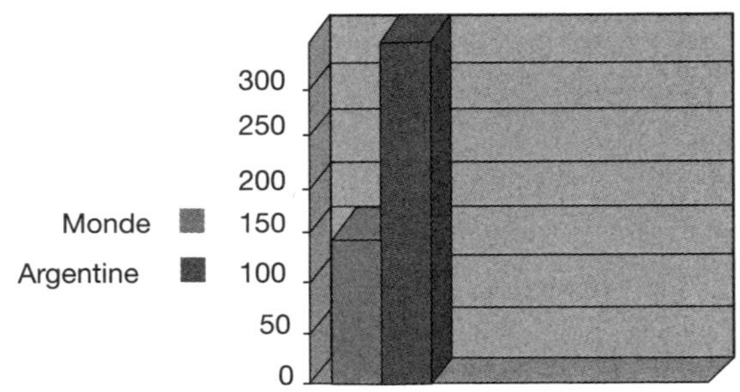

ANNEXE 7 : *Facture pro-forma*

FACTURE PRO-FORMA – *PROFORMA INVOICE*				
EXPORTATEUR / Exporter		N° facture / *Invoice n°*		Date facture / *Invoice date*
		Autres références / *Other references*		
DESTINATAIRE / Consignee		ACHETEUR / *Buyer*		
Notifier à / Notify		Banque du vendeur / *Seller's bank*		
		Pays d'origine *Country of origin*		N° guichet banque *Bank counter n°*
Date de mise à disposition *Date of disposal*	Date d'expédition demandée *Date of dispatch required*	Conditions de vente (incoterms) / Terms of sale		
Pré-transport par *Pre-carriage by*	Lieu de réception *Place of receipt*	Conditions de paiement *Terms of payment*		Mornaie de paiement *Currency of payment*
Identité du moyen de transport/*Tranport identity*	Lieu de chargement *Place of loading*			
Lieu de déchargement *Place of discharge*	Lieu de destination *Place of destination*			
N° RÉFÉRENCES *References Nr*	Désignation des articles *Description of goods*	Quantité *Quantity*	Prix unitaire *Unit Price*	Montant *Amount*
Emballage *Packing* Fret *Freight*	Autres coûts *Other costs* Assurance *Insurance*	Montant total / *Total amount* Total des frais / *Total charges* Total déductions / *Total deductions*		
Déductions / *Deductions*		Total à payer / *Total to pay*		
Clauses particulières-Visas *Special information-Visas*		Lieu d'établissement / *Place of issue*		
		Nom / *Name* Tél. / *Tel* Signature / *Signature*		

Module 21

Le diagnostic export

EXERCICES

Exercice 1

Début du XXe siècle : une France rurale, des paysans qui portent de lourdes charges, transpirent, passent du chaud au froid... et ont souvent des problèmes de dos. Cette entreprise textile propose en réponse une ceinture de flanelle large et longue qui tient les reins au chaud et absorbe la transpiration : la fameuse ceinture du Docteur Gibaud. XXIe siècle, une France industrielle et de services, les paysans sont devenus des agriculteurs. Ils utilisent des machines. L'entreprise est toujours là (taux de notoriété de l'ordre de 70 %) et dégage de confortables marges (12,6 % du CA). Le début des années 80, marqué par l'arrivée de Jean-Claude Pichon comme PDG (la quatrième génération de cette entreprise familiale) a été le point de départ d'un large éventail d'articles médicaux destinés avant tout à protéger les articulations avec le souci de « libérer le mouvement » : genouillère, chevillère, ceintures lombaire, abdominale, dorsale, colliers cervicaux... En 1997 une gamme de bas de compression et de bas médicaux complète le catalogue qui compte quelque 250 articles à caractère orthopédique. L'entreprise contrôle une part significative (entre 24 et 70 % de parts de marché selon les produits) d'un marché français qui progresse de 1 % par an environ.

Giraud envisage un nouveau virage stratégique avec les orientations suivantes :

- développement des exportations ;
- développement d'une activité de négoce en proposant des articles que l'entreprise ne fabrique pas ;
- nouvelles gammes d'orthèses destinées à l'hospitalisation ;
- offre produits-services pour les soins à domicile ;
- nouvelles gammes de produits orientées vers les pratiques sportives et les risques associés.

▶ **1.** *Montrez l'importance d'une vision dynamique et stratégique du marché.*

▶ **2.** *Analysez les orientations stratégiques envisagées, sont-elles mutuellement exclusives ou plutôt complémentaires ?*

Exercice 2

Thermo est une PME de 61 salariés qui a été reprise par d'anciens cadres techniques. Elle a réalisé un chiffre d'affaires de 36 millions d'EUR dont 4 à l'exportation. La société a opéré une rupture technologique importante en abandonnant la fabrication des toiles écrues à partir du tissage du fil de coton au profit d'une activité centrée sur les matériaux souples « non tissés ». La production est répartie sur deux départements. Les Géotextiles (8 250 000 m^2, CA : 13 millions d'EUR) employés dans les terrassements sur les grands chantiers routiers, ferroviaires, hydrauliques... pour lutter contre l'érosion et protéger l'environnement. Les Feutres et Ouates (CA : 11 millions) sont des produits synthétiques destinés au garnissage des vêtements chauds, des couettes, des sacs de couchage, des fauteuils et des banquettes. Les principaux clients de Thermo en Géotextiles sont le Réseau Ferré de France pour plus de 4 000 000 m^2 et Bouygues BTP pour environ 3 000 000 de m^2. Aucun des 632 clients du département Feutres et Ouates ne représente plus de 2 % du chiffre d'affaires de cette activité. Dans le monde, la production des Géotextiles est récente, très concentrée et entièrement contrôlée, directement ou indirectement par le biais de filiales spécialisées, par les grands groupes multinationaux de la chimie. Fabriqués pour valoriser les déchets et rebuts, les Feutres et Ouates sont souvent des activités complémentaires. Les concurrents sont nombreux, difficilement identifiables, et de petite taille.

L'entreprise a mis trois ans pour réussir sa mutation technologique (investissement réalisé : 22 millions d'EUR). Elle valorise ses compétences par des prestations d'ingénierie et de services (CA : 5 millions d'EUR). Une petite activité de négoce complète le chiffre d'affaires. Les processus de fabrication sont maintenant maîtrisés et l'entreprise dispose de capacité de production.

Elle se donne un objectif de croissance du chiffre d'affaires de 50 % dans les années à venir avec une augmentation significative de son activité à l'international.

▶ **1.** *Présentez l'entreprise et sa situation de façon plus structurée et plus évocatrice (tableau(x), graphiques...).*

▶ **2.** *Effectuez un diagnostic de l'entreprise et de sa position sur ses marchés.*

Exercice 3

La société Delta G fabrique et vend des parapentes. Leader en France où elle bénéficie d'une très forte notoriété, elle réalise 40 % de son chiffre d'affaires à l'exportation. Pour préparer la première réunion du comité de direction consacrée à une réflexion stratégique sur le développement international, vous avez réalisé une matrice d'analyse stratégique de type BCG [1].

Position de Delta G sur le marché mondial du parapente

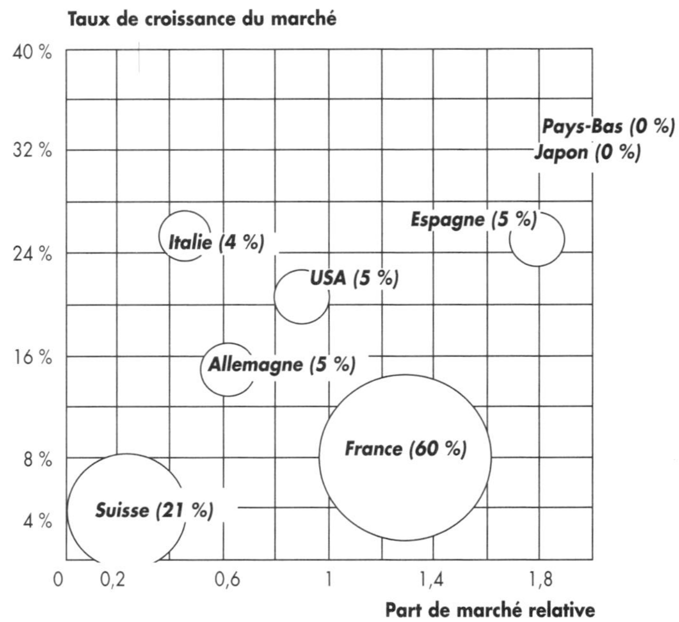

Lorsque l'entreprise est leader, sa part de marché relative est calculée par rapport au second.
(%) : la part du CA pays dans le CA total de Delta G.

▶ **1.** *Commentez la situation de l'entreprise sur le marché mondial du parapente.*
▶ **2.** *Montrez l'intérêt et les limites de cet outil.*

(1) Boston Consulting Group, matrice de type 1, cf. Exporter, Pratique du commerce international.

Exercice 4

Chimiste de formation, F. Schmesser découvre en 1967 (il a alors une trentaine d'années) un procédé qui permet à une toile synthétique chauffée à l'air chaud de s'étendre d'environ 10 % avant de reprendre, en refroidissant, sa surface initiale sans aucune altération de forme et d'aspect. Dès 1968, F. Schmesser saisit l'intérêt de sa découverte pour la conception d'un système original de fabrication et de pose de plafonds tendus suspendus. Grâce à un brevet, il obtient la protection (pour tous les pays) de son invention. Il crée la SARL FS Plafond à Zimmersheim (Alsace), fabrique et vend son produit sous la marque déposée Extraplafond.
Devenue une SA au capital de 2 millions d'EUR, FS Plafond est contrôlé à 100 % par la famille Schmesser ; au fondateur (PDG et directeur commercial France) sont venus s'ajouter son fils (directeur général et directeur export), sa belle-fille (directrice administrative et financière), son petit-fils (directeur technique). En dehors de la famille, l'entreprise comporte un cadre au service informatique et 160 employés, techniciens et ouvriers.
Après 30 ans d'expérience, la société est présente dans plus de 80 pays : dans tous les pays d'Europe occidentale (sauf la Suède où un concurrent a une position dominante sur le marché), en Amérique du Nord et du Sud, en Australie, au Proche et au Moyen-Orient, en Chine et au Japon.
Avec 21 systèmes d'accrochage des plafonds, 90 coloris, 9 textures et de nombreux accessoires, FS plafond répond à toutes les situations de conception et de rénovation de plafond : maison individuelle, locaux industriels et commerciaux, locaux publics.
À l'exception du Japon, qui a fait l'objet d'une concession de licence, l'ensemble de la fabrication est réalisée à l'usine de Zimmersheim. Les installateurs sont « repérés » par le PDG ou le DG à l'occasion des foires et salons auxquels participe l'entreprise. Dans un centre de formation spécifiquement aménagé au siège social, la société les forme avant de les sélectionner comme installateurs agréés.

En dépit de ses incontestables succès commerciaux, la situation de la société se dégrade sur le plan social (stress, très fort renouvellement du personnel, absentéisme...) et sur le plan de la rentabilité d'exploitation, en particulier à l'exportation. Les ratios financiers restent excellents.

▶ **1.** *Effectuez un diagnostic du management de l'entreprise.*
▶ **2.** *L'entreprise souhaite consolider son développement international, quelles vous semblent être les mesures prioritaires pour atteindre cet objectif ?*

Veille et intelligence économique*

La situation

Née dans une région fortement marquée par l'industrie agroalimentaire, Nutrimal est une PME familiale spécialisée dans l'alimentation animale. Elle s'est créée en 1970 pour profiter de l'opportunité de recycler pour des animaux des résidus impropres à la consommation humaine. Elle s'est d'abord développée sur le marché français puis sur les marchés géographiquement et culturellement proches avec un positionnement moyen et haut de gamme et une distribution dans les magasins spécialisés.

L'environnement de l'entreprise change rapidement. La connaissance scientifique et technique évolue très vite. De nouveaux concurrents, puissants, développant des logiques mondiales de commercialisation apparaissent. Les marchés habituels de l'entreprise arrivent au stade de maturité. Les nouvelles réglementations en matière de protection de l'environnement, de sécurité sanitaire et de bien-être des animaux se multiplient et renchérissent de manière sensible les coûts des produits.

L'entreprise réagit en mettant en place un dispositif de veille et d'intelligence économique. Dans un premier temps, elle crée une cellule avec deux personnes affectées à plein temps. Ce système ne donnant pas satisfaction, les dirigeants chargent différents collaborateurs de suivre un ou deux sujets de veille. Ce travail est inscrit dans leur profil de poste.

Travail à faire

1. Quelle est la différence entre veille et intelligence économique ?
2. Identifiez les principaux domaines de la veille à mettre en place.
3. Quelles sont les raisons qui ont conduit à la suppression de la cellule de veille et les avantages et inconvénients de la nouvelle approche ?

ANNEXE · Le processus de veille et d'intelligence économique - Spécification des besoins

La démarche de spécification des besoins en matière de veille prend appui sur une expression de la stratégie de l'entreprise et sur une description minutieuse de ses couples produit/marché et de ses savoir-faire (points forts et points faibles de l'entreprise, menaces et opportunités).

Stratégie/axes de développement
Les orientations stratégiques définies par la direction générale de la société Nutrimal s'inscrivent dans une stratégie de diversification de marché qui s'exprime principalement en deux points :
- développer les ventes à l'export ;
- développer les ventes sur des segments de marchés sur lesquels elle n'est actuellement pas présente.

Eléments essentiels concernant les couples produit/marché de l'entreprise
Points faibles de l'entreprise :
- pas de maîtrise de l'évolution des prix des matières premières (75 % des coûts de fabrication).

Menaces :
- apparition de nouveaux concurrents, en l'occurrence des grands chimistes internationaux ;
- très forte pression concurrentielle sur le marché français ;
- développement de nouvelles réglementctions européennes : réglementation concernant le bien-être des animaux, réglementations environnementales... ;
- apparitions inopinées de situations de crise : hormone de croissance, vache folle, dioxine...

Éléments essentiels concernant les savoir-faire de l'entreprise
Points faibles de l'entreprise :
- difficultés de maintenir à jour les connaissances scientifiques et technologiques sur les produits entrant dans la fabrication d'aliments pour animaux.

Menaces/opportunités :
- évolution permanente des ingrédients et additifs utilisables dans la fabrication de produits d'alimentation animcle.

* Ce cas complète le cas n° 2 du thème 1 : Environnement du commerce international.

Diagnostic et stratégie d'entreprise

La situation

Rogum est une société anonyme au capital de 300 000 EUR. Le fondateur et sa famille la contrôlent du point de vue financier (90 % du capital) et du point de vue management.
La société conçoit, fabrique et commercialise des biens d'équipement pour la production et le travail des pâtes. Les principaux clients sont des industriels de la confiserie (75 % du chiffre d'affaires) mais le matériel fabriqué peut être adapté à tous les types de pâtes.
L'effectif actuel est de 54 personnes, M. Paul Romy, le fondateur de l'entreprise, et sa famille proche occupent les postes clés : M. Paul Romy, PDG et directeur export ; M. Jacques Romy, responsable commercial France ; Mme Marie Romy, responsable administratif ; Mme Frédérique Nicoulaud, comptable et responsable financier ; M. Pierre Romy, responsable technique ; M. Yves Durand, responsable du bureau d'études.

La société a grandi lentement et régulièrement. Son fondateur n'a pas cherché la croissance et le développement. Deux éléments peuvent remettre en cause cette orientation :
– l'évolution de l'environnement de l'entreprise marquée par les concentrations dans l'industrie agroalimentaire,
– l'arrivée à l'âge adulte des enfants des fondateurs ; Jacques, l'aîné est déjà intégré dans l'entreprise.
Une réflexion prospective s'impose. M. Paul Romy vous remet les documents fournis en annexes 1 et 2 et vous demande d'établir les premiers éléments d'un diagnostic stratégique.

Travail à faire

1. Représentez puis commentez l'organigramme de l'entreprise.
2. Réalisez le diagnostic global de l'entreprise en utilisant la méthode des tableaux d'analyse de l'annexe 2. Montrez les limites de l'outil utilisé.
3. Dégagez les orientations envisageables pour Rogum SA.

ANNEXE 1 · La situation actuelle de Rogum

1. Informations financières
La société a grandi essentiellement par autofinancement et les fonds empruntés sont modestes. Les frais financiers représentent 1 % du chiffre d'affaires et les produits financiers environ 3 % (SICAV monétaires et comptes à terme notamment). Grâce à son dynamisme, elle a bénéficié des aides suivantes : 20 000 EUR d'une grande banque comme prix de la création d'entreprise, 100 000 EUR de l'ANVAR (agence nationale pour la valorisation de la recherche) pour développer de nouveaux produits, 50 000 EUR du conseil régional au titre du FREX (fonds régional de développement de l'exportation).
Les dirigeants ne désirent pas réaliser de nouveaux apports. Le capital social peut évoluer par incorporation de réserves et par des apports extérieurs mais la famille souhaite conserver le contrôle de la société. Le financement par l'ANVAR sera à nouveau recherché pour mettre au point des prototypes. En fonction des investissements projetés, le recours à l'emprunt à moyen terme est envisagé.

2. Les outils de production

Machines-outils classiques Achat d'occasion à la création de l'entreprise			**Machines à commande numérique**			
Nature	Nombre	Date d'achat d'achat	Nature	Nombre	Date d'achat	Valeur
Tours	4	1991	Tour	1	1994	130 000
Aléseuses	3	1991	Fraiseuse	1	1996	50 000
Fraiseuses	4	1991	Automate d'usinage	1	2000	140 000
Compresseur	1	1991				
Presses	2	1991				
Valeur de rachat 120 000						
Valeur à neuf 600 000						

Rogum SA a ouvert un nouvel atelier d'électronique et de génie logiciel entièrement consacré à la réalisation des unités de contrôle des malaxeurs et des extrudeurs. Les dirigeants veulent développer la fonction de recherche de nouveaux produits, les fabrications à haute valeur ajoutée et sous-traiter toutes les pièces ne nécessitant pas un savoir-faire particulier.
Afin d'assurer un volant d'affaires suffisant et régulier, Rogum SA a une activité de sous-traitance pour les entreprises de la région et pour Wemert-Pfeiffer qui est aussi son agent en Allemagne.

3. Les produits commercialisés

• Les chaînes de production

Une chaîne de production pour la fabrication de pâte comporte 7 éléments :

N°		N°	
1	Moulin à sucre	5	Extrudeur
2	Armoire de préchauffage	6	Laminoir
3	Malaxeur	7	Machine à couper et envelopper
4	Chariot à pâte		

Rogum ne produit que les éléments (4), (5) et (6), l'entreprise conçoit les chaînes à partir de ses propres fabrications et des éléments achetés. Le modèle de base de chacun des éléments conçus par Rogum fait l'objet d'une protection juridique auprès de l'INPI.
Les machines doivent être parfaitement adaptées au type de pâte travaillé par le client et aux contraintes de son environnement industriel. Rogum invente constamment des variantes du modèle de base. Leur conception, leur fabrication se font en collaboration entre Paul et Jacques Romy qui ont les contacts avec les clients et Pierre Romy et Yves Durand, responsables du développement et de la fabrication.

À titre d'exemple, dans la confiserie, les impératifs du contrôle qualité ont obligé Rogum à doter chaque élément de la chaîne de fabrication de la pâte d'une unité de contrôle électronique. Ce dispositif effectue en permanence des mesures chimiques, physiques et calorimétriques sur la pâte en cours de fabrication.
La durée de vie d'une chaîne est supérieure à 20 ans.
Rogum conçoit et commercialise des chaînes complètes. Des éléments isolés sont vendus à la demande des clients.

• Le savoir-faire

« Il faut du doigté comme pour une recette de cuisine », affirme Paul Romy
La fabrication d'une pâte réclame un savoir-faire particulier. La pâte ne doit ni coller, ni couler, ni sécher, ni se briser. Très bien introduit chez les petits industriels de la confiserie, Rogum vend ce savoir-faire sous la forme d'heures de consultant. Cette prestation entretient un marché captif.

• Les matières premières

Certains clients demandent à acheter les matières premières de leur pâte : arômes et glucose pour les chewing-gums et les bonbons… Cette activité, un peu moins de 10 % du chiffre d'affaires, a tendance à baisser. M. Romy la considère comme un service au client.

4. La politique commerciale

La société vend et installe environ 50 chaînes par an, dont 40 à l'exportation.

• Animation du réseau de vente et prospection de la clientèle

Paul Romy, en plus de sa responsabilité de direction générale, assure le contact avec les agents et prospecte la clientèle étrangère. Il se fait connaître en envoyant de la documentation et en visitant les chambres de commerce ou leur équivalent à l'étranger, les chambres de commerce étrangères en France, les sociétés d'ingénierie introduites dans le secteur des industries agroalimentaires.
Il participe à trois salons professionnels internationaux :
INTERPACK (D – Düsseldorf), ANOUGA (D – Cologne) et SIAL (Paris).

• Réseaux de vente

Le hasard, plus qu'une volonté stratégique, a déterminé les voies d'accès aux marchés étrangers.
1. Cinq agents, recrutés soit dans les salons, soit sur recommandation, représentent les produits de la société (États-Unis, Grèce, Maroc, Égypte, Argentine). Tous agissent en qualité d'agent à la commission.
2. La société Wemert-Pfeiffer, importante société de fabrication de matériel pour les industries agroalimentaires, chimiques et pharmaceutiques, joue le rôle d'agent de Rogum en Allemagne. De fait, ses représentants sont, indirectement, agents de Rogum. Dans tous les cas, les affaires sont traitées directement entre Rogum et le client. Malgré sa demande, Wemert-Pfeiffer n'a pas l'exclusivité du marché allemand.
3. Rogum répond aux offres lancées par les sociétés d'ingénierie maîtresses d'œuvre d'ensembles industriels, dans ce cas la société agit en tant que sous-traitant.
4. Du fait de sa bonne image auprès de ses clients, Rogum recoit directement des demandes d'offre.

• Conditions de vente et de maintenance

Un transitaire local assure toute la partie logistique des contrats. Les ventes sont le plus souvent DDU usine d'installation (Delivered Duty Unpaid), parfois CIF port de destination (Cost Insurance Freight). La prestation comprend toujours l'installation, la mise en route et un forfait de deux jours de formation.
Le service après-vente est facile à mettre en œuvre du fait de la conception modulaire et de la robustesse du matériel. Dans 80 % des demandes d'intervention Rogum fait parvenir les pièces qui seront mises en place par le client. Dans 20 % des cas Pierre Romy ou Yves Durand se déplacent. Ce système satisfait la clientèle. Avec l'évolution du matériel on note la part croissante de l'assistance téléphonique pour résoudre des problèmes logiciels sur les unités de contrôle des machines.

ANNEXE 2 · Les tableaux d'aide à la formulation du diagnostic

Utilisation des tableaux d'aide à la formulation du diagnostic

Vous trouverez ci-dessous une liste alphabétique de critères utiles pour la réalisation du diagnostic de l'entreprise, les critères doivent être regroupés selon les différents aspects du diagnostic à réaliser.

Un diagnostic d'exportation d'entreprise s'établit suivant quatre séries de critères :

– diagnostic commercial,
– diagnostic du management et des ressources humaines,
– diagnostic technique,
– diagnostic financier.

On réalise un tableau pour chacun des aspects du diagnostic, dans la première colonne l'énoncé du critère, dans les colonnes 2 à 6 son évaluation pour l'entreprise : 1 = très mauvais ; 2 = mauvais ; 3 = neutre ; 4 = bon ; 5 = très bon.

Lorsque cette évaluation est faite, mettre un point ou une croix dans la colonne correspondante. Joindre ensuite les divers points ou croix en partant du haut jusqu'en bas par des segments de droite. On obtient une image de la situation de l'entreprise par rapport à une série de critères. Tout critère inférieur à 3 est insuffisant.

Critères (ordre alphabétique) :

- Acceptation de l'export par le personnel : intégration de l'exportation
- Actions publicitaires et de promotion
- Adaptabilité du produit
- Capacité de mobilisation des aides publiques
- Capacité de production disponible
- Capacité d'endettement
- Connaissance des spécificités de la vente à l'export
- Connaissance des langues étrangères
- Conséquences de l'absence d'un collaborateur à l'étranger
- Disponibilité des collaborateurs à l'export
- Étendue de la gamme
- Évolution du CA de la société par rapport au CA de la profession
- Fonds de roulement
- Image de l'entreprise
- Indépendance financière
- Notoriété du produit
- Portefeuille clientèle
- Position sur le marché français
- Position sur le marché UE
- Position sur les marchés extérieurs à l'UE
- Possibilité d'appel à la sous-traitance
- Rapport qualité-prix
- Recherche et développement
- Rentabilité du produit
- Respect des normes
- Ressources humaines engagées
- Service après-vente
- Situation par rapport aux principaux concurrents
- Stratégie de dépôt de brevet
- Stratégie de marché touché : marché permanent
- Stratégie de marché touché : nouveaux segments
- Suivi des commandes par un personnel administratif spécialisé
- Système de commercialisation : contrôle du réseau
- Système de commercialisation : publicité, promotion
- Système de commercialisation : réseau de vente utilisé
- Système de distribution et logistique : fiabilité
- Système de distribution et logistique : coût
- Système de distribution et logistique : rapidité
- Taux de renouvellement de la gamme
- Trésorerie disponible
- Utilisation de la capacité d'autofinancement
- Utilisation des organismes professionnels : sur le marché français
- Utilisation des organismes professionnels : sur les marchés export

Identification des activités stratégiques et diagnostic d'entreprise

La situation

Thermicien, A. Choltey crée son entreprise dans le domaine du traitement de l'eau. Sa position lui permet d'explorer toutes les techniques et procédés pratiqués sur un marché qui émerge à la fin des années 1970 : celui de la demande de création de piscines.
Dès 1978, il dépose le brevet d'une première piscine en kit : « Aline », piscine de qualité (fiable et robuste) que le client installe lui même et qui offre une alternative de formes libres par rapport au rectangle traditionnel, le tout avec une économie de 50 % réalisée sur la pose faite par le client lui-même.
En 1981, l'entreprise offre 48 modèles standard avec des options de personnalisation qui portent à plus de 1 000 les variantes possibles. La promesse faite à la clientèle est : « Économisez 30 à 50 % du prix d'une piscine traditionnelle en montant vous-même votre piscine ».
Vingt ans après, le projet d'introduction de Waterfree SA sur le second marché de la bourse de Paris est l'occasion d'un diagnostic approfondi de l'entreprise et de son marché.

Travail à faire

1. Identifiez les activités clés de l'entreprise.
2. Dans la perspective du développement international envisagé, dégagez les points forts et les points faibles de l'entreprise, les menaces et les opportunités.

ANNEXE

Le produit
Les piscines Waterfree libèrent le client des contraintes lourdes, coûteuses et souvent sources de graves ennuis des piscines traditionnelles en maçonnerie (fissures et fuites liées au gel, au mouvement des terrains, durée des chantiers). La conception technique de la piscine Waterfree en fait un produit fiable et totalement modulable en fonction des désirs du client et des contraintes de son terrain.
La piscine Waterfree se construit facilement à partir d'une ossature en acier galvanisé ondé. Un jeu de panneaux standardisés permet d'obtenir toutes les formes et tailles des piscines du catalogue (un peu à la façon des meubles en kit). Un tournevis et une clef de serrage suffisent pour l'assemblage. La forme en acier est habillée par un liner (enveloppe synthétique) fabriqué sur mesure qui assure l'étanchéité et l'esthétique intérieure du bassin. La piscine est équipée des échelles, des escaliers, des pompes et installations de traitement de l'eau puis finie par un entourage de margelles en pierre reconstituée. La gamme des escaliers va du simple escalier en polyester armé à l'escalier multifonctionnel (brevet exclusif Waterfree) qui réunit en un seul module l'ensemble des fonctions techniques, ludiques et de confort : pédiluve, système de filtration, pompe, baignoire balnéothérapique...

La fabrication des produits
Avec des équipements modernes, automatisés et largement dimensionnés la société fabrique les éléments standardisés : ondulés et systèmes d'assemblage en acier à partir des tôles à plat, margelles en pierre reconstituée, escaliers (non équipés) en polyester.
La fabrication des liners est sous-traitée à Sevylor, entreprise leader européen sur ce marché des matériaux souples. Les autres éléments standard (pompes, échelles...) qui entrent dans la fabrication sont achetés.

Commercialisation
Le dirigeant décide de ne commercialiser ses piscines qu'en kit. L'objectif est double : offrir un produit de première qualité à un prix compétitif et affranchir la société des contraintes de la conduite des chantiers.
Le développement initial de la société sur un marché essentiellement régional est fondé sur la vente directe (1980-1990). Le succès conduit la société à se doter d'un réseau d'agents et de deux filiales commerciales : en Espagne et en Allemagne (1990-1995). La réussite pose problème. La clientèle n'est plus limitée aux bricoleurs avertis, le besoin d'assistance augmente et avec lui les sources potentielles de litiges. Les agents assurent la promotion du produit sans se soucier des difficultés de la mise en œuvre chez le client. Enfin des artisans, constructeurs de piscines traditionnelles, en maçonnerie, sollicités par des clients Waterfree incapables d'achever leur chantier s'intéressent aux produits Waterfree. Cette tendance est un élément négatif de l'image Waterfree, elle constitue aussi l'amorce d'un marché gris que l'entreprise a du mal à contrôler.

Service après-vente
Il faut distinguer deux aspects.
Une assistance à la résolution de problèmes lors de la réalisation de la piscine. L'activité est technique et commerciale. Il faut apporter des

réponses précises au client, réduire son angoisse, empêcher la transformation de la difficulté en conflit.
Lorsque la piscine est en place, le SAV porte sur l'entretien et la vente d'équipements complémentaires (plongeoirs, douches annexées, chaises longues, parasols...) ainsi que des consommables pour le traitement de l'eau. La rentabilité commerciale est immédiate et élevée : chiffre d'affaires captif, marge importante.

Organisation logistique
Une piscine représente 2 à 3 palettes Europe (60 cm × 80 cm). Sur chaque palette la charge est d'environ 300 kg. Une palette, au minimum, est hors norme, la taille des composants de l'ossature excède largement la dimension de base des palettes. Le transport doit se faire directement du siège de l'entreprise au plus près du point d'installation, chez le client. Celui-ci doit être accessible par un camion équipé d'une grue de déchargement. Les litiges transports sont assez nombreux, Waterfree a des difficultés pour trouver des prestataires fiables à des coûts compatibles avec l'état du marché.

Le marché et la concurrence
L'offre piscine relève de deux catégories distinctes de produits : la « piscine hors sol » qui va de la pataugeoire gonflable à la piscine structurée, avec un leader incontestable, le groupe Zodiac via sa filiale Sevylor ; les « piscines enterrées », segment sur lequel opère Waterfree.

Le segment des piscines enterrables est un marché atomisé, faiblement organisé. Les intervenants peuvent être classés en quatre catégories :
– les installateurs occasionnels ; petits pisciniers non fédérés dans un réseau, maçon réalisant occasionnellement des piscines ;
– les réseaux d'installateurs multitechniques : Ever Blue, Carré Bleu, Piscines de France... regroupant des professionnels indépendants vendant et installant tous les composants disponibles sur le marché ;
– les constructeurs de piscines en béton qui constituent une offre souvent localisée et réalisent des piscines de formes libres sans liner ;
– les industriels de la piscine avec deux acteurs majeurs : Desjoyeaux (CA 45 millions d'EUR) et Waterfree (CA 25 millions d'EUR). Chacun développe une technologie originale, béton à coffrage perdu pour Desjoyeau, acier ondé pour Waterfree. Ces techniques industrialisées semblent s'imposer.
Les caractéristiques des différents marchés européens sont très semblables à celles du marché français. La démocratisation de la piscine enterrée a cependant démarré plus tard, généralement sous l'impulsion des sociétés Waterfree et Desjoyeaux. Après la France, l'Espagne est le second marché européen. Pour le reste de l'Europe le total des installations réalisées est sensiblement équivalent au seul marché français. Le marché européen actuel représente environ 11 % du marché potentiel, c'est un marché dynamique (taux de croissance annuel 14 %, augmentation annuelle des intentions d'achat + 2,5 % – source enquête SOFRES). La part de marché détenu par Waterfree est estimée à 4 %.

Module 22

Le développement international de l'entreprise

CAS 1
FPP

Choix d'options de développement

La situation

Créée en 1980, la société FPP fabrique des piscines hors-sol à armature métallique.
Une gamme étendue (piscines rondes de 4,6 m à 8 m de diamètre et piscines ovales allant jusqu'à 10 m de longueur), une réponse rapide à la demande et une force de vente efficace lui ont permis de devenir en quelques années l'un des principaux fabricants français dans ce domaine d'activité.

Après une croissance soutenue du chiffre d'affaires, de l'ordre de 20 % par an, les dirigeants de l'entreprise constatent un certain tassement des ventes. Selon eux, celui-ci s'explique par la maturité du secteur avec notamment un accroissement important du nombre de concurrents attirés par les marges confortables qu'il offre.

Devant cette situation d'autant plus préoccupante que certains concurrents semblent vouloir s'engager dans une guerre des prix, la direction de l'entreprise décide de réagir.

Trois options stratégiques sont alors envisagées :
– augmenter les exportations qui sont, pour l'instant, très limitées en prospectant des marchés riches de proximité (la grande exportation n'est pas envisageable en raison de coûts logistiques élevés) ;
– commercialiser de nouvelles lignes de produits complémentaires des produits principaux de l'entreprise, comme les filtres, les pompes, les accessoires de nettoyage, les bâches de protection ;
– entrer sur un nouveau secteur d'activité qui soit, à la différence des piscines, moins saisonnier et qui présente des potentialités intéressantes de développement, notamment les produits de balnéothérapie.

Travail à faire

1. Analysez les trois options envisagées par les dirigeants de FPP.
2. L'exportation vers les marchés riches de proximité vous semble-t-elle la solution la plus pertinente ?

Structure internationale de l'entreprise

La situation

L'entreprise Biotech a été créée dans les années 1980 pour commercialiser une nouvelle technique chirurgicale destinée à rectifier les scolioses appelée technique BT (initiales des deux chirurgiens qui l'ont mise au point).
L'efficacité de la méthode assure un rapide succès. Les ventes se développent en France et surtout à l'étranger avec une forte implantation aux États-Unis.

L'entreprise devient, en 1990, leader mondial dans son domaine et réalise 75 % de son chiffre d'affaires sur les marchés extérieurs. Malgré cette position de leader, Biotech a maintenu une structure simple avec cinq départements (administratif et financier, ressources humaines, technique, médical, marketing).
Le département marketing comprend actuellement le service des études marketing et la division BT. Celle-ci assure la promotion de la technique chirurgicale dans le monde, le contact avec les distributeurs et la gestion des ventes. Il n'y a pas de service export puisque le marché de l'entreprise est mondial.

Les responsables de Biotech sont conscients de la fragilité de cette croissance. En effet, l'adoption d'une stratégie de niche a pour conséquence la réalisation du chiffre d'affaires sur un seul domaine d'activité stratégique (DAS). En d'autres termes, l'étroitesse de ce marché ne permettra plus une progression aussi élevée des ventes dans les prochaines années et engendre des risques importants pour la pérennité de l'entreprise.

De ce fait, un ambitieux programme de recherche a été décidé afin de développer de nouveaux produits pour élargir le champ d'activité notamment dans le domaine des fractures vertébrales. En effet, ce marché offre des perspectives intéressantes car il est deux fois plus important que celui sur lequel Biotech a assuré son développement.
Des accords commerciaux ont également été conclus avec des PME innovatrices qui ont conçu de nouveaux produits mais ne disposent ni des ressources suffisantes, ni d'une structure commerciale pour passer au stade de leur commercialisation.
Ainsi, Biotech est devenu le distributeur exclusif pour le monde entier du « Biocoral », produit élaboré par la société Coteb à partir de corail naturel et qui évite les greffes osseuses dans le domaine orthopédique. Ces orientations requièrent une réorganisation et une redéfinition des compétences. Il s'avère nécessaire de créer deux filiales de commercialisation, l'une aux États-Unis et l'autre en Asie du Sud-Est (Singapour), d'embaucher des chefs de produits et de revoir l'organisation opérationnelle par zones.

Travail à faire

1. Précisez les rôles des chefs de produits et des chefs de zones. Présentez le nouvel organigramme du département marketing.
2. À quelle direction les filiales seront-elles rattachées ? Justifiez votre choix.

Identification d'options stratégiques

La situation

Fleury-Michon est créée en 1925 avec pour seule activité l'abattage et le commerce de porcs. Son développement s'accélère après la Seconde Guerre mondiale grâce à l'innovation et l'accès à la grande distribution.

Au début des années 70, un nouveau plan de développement stratégique retient cinq segments de marché en fonction de leur potentiel de croissance et fixe comme objectif d'y occuper les 1re ou 2e places. Il s'agit de la charcuterie préemballée, des plats cuisinés frais, de la charcuterie pâtissière et des tartes salées, du saucisson sec, des produits à la coupe (jambon et charcuterie traditionnelle).

Ce plan se traduit par :
– le désengagement des secteurs où Fleury-Michon ne peut espérer être l'un des leaders (conserve, abattage et découpe de la viande) ;
– la spécialisation dans les produits frais industriels de marque destinés aux grandes et moyennes surfaces et au marché de la restauration.

Il s'accompagne d'un soutien actif de l'innovation (conception de produits allégés, mise au point de nouvelles recettes en charcuterie et plats cuisinés, élaboration de conditionnements adaptés au libre-service…) et aussi d'importants investissements commerciaux et publicitaires pour asseoir une politique de marque.

Dans les années 80, Fleury-Michon s'ouvre sur l'extérieur avec la vente de technologie à des firmes étrangères. Ainsi, un accord signé avec General Foods porte sur la fourniture de 10 recettes, sans exclusivité et avec l'interdiction d'utilisation de la technologie cédée hors des États-Unis pendant 3 ans. Cette référence a favorisé la signature au Canada et au Japon d'accords de joint-ventures (50/50) dans lesquels Fleury-Michon apporte son savoir-faire à la société conjointe qui fabrique et commercialise les produits sous la marque Fleury-Michon. L'objectif est de faire de Fleury-Michon l'une des premières marques mondiales dans le domaine des plats cuisinés frais et de bénéficier de royalties pour conforter la situation financière de l'entreprise.

La stratégie de pénétration en Europe envisage deux voies :
– exporter une gamme de produits fabriqués en France sous la marque Fleury-Michon ;
– s'associer avec un partenaire local afin de produire et de commercialiser des produits frais à l'étranger sous la marque Fleury-Michon.

Travail à faire

1. Identifiez et définissez les options stratégiques de base de la société en précisant comment elles sont mises en œuvre dans la politique produit actuelle.
2. Mettez en évidence les avantages et inconvénients des trois solutions envisagées pour le développement international : exportation, cession de technologie type accord General Foods, cession de technologie type « joint-venture ».

ANNEXE 1 · Les handicaps de la charcuterie-salaison

Les principaux handicaps du secteur sont :
– une atomisation de l'offre et une faible productivité à l'exception de Herta, Fleury-Michon, Géo, Olida ;
– une absence de débouchés extérieurs en raison des prix élevés de la charcuterie française par rapport à ses concurrents étrangers, d'une DLC limitée des produits (21 jours en moyenne) et d'une diversité des goûts selon les pays ;
– un tassement de la demande sous l'effet d'une modification des habitudes alimentaires (préoccupations diététiques, destructuration des repas avec disparition de l'entrée, développement de la restauration rapide).

ANNEXE 2 · Le renouveau de la profession

Il passe par l'élaboration d'une nouvelle stratégie produits-marchés et par une spécialisation. Il en résulte la définition d'un positionnement des produits (image de terroir, gastronomie), la recherche de nouvelles technologies permettant un allégement en matière grasse, la conception de produits de grignotage mais aussi la prise en compte de la cohabitation d'une demande de produits de charcuterie classique et de produits haut de gamme.

ANNEXE 3 · Le poids de la grande distribution

L'évolution des circuits commerciaux s'effectue aux dépens des détaillants spécialisés – bouchers, traiteurs, charcutiers — et au profit des hypermarchés et supermarchés. Elle s'accompagne d'une évolution des relations distributeurs/fournisseurs dans le sens d'un partenariat concrétisé par des actions de marchandisage.

Analyse d'une stratégie de croissance externe

La situation

La société Infogrames a été créée en 1983 à Villeurbanne (Rhône) par Bruno Bonnell et Christophe Sapet, deux jeunes ingénieurs qui avaient réinvesti dans la création de la société leurs droits d'auteurs d'un livre d'initiation à l'informatique. Cette société a développé des programmes adaptés aux différentes technologies qui se sont succédé dans le domaine de l'informatique et des jeux vidéo.

En 1993, deux grands groupes, Philips et Chargeurs, ont pris 20 % du capital de la société à travers leur filiale commune Pathé Interactive renforçant ainsi la crédibilité de l'entreprise et lui donnant les moyens financiers d'assurer sa croissance.

Infogrames s'est développée dans le domaine du logiciel de loisirs, essentiellement dans le jeu vidéo, en particulier en exploitant des licences très fortes (Astérix, Tintin, Spirou, les Schtroumpfs, Lucky Luke...) et en produisant des titres phares (Alone in the dark, International tennis open...).

Infogrames est aujourd'hui implantée en France à Lyon, en Angleterre à Manchester, en Allemagne à Francfort, au Benelux à Eindhoven, en Espagne à Madrid, aux États-Unis à San Jose, au Brésil à Rio, au Japon à Tokyo, en Chine à Shanghai, en Australie à Sydney. Elle prévoit d'ouvrir des filiales dans d'autres pays. Ses produits sont distribués dans le monde entier et Infogrames est la première entreprise européenne d'édition et de distribution de programmes interactifs dans le domaine des loisirs et la deuxième dans le monde derrière l'entreprise américaine Electronic Arts.

Travail à faire

En vous aidant des annexes, analysez la stratégie de croissance externe qui a permis à Infogrames de devenir leader européen et challenger du numéro un mondial.

ANNEXE 1 · Les secteurs d'activité d'Infogrames

Le groupe Infogrames est organisé autour de deux secteurs :
– le secteur multimédia incluant les activités de conception et de diffusion de logiciels récréatifs et éducatifs pour micro-ordinateurs personnels (compatibles PC, Apple Macintosh) et jeux vidéo pour consoles Nintendo, Sega et Sony ;
– le secteur télécommunications qui comprend les activités de production de contenu interactif multimédia à destination des réseaux ou services en ligne (type Microsoft Network ou Infonie).

ANNEXE 2 · Les acquisitions d'Infogrames

En 1996, Infogrames a acheté la société anglaise Ocean, spécialisée dans les jeux d'action et de simulation de vol, qui connaissait alors des difficultés financières.
En juillet 1997, elle a repris les activités multimédia de Philips média, filiale du groupe hollandais Philips. Cette opération lui a permis d'ajouter une activité distribution à son métier d'origine la production et l'édition, à travers les sociétés Ecudis (basée également à Lyon) leader de la distribution en France avec 13,2 % de part de marché et Bomico leader de la distribution en Allemagne avec 18 % de part de marché. Infogrames a également repris le catalogue des titres développés par Philips média ainsi que certains de ses studios de production.
En septembre 1997, Infogrames devient l'actionnaire de référence d'Emme, société de production et de distribution de titres culturels et lui confie, pour la France, la distribution de ses produits dans ce domaine.
En novembre 1999, elle achète, pour 135 millions d'USD, l'éditeur-distributeur américain GT Interactive, renforçant ainsi sa présence en Californie. Les États-Unis représentent désormais 50 % de son activité contre 15 % jusqu'alors.

ANNEXE 3 · Extrait du communiqué de presse publié le jour de l'accord Infogrames Entertainment-Ocean International

Les deux sociétés présentent une très forte complémentarité en termes de gammes de produits. Infogrames Entertainment est une référence dans les domaines culturels, éducatifs et ludiques ; Ocean International maîtrise les jeux d'action et de simulation de vol. En outre, alors qu'Infogrames est passé maître dans le domaine de l'exploitation des licences de personnages de bandes dessinées (Tintin, Astérix, Spirou, les Schtroumpfs...), Ocean possède une solide expérience dans le domaine de la licence de films avec des titres tels que Jurassic Park, Robocop, Batman, etc.
Les deux groupes disposent de réseaux de distribution particulièrement complémentaires en termes de localisation géographique permettant au groupe Infogrames Entertainment de doubler ses parts de marché sur ses principaux territoires internationaux : France, Royaume-Uni, Allemagne.
La mise en commun des catalogues de produits des deux groupes permet aux équipes opérationnelles, dans le cadre d'implantations internationales, de renforcer leurs capacités de négociation avec les distributeurs locaux au moment où la concurrence internationale se mobilise.
De nombreuses synergies ont été identifiées par les deux équipes dirigeantes, notamment dans les domaines de la création, du développement de produits originaux et d'outils technologiques, toutes de nature à renforcer la qualité des produits du nouveau groupe au niveau mondial.

Analyse d'une stratégie de développement international

La situation

Créée en 1990 par Monsieur Chappaz, ingénieur chimiste, Flexoplus fabrique des produits destinés à l'entretien des machines d'imprimerie qui utilisent la technique de la flexographie.
Outre ses produits, Flexoplus commercialise une gamme de produits annexes qui sont nécessaires au nettoyage et à la maintenance des machines tels que des brosses, des housses de protection, des microscopes pour analyser l'état des cylindres des machines…

L'entreprise s'est développée très rapidement. Aujourd'hui, elle compte 8 salariés pour un chiffre d'affaires de 2 millions d'euros. Leader européen dans son domaine d'activité, elle vend dans 49 pays et réalise 65 % de son chiffre d'affaires

Travail à faire

1. Vous identifiez la clientèle potentielle de Flexoplus et vous indiquez les principales raisons du développement de la flexographie.
2. Vous expliquez pourquoi l'entreprise a choisi d'exporter dans un si grand nombre de pays. Vous soulignerez les limites d'une telle stratégie.

ANNEXE 1 · Présentation des quatre techniques de l'imprimerie

Technique	Types de support	Principales utilisations	Autres caractéristiques
Offset	Support papier (quadrichromie)	Édition, presse, petites affiches	La plus grande qualité en imprimerie
Héliographie	Papier, carton, aluminium, plastique	Emballages pour l'industrie agroalimentaire	Technique réservée aux tirages en très grandes quantités
Flexographie	Tous supports même supports souples (carton ondulé), supports plastiques, métalliques, etc.	Emballages	Souplesse d'utilisation pour les petites comme pour les grandes séries. Représente en moyenne 35 % du marché mondial de l'imprimerie et sa part croît au détriment des autres techniques
Sérigraphie	Supports spéciaux	Textile, papiers peints, très grandes affiches	

D'autres techniques existent pour certaines impressions particulières : typographie, jet d'encre…

ANNEXE 2 · Le marché de la flexographie

DOCUMENT 1 :

Depuis une quinzaine d'années, l'impression flexographique connaît un regain d'activité et croît au rythme annuel de 8 % environ, performances qu'aucune autre technique d'impression n'égale. Le développement du marché de l'emballage justifie en partie cet essor. En effet, la flexographie tend à se substituer à l'impression offset et à l'héliogravure. Grâce aux nombreux perfectionnements technologiques induits, la précision dans l'impression des caractères, des couleurs et des images demi-tons est maintenant exceptionnelle. C'est pourquoi fabricants et fournisseurs de matériel pour l'imprimerie privilégient cette solution économique et de qualité plutôt que les systèmes d'impression offset et hélio.

D'après Cahiers techniques ATF et site Internet AGFA

DOCUMENT 2 :

La flexographie est un procédé d'impression direct en relief. Plus de 70 % de son marché est lié à l'agroalimentaire. Cependant, l'augmentation de la qualité des imprimés permet à la flexographie d'être le seul procédé actuellement en croissance.

DOCUMENT 3 :

La flexographie est une technique essentiellement utilisée pour l'impression des emballages. Elle s'adapte à tous les supports rugueux ou lisses, minces ou épais que nous retrouvons ensuite transformés en sacs, cabas, pochettes, enveloppes, caisses et boîtes. Ses principaux utilisateurs sont :

• Les imprimeurs

Les imprimeurs transformateurs en flexographie réalisent de nombreux travaux à façon (conception de boîtage, étiquette, suremballage...) pour le compte de sociétés d'agroalimentaire, de cosmétiques... Cela nécessite une proximité géographique pour répondre rapidement à la demande.

• Les fabricants d'emballages

La profession se fragmente en un très grand nombre de sociétés petites et moyennes qui produisent des sachets, des sacs, des étuis de toute dimension.

• L'industrie agroalimentaire

Les grands groupes agroalimentaires ont choisi d'investir dans du matériel d'imprimerie leur permettant de sortir leurs produits conditionnés. Cette intégration leur permet une plus grande souplesse dans la gestion de l'emballage.

ANNEXE 3 · Principaux marchés de Flexoplus

Formes de commercialisation	Pays
Clients en direct	Allemagne (35 clients), Autriche (20 clients), Pays-Bas (10 clients), Belgique (10 clients)
Importateur-distributeur	Grande-Bretagne, Argentine, États-Unis, Suisse, Pologne, Australie
Agent commissionné	Espagne, Italie

Module 23

Le choix des marchés cibles

EXERCICES

Exercice 1

Fondée par deux passionnés de voile, anciens compétiteurs de haut niveau, la société Cat-Mar a été créée pour exploiter un nouveau concept dans le domaine des sports nautiques.

Les associés, considérant qu'un des freins à la pratique du nautisme sportif est constitué par les problèmes matériels (encombrement, poids, complexité de montage et de démontage), ont imaginé un catamaran de sport inédit. Entièrement et très facilement démontable et transportable, très léger, grâce à l'utilisation de matériaux composites, ce petit catamaran (2 personnes) réalise des performances nautiques remarquables.

Cat-Mar cherche désormais à se développer sur le plan international. Dans un premier temps, elle cherche à déterminer les pays européens sur lesquels le marché potentiel est le plus important.

▶ *Listez les informations que vous allez rechercher sur les pays européens, pour déterminer celui qui présente les potentialités les plus intéressantes, et qui pourrait constituer le premier marché cible de Cat-Mar.*

Exercice 2

L'entreprise Agral fabrique des matériels d'équipement agricole. La production se répartit entre les tracteurs d'une part (environ 1/3 de l'activité), les matériels de travail de la terre et de récolte d'autre part. L'ensemble de la production se caractérise par sa grande simplicité, qui lui confère une très grande robustesse, et un rapport qualité/prix attractif.

Agral s'intéresse aux pays d'Europe orientale, et a recueilli, en première approche, un certain nombre de renseignements sur quelques-uns d'entre eux.

▶ *Quels enseignements pouvez-vous tirer de ces informations ?*

▶ *Sont-elles suffisantes pour choisir un pays à prospecter en priorité ?*

Tableau 1 – Population-Estim. & proj.

Total (1 000)	2000	2005	2010	2015	2020
Bulgaria	8 225	7 984	7 753	7 526	7 282
Hungary	10 036	9 838	9 627	9 408	9 167
Czech Republic	10 244	10 171	10 066	9 929	9 743
Poland	38 765	38 947	39 190	39 350	39 318
Romania	22 327	21 936	21 525	21 067	20 530

Tableau 2 – Agric. Machines 721-722 (Imports-Exports)

Imports – Val. (1 000 $)	1996	1997	1998	1999 (e)	2000 (e)
Bulgaria	22 514	23 436	23 500	24 148	24 338
Czech Republic	283 082	210 647	147 352	189 513	183 618
Hungary	168 913	194 309	218 348	236 812	259 238
Poland	283 171	319 793	320 000	422 711	486 349
Romania	87 817	48 424	37 408	25 812	10 580

(suite du tableau 2 – Agric. Machines 721-722)

Exports – Val. (1 000 $)	1996	1997	1998	1999 (e)	2000 (e)
Bulgaria	5 870	6 434	6 445	6 797	7 077
Czech Republic	203 434	213 997	231 576	253 462	271 672
Hungary	78 366	113 823	126 889	142 743	160 594
Poland	122 176	136 684	143 500	160 292	173 478
Romania	35 087	46 538	53 517	54 625	59 038

Tableau 3 – Tractors Agric. Total

In Use (Number)	1996	1997	1998	1999 (e)	2000 (e)
Bulgaria	24 967	25 000	25 000	24 427	24 179
Czech Republic	85 600	85 200	84 953	93 184	97 141
Hungary	92 210	92 250	92 250	92 287	92 312
Poland	1 302 908	1 310 500	1 310 500	1 308 017	1 307 090
Romania	165 281	163 016	165 000	165 738	166 458

Tableau 4 – Tractors Agric. Total (Imports)

Imports – Qty (Number)	1996	1997	1998	1999 (e)	2000 (e)
Bulgaria	1 050	930	950	865	778
Czech Republic	3 100	2 700	1 450	2 168	2 125
Hungary	9 800	17 683	19 921	21 566	24 444
Poland	6 836	5 900	5 650	7 563	8 479
Romania	1 400	501	250	409,8	273
Imports – Val. (1 000 $)	**1996**	**1997**	**1998**	**1999 (e)**	**2000 (e)**
Bulgaria	11 760	10 417	10 500	9 610	8 626
Czech Republic	52 014	45 434	24 150	36 614	36 073
Hungary	48 823	65 466	75 946	77 529	84 969
Poland	48 351	41 323	40 000	57 238	66 157
Romania	8 074	12 364	5 625	10 301	11 383

Tableau 5 – Tractors Agric. Total (exports)

Exports – Qty (Number)	1996	1997	1998	1999 (e)	2000 (e)
Bulgaria	48	47	47	41,2	37,8
Czech Republic	18 300	18 600	19 500	20 918	21 883
Hungary	537	979	1 447	1 387,3	1 560,6
Poland	7 588	8 400	9 000	10 478	11 618
Romania	9 500	6 705	7 272	7 347	6 949
Exports – Val. (1 000 $)	**1996**	**1997**	**1998**	**1999 (e)**	**2000 (e)**
Bulgaria	1 800	1 733	1 700	1 601	1 527
Czech Republic	108 098	110 776	124 452	130 642	137 745
Hungary	1 166	1 889	1 972	1 811	1 880,8
Poland	67 951	74 952	80 000	86 071	91 758
Romania	28 577	39 645	44 342	47 624	52 274

Source : FAO + estimations (e).

Exercice 3

La Cave de Chaussac est une exploitation viticole du Bordelais de taille moyenne, rachetée récemment, à la suite du départ à la retraite de ses exploitants précédents. Les vins qui y sont produits, bien qu'étant des AOC, ne bénéficient pas du prestige des grands crus du bordelais. Leur qualité est néanmoins reconnue.

Il s'agit exclusivement de vins rouges, produits proposés à des prix très compétitifs compte tenu de leur qualité.

Les nouveaux propriétaires sont très conscients des nouveaux comportements de consommation à l'égard de l'alcool en Europe, et considèrent que le marché du vin, malgré quelques soubresauts conjoncturels, est appelé à se développer encore dans les pays tiers.

▶ *Compte tenu des informations qui vous sont fournies en annexe, a priori vers quel(s) marché(s) conseilleriez-vous à cette entreprise de diriger ses efforts ?*

Importations de Vins de Bordeaux (1 000 hl)

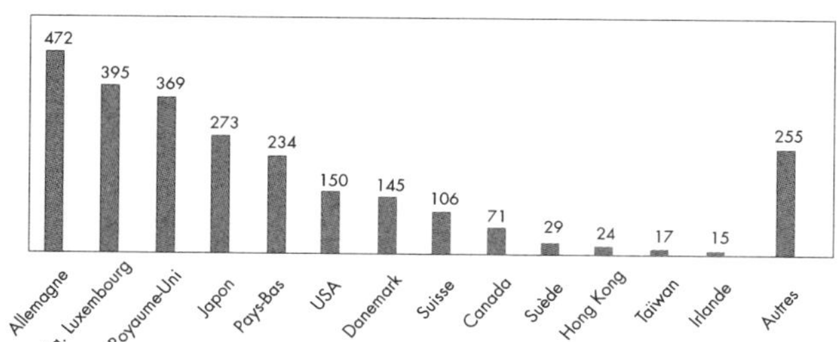

Importations de Vins de Bordeaux (vol.) : part des AOC rouges

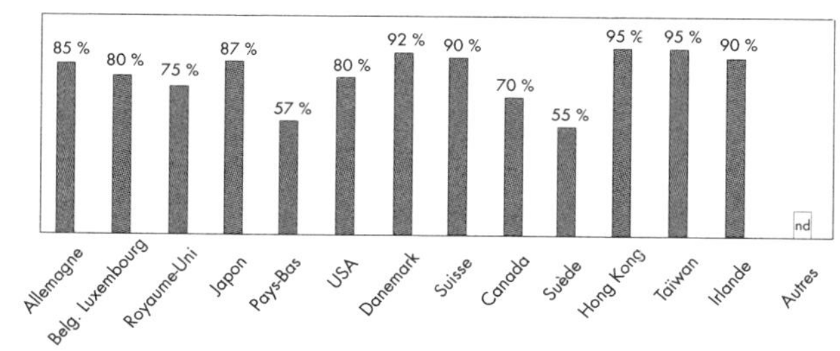

Importations de Vins de Bordeaux (millions d'EUR)

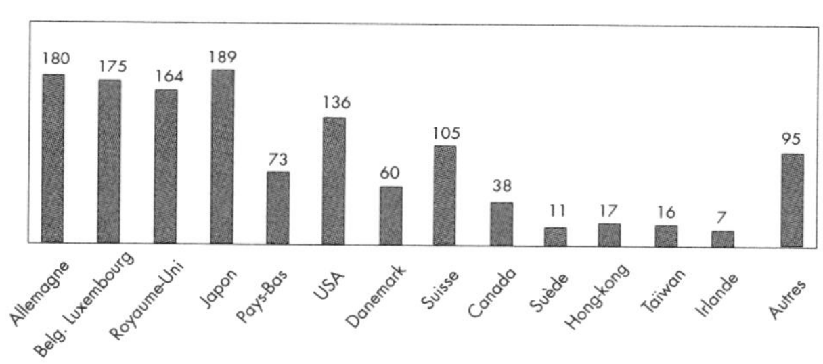

Importations de Vins de Bordeaux (val.) : part des AOC rouges

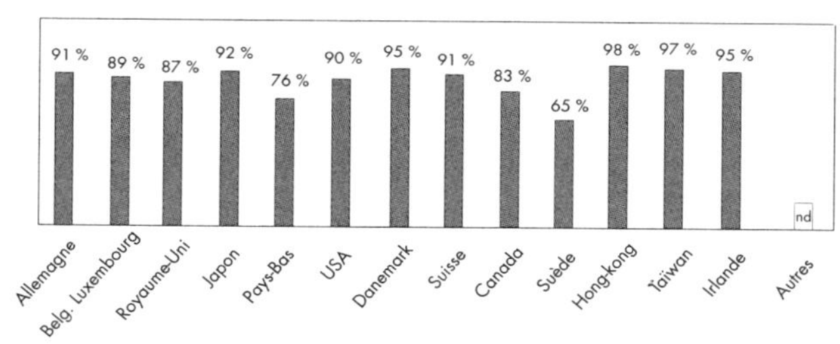

Diagnostic export et choix d'un marché cible

La situation

La société Pichaury SARL est une PME de la région niçoise spécialisée dans la fabrication d'instruments de précision utilisés dans l'industrie agroalimentaire (doseurs, analyseurs, etc.).
Fondée et dirigée par des ingénieurs, elle a acquis une très bonne réputation sur le marché français. Elle souhaite se lancer rapidement à l'export, consciente que son activité ne saurait se réduire au marché national.
Elle a consulté un cabinet de conseil, spécialisé dans l'accompagnement des PME à l'export. Celui-ci a, dans un premier temps, réalisé un diagnostic de l'entreprise, à partir, essentiellement, de questionnaires et d'interviews des dirigeants et du personnel.
Les résultats de cette analyse sont synthétisés dans le tableau annexe 1.

Travail à faire

1. À partir de la grille d'analyse fournie, repérez les forces et faiblesses de l'entreprise et indiquez les problèmes éventuels qu'elle devrait surmonter pour se lancer à l'export avec des chances sérieuses de réussite.

Les informations relatives à un certain nombre de marchés possibles ont été synthétisées par le cabinet de consultants dans une matrice de type Mc Kinsey. Cette matrice vous est fournie en annexe 2. Après discussion approfondie entre la direction de l'entreprise et le cabinet de consultants, Pichaury a choisi de prospecter en priorité le marché espagnol.
2. Expliquez pourquoi, à votre avis, l'entreprise a choisi l'Espagne comme pays cible.
Avez-vous des réserves à faire sur ce choix ?
En auriez-vous fait un autre, si oui, lequel, et pourquoi ?

Pour les appareils fabriqués par Pichaury SARL, les statistiques disponibles relatives au marché espagnol sont fournies en annexes 3 et 4.
3. Au vu des statistiques disponibles, que pensez-vous des potentialités du marché espagnol ?
Votre analyse confirme-t-elle le choix de ce marché ?

ANNEXE 1. Pichaury SARL

CRITÈRES	Faible	Moyen	Bon	Très bon
1. PRODUCTION				
1.1. Capacité			X	
1.2. Adaptabilité				X
2. PRODUITS				
2.1. Aptitudes physiques				X
2.2. Aptitudes commerciales				X
2.3. Aptitudes réglementaires		X		
3. CAPACITÉ FINANCIÈRE				
3.1. Croissance CA				X
3.2. VA/CA				X
3.3. Bénéfice/CA			X	
3.4. FDR/BFDR			X	
3.5. Stocks/CA			X	
3.6. Capacité d'emprunt			X	

CRITÈRES	Faible	Moyen	Bon	Très bon
4. PRÉPARATION EXPORT				
4.1. Expérience	X			
4.2. Connaissances aides	X			
4.3. Connaissances techn.	X			
4.4. Potentiel humain			X	
5. MANAGEMENT				
5.1. Dynamisme commercial				X
5.2. Prévision		X		
5.3. Adaptation			X	
5.4. Animation			X	
5.5. Contrôle		X		

Matrice de synthèse élaborée par le Cabinet de Consultants :

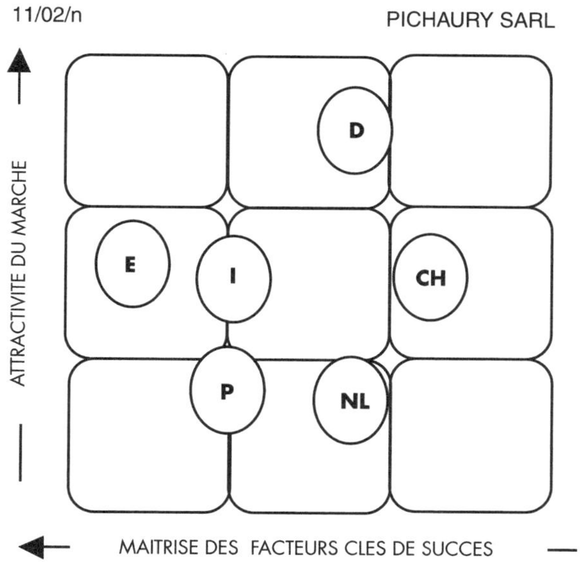

ANNEXE 3

Importations espagnoles d'analyseurs, doseurs... (1 000 EUR)

	Pays fournisseurs	1996	1997	1998	1999	2000	part 1996	part 2000
1	États-Unis	3 528	4 340	4 460	4 785	5 359	24,60 %	25,64 %
2	Pays-Bas	1 505	2 614	2 898	2 096	2 348	10,50 %	11,23 %
3	France	452	615	816	1 990	2 229	3,15 %	10,66 %
4	Suède	805	752	993	1 402	1 570	5,61 %	7,51 %
5	Autriche	838	953	1 194	1 402	1 570	5,84 %	7,51 %
6	Danemark	534	567	1 130	1 247	1 397	3,72 %	6,68 %
7	Royaume-Uni	800	1 252	868	1 240	1 389	5,58 %	6,64 %
8	Japon	1 187	761	1 023	1 020	1 142	8,28 %	5,47 %
9	Belgique	586	605	744	850	952	4,09 %	4,55 %
10	Suisse	495	465	595	770	862	3,45 %	4,13 %
	Autres	1 613	199	276	292	84	11,25 %	0,40 %
	TOTAL	14 339	15 120	16 995	19 093	20 902	100,00 %	100,00 %

Exportations espagnoles d'analyseurs, doseurs... (1 000 EUR)

	Pays clients	1996	1997	1998	1999	2000	part 1996	part 2000
1	Autriche	654	993	822	952	1 129	7,99 %	13,78 %
2	Suisse	927	1 057	965	1 267	909	11,33 %	11,09 %
3	Pays-Bas	635	1 058	1 280	1 309	860	7,76 %	10,50 %
4	Belgique	941	951	451	524	706	11,50 %	8,62 %
5	Suède	1 404	1 344	1 103	725	634	17,16 %	7,74 %
6	Italie	494	538	479	443	480	6,04 %	5,86 %
7	France	717	805	680	642	385	8,76 %	4,70 %
8	Portugal	11	367	241	199	312	0,13 %	3,81 %
9	Hongrie	8	14	80	85	189	0,10 %	2,31 %
10	Royaume-Uni	18	221	261	320	186	0,22 %	2,27 %
	Autres	379	494	380	507	403	4,63 %	4,92 %
	TOTAL	8 134	9 839	8 740	8 972	8 193	100,00 %	100,00 %

ANNEXE 4

Production espagnole d'analyseurs, doseurs... (1 000 EUR)

1996	1997	1998	1999	2000
38 540	39 582	39 874	40 152	41 258

Tableau de sélection de marchés

La situation

La société Medic SA est spécialisée depuis plus de 40 ans dans la conception et la fabrication de matériel médical destiné à équiper les hôpitaux et cliniques. Il s'agit de matériel ultra-sophistiqué, répondant à des normes très sévères et dont la fiabilité ne saurait, évidemment, souffrir la moindre critique.

Medic SA est particulièrement performante en matière de matériel destiné à prévenir les accidents lors d'accouchements et dans les heures ou les jours qui suivent la naissance (dispositifs de monitorage, couveuses artificielles, etc.), ainsi que dans les matériels destinés à l'assistance aux personnes âgées (lits médicalisés, fauteuils roulants, etc.)

La société a jusque-là réalisé quelques opérations ponctuelles au Moyen-Orient, mais sa mauvaise connaissance de ces marchés et des spécificités de leur approche ne lui a pas permis d'y développer un véritable courant d'affaires.

Medic SA souhaite engager un effort soutenu de prospection sur un ou deux marchés cibles, plutôt que de continuer à travailler de manière occasionnelle, et donc plus ou moins aléatoire, sur le Moyen-Orient.
Pour cela, un certain nombre de renseignements ont été recueillis, sur six pays, *a priori* intéressants.

Travail à faire

1. Hiérarchisez les informations qui vous sont communiquées en leur attribuant une pondération que vous devrez justifier.
2. Classez les six pays par ordre croissant d'intérêt pour Medic SA.

ANNEXE 1 · Données recueillies

	Population (1 000)	Croissance annuelle %	PNB/h	Mortalité infantile	Accès aux services de santé	Population > 60 ans (%)		Taux de fécondité	Total lits d'hôpitaux	Nbre d'hôpitaux centraux	Nbre de médecins pour 1 000 habitants	Risque export (cotation Coface)
		1990-1999			%	1990	1999					
Egypt	67 226	1,98	1 290	5,20 %	0,99	6,03	6,26	3,24	175 000	250	0,77	4
Iran, Islamic Republic of	66 796	1,92	2 200	3,60 %	0,73	5,66	6,25	2,70	100 000	690	0,32	5
Kuwait	1 896	ns (1)	17 000	1,10 %	1,00	2,10	3,44	2,79	5 700	36	1,72	3
Oman	2 460	3,63	6 800	1,80 %	0,89	3,84	4,13	5,72	5 000	160	0,91	4
Saudi Arabia	20 899	2,98	7 300	2,20 %	0,98	4,04	4,56	5,63	49 000	365	1,35	3
Syrian Arab Republic	15 725	2,69	1 700	3,20 %	0,98	4,45	4,68	3,87	20 000	108	0,87	7

NB : le taux de croissance de la population du Koweit a été négatif (-1,35 %) pendant la décennie, du fait que les autorités ont renvoyé chez eux les ressortissants irakiens, à la suite de la guerre du Golfe.
Sources : OMS, CFCE, ONU, PEE.

ANNEXE 2 · Précisions et explications

Classe de risque à l'export selon la Coface :
La classification est revue régulièrement, et va de 1 (risque très faible) à 7 (risque dangereux).

Autres renseignements :
ARABIE SAOUDITE : Les barrières tarifaires se font de plus en plus nombreuses : seules les sociétés saoudiennes peuvent soumissionner aux appels d'offres. La règle des 30 % exige que tout signataire d'un marché dont le capital n'est pas à 50 % saoudien sous-traite au minimum 30 % du marché à une firme locale. Les paiements des administrations publiques sont particulièrement lents (jusqu'à 30 mois), et les retards de paiement des acheteurs privés ne sont pas rares.

ÉGYPTE : Le tarif douanier est bas (0 % à 10 %) pour les produits indispensables et non fabriqués en Égypte, élevé à très élevé pour les autres (30 % à 150 %, voire 300 % pour les boissons alcoolisées). Pas de problèmes de normes autres que sanitaires : l'Égypte adopte une attitude plus ouverte aux systèmes normatifs autres qu'égyptiens.
La bureaucratie et la corruption douanières restent très présentes.

IRAN : Les droits de douane vont de 5 % à plus de 350 %. À ces droits s'ajoute une taxe commerciale de 30 % de la valeur CIF. Le marché est accessible pour les produits de première nécessité et les biens d'équipement et matières premières. Le paiement des achats importés se fait obligatoirement par le biais d'une banque iranienne, par crédit documentaire non confirmé (qu'il est recommandé de faire confirmer par une banque française).

KOWEIT : Le tarif douanier est très simple : droit de douane uniforme de 4 % sur la valeur CIF des marchandises importées. Mais les importations à des fins commerciales sont réservées aux koweïtiens ou aux sociétés détenues à plus de 51 % par des koweïtiens.

OMAN : Le marché est très ouvert et très concurrentiel, même s'il existe de nombreuses normes. La réponse aux marchés publics ne peut se faire que via une implantation ou représentation locale.

SYRIE : Aménagement des droits de douane en fonction des priorités économiques : baisse pour les principales matières premières, les biens intermédiaires, les produits agroalimentaires subventionnés, ainsi que les médicaments. Barrières tarifaires nombreuses et contraignantes. Le monopole d'État du Commerce extérieur a été démantelé, mais subsiste la nécessité d'obtenir une licence préalable à l'importation pour la quasi-totalité des produits.

Module 24

L'étude des marchés à l'exportation

EXERCICES

Exercice 1

Vous disposez des informations suivantes, concernant des produits similaires à ceux fabriqués par votre entreprise. Ces statistiques concernent un pays sur lequel vous souhaitez engager un effort de prospection :

(1 000 EUR)

Années	**n – 2**	**n – 1**	**n**
Production	9 675	10 695	11 760
Exportations	1 466	1 604	1 742
Importations	2 501	3 105	3 967

▶ **1.** *Quelle a été, aux variations de stock près, la demande en n–2, n–1, n ? Quelles remarques faites-vous sur les valeurs observées ?*

▶ **2.** *À partir des évolutions constatées, déterminez quelle pourrait être la demande en n+1.*

▶ **3.** *Vous vous fixez un objectif de part de marché, en n+1, de 5 % de l'augmentation en valeur de la demande.*
Calculez votre chiffre d'affaires prévisionnel en n+1.

Exercice 2

Le questionnaire est un des instruments les plus utilisés dans les études de marché.

Dès lors que les études se situent à un niveau international, il est nécessaire de prendre garde aux équivalences entre termes.

Voici une liste d'adjectifs utilisés dans un questionnaire d'étude de marché aux États-Unis.

L'ensemble de ces adjectifs représente une échelle d'évaluation, proposée aux personnes interviewées.

Fantastic	20
Delightful	17
Pleasant	14
Neutral	10
Moderately poor	7
Bad	4
Horrible	2

▶ **1.** *Proposez une échelle d'évaluation composée d'adjectifs français, ayant, à votre avis, le même « niveau de force » que leurs homologues américains.*

▶ **2.** *Comparez vos propositions avec celles d'autres personnes.*

▶ **3.** *Montrez en quoi les différences d'interprétation peuvent conduire, lors d'une enquête, à des résultats biaisés.*

Exercice 3

Le développement très rapide d'Internet, et de l'informatique en général, offre des possibilités nouvelles en matière de connaissance de la clientèle.

« Au départ, ce sont d'abord les mesures de fréquentation ou de trafic qui ont été développées. Situées sur les sites eux-mêmes (« site centric »), elles permettent de quantifier les volumes échangés, nombre de pages demandées à un site ou envoyées par ce dernier, nombre de visites sur un site. Elles ne permettent pas, en général, l'identification individuelle des visiteurs ni la connaissance de leur profil », estime le CESP. Parmi les principaux acteurs de ce domaine précis, se trouvent notamment Cybermétrie de Médiamétrie ou encore Webandstats de Tableau de Bord. Existe aussi ERS (Enterprise Reporting Server) de l'éditeur Webtrends.
Concernant la mesure du profil des internautes ou les comportements de navigation, des approches fondées sur l'interrogation ou le suivi des individus ont été développées par la suite. Ces approches baptisées « user centric » regroupent les enquêtes auprès des internautes et les panels électroniques qui consistent à équiper un échantillon d'internautes d'un logiciel qui enregistre toutes leurs navigations. Les enquêtes sont notamment réalisées par le Baromètre Internet de Médiamétrie, le Profiling de Médiangles. Les panels sont le fait de NetValue, de l'Américain Mediamétrix, créé avec Ipsos et GFK MMXI en Europe. Médiamétrie s'est allié avec le géant américain ACNielsen.
« Les diverses mesures produisent des résultats très différents, et difficiles à comparer : les mesures « site centric » comptabilisent le trafic de toute origine, en provenance du monde entier. Les enquêtes permettent en général de recenser l'ensemble des usages Internet, quel que soit le lieu de connexion. En revanche, les panels ne recueillent pour l'heure que l'usage domestique », estime le CESP.

Source : MOCI 1450-1451

▶ *À partir de votre propre expérience, et du texte ci-dessus, expliquez en quoi les informations fournies par un panel électronique diffèrent de celles obtenues grâce à un panel de consommateurs classique.*

Caractéristiques des marchés et politique commerciale

La situation

United Distillers, société appartenant au groupe Guinness, possède tout un portefeuille de grandes marques de Scotch Whisky (en tout plus de 150 marques).
Elle occupe un rang de leader sur la plupart des marchés sur lesquels elle est présente : sur certains secteurs, elle est même en position de quasi-monopole.

Son chiffre d'affaires dépasse 4,5 milliards de livres sterling.

Pratiquant un marketing de pointe, United Distillers a orienté ses recherches sur le rôle du prix vers deux éléments principaux : la taille du marché, et la part de la marque.

Un certain nombre de résultats de ces recherches vous ont été communiqués (annexes 1 et 2).
NB : pour des raisons de confidentialité, les noms des pays concernés ont été remplacés par des lettres.

Travail à faire

L'annexe 1 donne les élasticités-prix et revenu pour le Scotch Whisky, sur huit marchés principaux d'United Distillers.
1. Quels enseignements tirez-vous de ce tableau ?
Sur deux marchés importants pour United Distillers, le service marketing a pu établir les schémas figurant en annexe 2.
2. Quelles similitudes, et quelles différences, du point de vue du rapport entre prix et part de marché, constatez-vous entre les pays 1 et 2 ?
3. Quelles conclusions pouvez-vous en tirer, en ce qui concerne la politique à mettre en œuvre sur chacun de ces marchés ?

ANNEXE 1 · Élasticité moyenne à long terme par rapport au prix et au revenu réels

Marché	Élasticité-prix Ep	Élasticité-revenu Er
A	- 0,6	1
B	- 0,5	0,7
C	- 0,6	0,3
D	-0,2	1,4
E	- 0,2	1,3
F	0	0,9
G	- 0,4	0,9
H	- 0,5	1,8

ANNEXE 2 · « Itinéraires » entre les courbes de demande

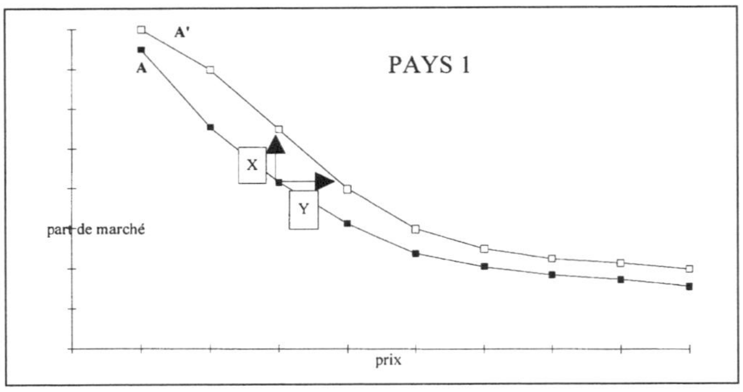

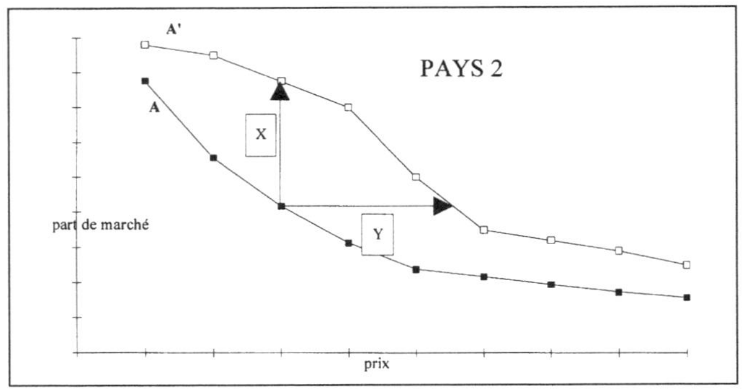

Pour chacun des pays 1 et 2, la figure ci-dessus représente deux courbes de part de marché, A et A'.
La courbe A illustre la part de marché de la marque dans un marché bien établi.
Quand le prix est la seule variable, c'est-à-dire quand il n'y a pas d'action de politique commerciale au niveau des valeurs associées à la marque, la part de marché de la marque en fonction du prix est représentée par la courbe A. Elle reflète l'élasticité de la part de marché par rapport au prix.
Une action destinée à améliorer l'image de marque déplace la courbe en A'.
X représente l'accroissement de la part de marché de la marque, le prix étant maintenu, et Y représente l'augmentation du prix possible en maintenant la part de marché.

CAS 2 Softmax

Test de marchés

La situation

L'entreprise Softmax fabrique depuis plus de quarante ans des boissons non alcoolisées. Elle produisait initialement de la limonade, mais elle a su s'adapter à l'évolution des goûts dans ce domaine et compléter sa gamme par des produits plus « modernes ». La limonade ne représente plus, de ce fait, qu'une faible part de son chiffre d'affaires.

Toujours soucieuse d'aller de l'avant, elle a mis au point dernièrement une nouvelle composition. Il s'agit d'une boisson désaltérante à base d'extraits de fruits exotiques, capable de « mordre » sur la clientèle des concurrents pour les boissons du même type, bien que son dosage soit très différent de ce qui se fait habituellement dans ce domaine.

Softmax veut faire procéder, avec l'aide d'un panel, au test de ce produit nouveau sur trois marchés témoins.
Les caractéristiques de la consommation sur ces trois marchés figurent en annexe 1.

Travail à faire

1. Afin d'évaluer le coût de cette opération, on vous demande de déterminer, pour chacun des marchés visés, la durée minimum du test de marché.
Le test a été effectué, et les résultats sont consignés en annexe 2.
2. Calculez, pour chaque marché, la part de marché prédictive (rappel : selon Parfitt et Collins, part de marché prédictive = taux d'essai x taux de réachat).
3. Comment peut-on interpréter les différences constatées entre les différents marchés ?
4. Déterminez le marché potentiel de Softmax dans chacune des trois zones visées. Comment pouvez-vous utiliser cette information ?

ANNEXE 1

La consommation de ces boissons connaît une pointe très marquée en été, essentiellement en juin, juillet, et août, pour les pays de l'hémisphère Nord. Sur le marché A, la consommation de ces trois mois représente 65 % de la consommation annuelle ; les chiffres sont de 60 % pour le marché B, et 70 % pour le marché C.
Avec la collaboration d'une société d'exploitation de panels, il a été décidé de procéder au test pendant les trois mois de pointe, dans les grandes surfaces, malgré le biais possible dû aux migrations estivales.

Conditionnement : pack de 6 bouteilles de 25 cl.
La vente à l'unité se fait également dans les points de vente de détail (boulangeries, épiceries, sandwicheries, etc.), mais l'analyse y est moins aisée, et moins significative que dans les grandes surfaces, où le produit est vendu en packs.

	Marché A	Marché B	Marché C
Volumes consommés pendant la période (J, Jt, A)	3 550 000 hl	3 700 500 hl	950 000 hl
Nombre de foyers acheteurs (estimation NIELSEN)	22 000 000	23 500 000	6 500 000

ANNEXE 2

Marchés	Effectif du panel (foyers)	Nombre de foyers ayant acheté le produit	Nombre de foyers ayant racheté le produit
A	1 450	327	33
B	945	170	26
C	700	72	20

Suivi de parts de marché

La situation

L'entreprise Vigo est une importante PME de la région marseillaise, fabriquant des produits détergents destinés aux industriels et au grand public. Les marchés étant totalement différents, les activités « Industrie » et « Grand Public » sont séparées, et fonctionnent de manière indépendante.

Dans le secteur industriel, l'entreprise traite directement avec les clients, alors que pour la gamme grand public, elle diffuse ses produits via la grande distribution.
Implantée dans la plupart des pays européens, ainsi qu'au Proche-Orient, elle réalise près de 75 % de son chiffre d'affaires à l'export.
Dans l'Union européenne, elle s'est lancée très tôt à l'export, en commençant par l'Espagne, puis l'Italie, l'Allemagne, le Royaume-Uni.
Dans une deuxième phase, elle s'est intéressée aux marchés portugais et belge, en même temps qu'elle se développait sur les marchés du Proche-Orient.
Depuis quatre ou cinq ans, elle essaie de se développer sur les marchés danois, suédois, et grec.

Pratiquant une veille commerciale attentive, Vigo suit de près, grâce aux abonnements qu'elle a souscrits auprès de panels, l'évolution de son chiffre d'affaires et de sa part de marché.
La direction s'interroge sur la stratégie de développement en matière de produits grand public. Elle se demande si les résultats enregistrés sur certains marchés ne remettent pas en cause la présence de Vigo sur ces derniers.
Les valeurs ci-après décrivent l'évolution du marché total et du chiffre d'affaires de l'entreprise sur les produits grand public, en Europe, pour les quatre dernières années.

(Valeurs 1 000 EUR)

1 000 EUR	n – 3		n – 2		n – 1		n	
Marchés	CA total du secteur	CA Vigo	CA total du secteur	CA Vigo	CA total du secteur	CA Vigo	CA total du secteur	CA Vigo
Royaume-Uni	406 138	21 241	443 705	23 605	449 433	24 090	496 154	34 086
Portugal	174 352	16 145	206 069	18 649	230 466	21 779	234 242	22 300
Allemagne	339 986	32 741	331 674	32 305	496 863	48 494	505 832	49 673
Espagne	287 168	35 178	341 986	41 175	372 287	45 866	383 921	47 145
Italie	420 496	55 674	422 609	51 770	526 867	67 702	540 457	71 070
Belgique	64 613	2 100	71 028	2 202	71 033	2 301	78 922	2 376
Danemark	116 91	246	121 011	251	120 918	257	137 585	262
Suède	179 480	2 226	190 723	2 215	191 583	2 316	214 305	2 385
Grèce	193 838	4 962	194 576	4 397	245 414	4 933	259 078	5 855
France	701 510	105 227	645 677	98 208	678 443	101 631	954 145	125 111

Travail à faire

1. Classez les marchés ci-dessus selon leur rythme de croissance.
2. Analysez la position de Vigo et son évolution sur ces différents marchés.
3. Quelles conclusions tirez-vous de votre analyse ?
4. Quelles informations vous manque-t-il pour étayer vos conclusions ?

Adéquation de l'offre de l'entreprise aux caractéristiques du marché

La situation

La société Pancrom a été créée en 1974. Spécialisée dans le domaine de la signalétique, et plus particulièrement dans la fabrication de plaques indicatrices ou signalétiques, elle développe une large gamme, essentiellement en aluminium. Elle produit également quelques modèles en matières plastiques. Son chiffre d'affaires total est de 15 720 000 EUR.
Sa clientèle est composée de :
• industriels : plaques signalétiques qu'on trouve sur les appareils électriques ou électroniques, comme les grues, les chariots élévateurs, les moteurs électriques, etc.
• collectivités (hôpitaux, cliniques, lycées, bâtiments publics, etc.) : plaques comportant les indications d'entrée, de sortie, les différents pictogrammes (WC, téléphone, etc.).
• professionnels de la gravure (il s'agit de plaques vierges, que les professionnels découpent et gravent selon les demandes de leur clientèle).
• particuliers : plaques d'entrée, de garage, etc. Cette dernière catégorie constitue désormais l'essentiel de la clientèle.
L'exportation ne concerne que l'Allemagne, où les résultats (4 % du chiffre d'affaires) sont assez peu encourageants : les produits Pancrom ont beaucoup de mal à être référencés dans les GSB[1] allemandes.
Pancrom a fait appel à un cabinet de consultants pour analyser les raisons de ces difficultés.
Certaines données recueillies par ce cabinet vous sont fournies en annexe.

Travail à faire

1. Déterminez la position des produits Pancrom par rapport à la moyenne des prix des principaux concurrents allemands.
2. Analysez les résultats de l'enquête faite auprès des GSB allemandes. Quels enseignements peut-on en tirer ?
3. Compte tenu des analyses précédentes, et des autres informations qui vous sont fournies, que pensez-vous de la situation de Pancrom sur le marché allemand ?

ANNEXE 1

Comparaison des prix catalogue des principaux fabricants allemands de matériel signalétique et de Pancrom (prix en EUR, l'incidence des coûts de transport peut être considérée comme marginale).

VINYLE ADHÉSIF

Panneaux d'obligation

Diamètre en mm	Hein	Schürnle	GFI Kennflex	Seton	Kroschke	Pancrom
100	0.75	0.72	0.71	0.70	0.70	0.74
200	2.35	2.30	2.30	2.28	2.28	2.31
400	5.91	5.50	5.43	5.29	5.28	5.61

Panneaux indicateurs

Dimensions	Hein	Schürnle	GFI Kennflex	Seton	Kroschke	Pancrom
200 x 300	1.20	1.23	1.21	1.23	1.26	1.25
300 x 150	1.15	1.20	1.17	1.20	1.22	1.19

Panneaux d'avertissement

Longueur	Hein	Schürnle	GFI Kennflex	Seton	Kroschke	Pancrom
100	0.32	0.30	0.30	0.30	0.30	0.31
200	0.51	0.50	0.50	0.49	0.49	0.50
315	1.47	1.44	1.43	1.42	1.42	1.43

ALUMINIUM

Panneaux d'obligation

Diamètre en mm	Hein	Schürnle	GFI Kennflex	Seton	Kroschke	Pancrom
100	1.01	0.96	0.96	0.95	0.95	0.94
200	3.17	3.08	3.08	3.08	3.08	3.05
400	7.98	7.43	7.35	7.15	7.13	6.92

Panneaux indicateurs

Dimensions	Hein	Schürnle	GFI Kennflex	Seton	Kroschke	Pancrom
200 x 300	9.30	9.54	9.36	9.80	9.75	8.77
300 x 150	8.94	9.27	8.99	9.42	9.32	8.38

Panneaux d'avertissement

Longueur	Hein	Schürnle	GFI Kennflex	Seton	Kroschke	Pancrom
100	2.45	2.35	2.34	2.32	2.31	2.24
200	3.96	3.89	3.85	3.83	3.82	3.61
315	11.37	11.16	11.06	11.04	11.00	10.52

1. Grandes surfaces de bricolage.

PLASTIQUE

Panneaux d'obligation

Diamètre en mm	Hein	Schürnle	GFI Kennflex	Seton	Kroschke	Pancrom
100	1.41	1.34	1.34	1.33	1.33	1.40
200	4.44	4.31	4.31	4.31	4.31	4.35
400	11.17	10.40	10.29	10.00	9.98	10.41

Panneaux indicateurs

Dimensions	Hein	Schürnle	GFI Kennflex	Seton	Kroschke	Pancrom
200 x 300	13.66	13.71	13.52	13.32	13.65	13.59
300 x 150	12.97	13.15	13.10	13.69	13.05	13.55

Panneaux d'avertissement

Longueur	Hein	Schürnle	GFI Kennflex	Seton	Kroschke	Pancrom
100	3.43	3.28	3.28	3.25	3.24	3.35
200	5.54	5.45	5.39	5.36	5.34	5.58
315	15.92	15.62	15.49	15.46	15.40	15.90

ANNEXE 2

Résultats d'une enquête réalisée en Allemagne auprès de 25 GSB avec le concours d'une école de commerce allemande.

1.Existe-t-il dans vos rayons des panneaux indicateurs ?

❑ Oui : 25
❑ Non : 0

2.En quelle matière sont ces panneaux ?

❑ Aluminium : 12
❑ Vinyle adhésif : 14
❑ Plastique : 25
❑ Autres : 2

3.Quel est le pourcentage de ces panneaux dans le linéaire ?

Moyenne des pourcentages :
– Vinyle adhésif : 11 %
– Alu : 32 %
– Plastique : 74 %

4.Combien de marques composent le rayon ? Lesquelles ?

Nombre moyen de marques présentes : 1,6

Marques (nombre de citations) :
Hein 18 — Seton 10
Schürnle 23 — Kroschke 14
GFI Kennflex 16 — Pancrom 2

5.L'enseigne a-t-elle sa marque propre pour ce type de produits ?

❑ Oui : 0
❑ Non : 25

6. Nombre de panneaux vendus par mois :

< de 5 ❑ 0
5 à 30 ❑ 0
30 à 50 ❑ 2
> à 50 ❑ 23

7. Globalement, êtes-vous satisfait de vos fournisseurs actuels de panneaux ?

très satisfait	assez satisfait	peu satisfait	pas satisfait
18	6	1	0

ANNEXE 3 · Extrait d'une note du PEE de Cologne

Le prix est un point primordial à ne négliger sous aucun prétexte. Or, il est le principal obstacle que rencontrent les fournisseurs français. Un produit peu connu ou inconnu, plus cher que les produits déjà existants et acceptés par la clientèle a peu de chance de pénétrer le marché. Dans le domaine des produits grand public, pour être référencé par une centrale d'achats, le prix doit être inférieur de 10 à 15 % à ceux déjà pratiqués sur le marché.

Les marges sont en général d'environ 30 % pour les GSB, inférieures pour les grands magasins.

Les prix proposés aux centrales doivent être libellés en euros.

Les marges pratiquées par les distributeurs industriels sont en général de 20 à 25 %.

Les Allemands attachent une très grande importance à la présentation du produit, que ce soit le consommateur ou le revendeur. Pour être compétitif et se faire référencer, certaines modifications du catalogue sont nécessaires (...) et il est préférable d'offrir au moins deux sortes de produits, et même trois.

Exemple : plastique dur, vinyle adhésif, aluminium.

ANNEXE 4 · Production, importations et exportations allemandes de plaques signalétiques (1 000 EUR)

Année	1996	1997	1998	1999	2000
Production	421 075	413 403	403 256	409 988	416 584
Importations	19 510	23 124	22 786	28 541	31 823
Exportations	36 385	46 337	40 684	40 856	41 125

Module 25

La politique produit

EXERCICES

Exercice 1

L'entreprise PVS SA fabrique et vend des peintures et vernis sous marque de distributeur en France et dans la plupart des autres pays de l'Union européenne. Elle est ainsi devenue en quelques années le leader européen dans ce domaine. Soucieuse de se libérer de certaines contraintes de la grande distribution, elle a développé une nouvelle gamme qu'elle commercialise sous sa propre marque Venet.
Devant le succès rencontré par cette gamme de produits en France, PVS envisage une commercialisation dans les autres pays où elle est déjà présente en marque de distributeur. Son programme de lancement est le suivant :
– Allemagne et Benelux en 2002 ;
– Grande-Bretagne en 2003 ;
– Italie et Espagne en 2004.

▶ **1.** *Quelles précautions faut-il prendre avant de commercialiser la gamme de produits Venet dans ces différents pays ?*

▶ **2.** *Comment envisagez-vous d'y protéger la marque Venet ?*

Exercice 2

Aujourd'hui la vente en ligne peut être considérée comme marginale. Mais cela va sûrement avoir une incidence importante sur le pack. Il n'aura pas la même fonction qu'aujourd'hui où il doit essentiellement informer et séduire. Demain, avec l'augmentation des ventes en ligne, la communication sur des concepts fins sera plus difficile. Le pack aura surtout une existence chez le consommateur. La fonction d'information va se substituer à celle de séduction. Cet abandon partiel de la fonction séduction va accentuer la tendance à la simplification. On va poursuivre le mouvement vers des présentations de plus en plus épurées. La vente traditionnelle ne va bien sûr pas cesser. Le graphisme va prendre moins d'importance que la forme et l'usage de l'emballage. Seul, il ne permet pas de se distinguer. La forme est un vecteur plus efficace sur un écran d'ordinateur : ce qui fera la différence entre trois bouteilles d'huile, ce sera la forme reconnaissable au premier coup d'œil.

Marketing Magazine n°53, octobre 2000

▶ *Quelles évolutions au niveau du conditionnement devrait-on observer avec le développement de la vente en ligne ?*

Exercice 3

La société MCT SA fabrique et commercialise du matériel médico-chirurgical. Elle a mis au point un nouveau modèle de brancard qui supprime certaines manipulations du blessé lors de son arrivée dans les services d'urgence des centres hospitaliers. Les concepteurs de ce produit destiné initialement aux marchés français, allemand, britannique et du Benelux ont pris en compte les normes rencontrées au niveau européen.
MCT vient d'être absorbée par un groupe important dans le domaine médical avec une présence dans plus de 70 pays. Ce groupe souhaite commercialiser, à échéance 2 ans, ce nouveau brancard dans des pays à pouvoir d'achat élevé et notamment les pays d'Europe du Nord, l'Italie, l'Espagne, les États-Unis, le Canada, le Japon, l'Australie et la Nouvelle-Zélande.

▶ *Identifiez les contraintes auxquelles sera confrontée l'entreprise MCT et recherchez les solutions les moins coûteuses pour respecter ces contraintes.*

Exercice 4

La société Midick fabrique des conserves pour animaux domestiques. Elle a récemment modernisé son appareil de production – acquisition d'une tour de stérilisation, refonte du processus d'entreposage... pour accroître les quantités mais aussi la qualité de ses produits. Cet important effort d'investissement limite ses disponibilités financières.
Elle réalise 20 % de son chiffre d'affaires sur des marchés de proximité (Allemagne, Belgique, Suisse) et elle souhaite accroître ce pourcentage. Le marché britannique lui semble intéressant. Les renseignements qu'elle a obtenus par l'intermédiaire de son syndicat professionnel montrent que ce marché est largement dominé par Pedigree Petfoods, filiale du groupe Mars, qui dispose de plusieurs marques à forte notoriété auxquelles il consacre un important budget publicitaire. Vient ensuite Spillers qui mène une politique agressive en matière d'innovation-produits soutenus par des dépenses de publicité conséquentes. Les marques de distributeurs occupent la troisième position et augmentent leur part de marché. Enfin, le dernier grand opérateur sur ce marché est le groupe Nestlé avec Friskies.
Des négociations doivent s'engager avec la centrale d'achat d'une importante chaîne de distribution britannique et l'entreprise s'interroge sur les conditions de commercialisation de ses produits en Grande-Bretagne.

▶ *Quelle politique de marque conseilleriez-vous à cette entreprise ?*

Exercice 5

Dans le domaine des produits de maquillage, le groupe L'Oréal dispose de deux marques : Gemey et Maybelline. Gemey est leader sur le marché français avec une part de marché en GMS d'au moins 45 %. Maybelline a été rachetée par L'Oréal en 1996. Elle est leader du marché aux États-Unis (21 % de part de marché), en Argentine, en Chine et à Singapour. Elle vient d'être relancée sur le marché japonais.
Ces deux marques ont des valeurs communes. En effet, elles se caractérisent par :
– une gamme 100 % maquillage à la différence de la concurrence qui propose aussi des soins ;
– des prix relativement bas ;
– une cible très large représentée par les consommatrices de 15 à 50 ans ;
– une forte notoriété.
Jusqu'à très récemment, les produits Gemey et leurs supports de communication étaient griffés : Gemey avec, pour emblème, un éventail. Depuis quelques mois, on voit apparaître une autre signature : Gemey Paris – Maybelline New York.

▶ *Quelles sont les raisons qui conduisent le groupe L'Oréal à faire évoluer la signature des produits Gemey ?*

Choix d'un produit à commercialiser

La situation

Appartenant au secteur coopératif, le groupe breton Jamin est spécialisé dans l'élevage, l'abattage et la commercialisation de volailles. Il est l'un des principaux producteurs de volailles français mais loin derrière les leaders tels que Doux ou encore LDC.

Ses exportations représentent plus de 45 % de son activité avec une présence en Allemagne, Benelux, Danemark, Suède, Italie, Espagne et Grande-Bretagne. Malgré sa proximité géographique, le marché suisse (7,1 millions de personnes) n'a jamais été prospecté par l'entreprise.

Des informations collectées auprès du CFCE ont permis de constater que :
– la consommation annuelle de volailles des Suisses n'atteint que 11 kg par habitant contre 21 en France et 45 aux États-Unis ;
– la production nationale couvre environ 60 % des besoins du marché domestique ;
– la France en est le principal fournisseur étranger notamment pour la volaille fraîche haut de gamme (volaille à label rouge).

Au vu de ces éléments, la direction export décide de collecter des informations complémentaires et de tester parallèlement le marché avec un seul produit.

Travail à faire

1. Quel produit faut-il promouvoir ? Justifiez votre choix.
2. Quelles autres informations devez-vous collecter pour valider votre choix ?

ANNEXE 1 · Gammes de produits du groupe Jamin

Produits frais	Produits surgelés vendus sous marques de distributeurs
Poulet entier fermier prêt à cuire à label rouge	Poulet entier
Poulet entier certifié de marque « Douce saveur »	Dinde entière
Découpes de dinde et de poulet label rouge	Découpes de dinde
Découpes de poulet certifié de marque « Douce saveur »	
Produit élaboré à base de volaille (filet de poulet au bacon…)	

Les volailles à label rouge sont élevées en plein air et en liberté pendant 87 jours au minimum. Leur alimentation se compose à 75 % de céréales.
La certification constitue un engagement du producteur sur le mode d'élevage dans des poulaillers de type Louisianne clairs et éclairés, sur l'âge d'abattage… La promotion de ces volailles certifiées exige des investissements publicitaires importants pour faire connaître la marque.

ANNEXE 2 · *Le marché suisse*

La production nationale

Elle se caractérise par une concentration sous l'égide des distributeurs, puisque Optigal (centre d'abattage de Migros) et Bell SA (filiale du groupe Coop) assurent l'essentiel de la production de poulet de chair de qualité moyenne.

La réglementation

Un système de régulation a été instauré après un accord entre les producteurs locaux et les importateurs. Il impose à ces derniers de commercialiser des produits locaux sur la base d'un pourcentage appliqué à leurs importations ce qui contribue à renchérir leur prix.

Les labels du type « poulet fermier » ne correspondent pas un cadre légal en Suisse à la différence de l'Union européenne et il est possible de faire référence à cette notion sans respecter des critères précis d'élevage. La mention du pays d'origine sur le produit importé n'est pas obligatoire.

La commercialisation

Une quarantaine d'importateurs traitent des volumes significatifs. Toutefois, seuls quelques-uns, qui sont également distributeurs, réalisent la majeure partie des achats. Ils pratiquent une marge moyenne de 15 % de leur prix de vente.

La distribution alimentaire apparaît fortement concentrée puisque les trois premiers opérateurs en contrôlent 75 % : Migros et Coop détiennent une position largement dominante devant Denner. Ils importent les produits étrangers en direct et imposent souvent :

– des prix bas aux conditions DDP magasin ;
– des délais de livraison très serrés (livraison en J + 1 pour la volaille fraîche) ;
– une vente sous marque de distributeur.

Le référencement chez ces distributeurs est relativement long et entraîne un coût qui, avec les ristournes de fin d'année, les frais de marchandisage, atteint, en moyenne, 15 % du chiffre d'affaires annuel escompté avec l'enseigne. Sur les volailles, le taux de marge de ces grands distributeurs est d'environ 20 %.

Le commerce traditionnel, en perte de vitesse, essaie de se différencier en jouant la carte de la qualité.

Le consommateur suisse

Il consomme essentiellement du poulet (95 % de ses achats de volaille). Il l'apprécie très tendre et il l'achète aussi bien congelé que frais (environ 50 % d'achats de poulets frais). Au niveau gustatif, ses achats vont vers des produits de qualité moyenne au regard des habitudes françaises en la matière. Il est sensible à la fraîcheur, à l'aspect sain et diététique, au bien-être des animaux n'appréciant que peu les modes d'élevage industriel.

Il achète également des découpes qui progressent au cours de ces dernières années sans représenter une part importante du marché mais ne semble pas éprouver d'intérêt pour les produits élaborés à base de volaille. Comme le consommateur français, il ne prête que peu d'attention à la certification des volailles.

Conditionnement d'un produit

La situation

Leader français dans le domaine des produits de la mer fumés et dans les marinades de poisson, la société SBS compte 500 salariés et réalise un chiffre d'affaires de 110 millions EUR dont 60 % en France.

Devant le succès continu remporté par les produits frais auprès des consommateurs, la société a développé une gamme de produits traiteur : steak haché frais de saumon, salades de la mer... qu'elle commercialise auprès de la grande distribution française et étrangère.

Au début de l'année 2001, elle a lancé un nouveau produit sur le marché français : le parmentier de saumon qui est un mariage de saumon et de purée de pommes de terre. Ce plat complet est dédié à une consommation familiale. Son originalité et son caractère pratique – il se présente en barquette et passe directement au micro-ondes – ont permis un développement rapide de ses ventes.
SBS décide donc de l'introduire sur les autres pays européens où elle est déjà présente.

Travail à faire

1. Quelle(s) modification(s) au niveau du conditionnement faut-il envisager ?
2. Quelle démarche l'entreprise doit-elle effectuer avant de commercialiser ce produit dans les autres pays européens ?

ANNEXE 1 · Perception du conditionnement en Europe

Schématiquement dans le nord de l'Europe, le rapport avec le produit alimentaire est assez technique : on recherche un emballage offrant toutes les garanties de sécurité, de préservation afin de lutter contre le mauvais. Dans le sud de l'Europe, le rapport est beaucoup plus vivant, plus mystérieux : les conditionnements ne protègent pas du mauvais mais renforcent le bon, c'est-à-dire le côté vivant de l'aliment. Il en résulte que l'image que l'on va donner du conditionnement, les indications qui y seront portées et les produits eux-mêmes ne seront pas identiques pour tous les pays. Il importe donc d'étudier ce couple subtil, mode de conservation produit-pays pour éviter de commettre des erreurs.

ANNEXE 2 · Réglementation communautaire relative aux emballages

Une directive communautaire (94/62) a été élaborée afin d'obliger les États membres à mettre en place un système de gestion des déchets d'emballage dont les grands principes sont les suivants :
- favoriser la prévention des déchets en première priorité ;
- encourager la réutilisation lorsque cela est possible ;
- atteindre, au plus tard cinq ans après la date limite de transposition de la directive, des objectifs chiffrés de valorisation et de recyclage.

La transposition de cette directive devait intervenir avant le 30 juin 1996. La plupart des pays ont pris des dispositions à ce sujet et beaucoup d'entre eux ont mis en place, à l'instar de l'Allemagne ou de la France, une structure de traitement des emballages qui s'engage à collecter, trier puis recycler les emballages qui portent le logo vert attestant l'adhésion à cette structure et le paiement d'une cotisation.

ANNEXE 3 · Le conditionnement actuel du produit

Le parmentier de saumon est conditionné en barquette aluminium pour trois ou quatre personnes. Il est ensuite enveloppé dans un film plastique avant d'être placé dans une boîte en carton. Sur celle-ci sont indiqués en langue fançaise, la marque, la nature du produit, les conseils d'utilisation, une recette pour l'utiliser dans d'autres conditions et les informations réglementaires.

Choix du conditionnement d'une gamme de produits

La situation

Pour réussir au niveau international, Danone a décidé de concentrer ses efforts dans les domaines où il détient les meilleures positions au niveau mondial : produits laitiers frais, biscuits, eaux minérales.
Parallèlement, certaines marques fortes ont été sélectionnées afin de pouvoir mieux les imposer sur les marchés étrangers et éviter les effets de dispersion toujours coûteux en termes d'investissement publicitaire.

LU est l'une des marques phares dans le domaine des biscuits.
La gamme internationale LU « Classic European Biscuits » regroupe des produits comme Le Petit Beurre, le Petit Écolier, Le Truffé, Le Pépitier, Le Pâtissier…
Les responsables de cette gamme au sein de Danone International Brands se posent le problème de l'adaptation de leur conditionnement, tel qu'il existe en France, pour les marchés internationaux.

Travail à faire

En vous aidant des annexes, vous définissez les éléments importants à retenir pour le conditionnement des différents produits de la gamme.

ANNEXE 1 · Le consommateur du Petit Écolier en France et aux États-Unis

Cible de clientèle
France : les enfants en grande majorité
États-Unis : les personnes d'au moins 25/30 ans plutôt de sexe féminin

Positionnement
France : Le Petit Écolier est un produit cœur de marché
États-Unis : Le Petit Écolier évolue dans la niche des produits haut de gamme

ANNEXE 2 · Principaux résultats des tests et des études réalisés dans une dizaine de pays

Les tests et les études réalisés font apparaître que :
– la qualité des produits de l'entreprise est jugée supérieure aux produits concurrents dans le monde ;
– les concurrents mondiaux proposent des biscuits qui sont moins sophistiqués ;
– dans tous les pays, il existe une tranche de population (entre 1 et 6 %) ouverte aux marques étrangères qui dispose d'un pouvoir d'achat élevé et qui recherche des produits de grande qualité ;
– les attentes des consommateurs pour ces produits sont homogènes quel que soit le pays ;
– la demande porte plus sur le haut de gamme que sur un produit déterminé et il y a donc substitution possible d'un produit à un autre.
Sur ce dernier point, on constate une différence fondamentale avec le marché français où chaque marque produit (Le Petit Beurre, Le Petit Écolier…) a un positionnement spécifique.

Politique de marque

La situation

Prothésis SA est une société spécialisée dans le domaine médical.
Son métier de base se situe dans la « reconstruction » du corps humain avec trois produits phares :
– une prothèse de hanche « scellée » de marque commerciale Cirve ;
– une prothèse de hanche « sans ciment » de marque commerciale Clia ;
– une prothèse de genou de marque commerciale Progen.
Parallèlement, elle commercialise le matériel permettant la pose de ces instrumentations.

En raison des nombreuses adaptations requises, sa gamme se compose de 250 produits.

Elle a connu un développement rapide d'abord sur le marché domestique grâce à des produits performants et à une bonne écoute des chirurgiens. L'ouverture internationale, d'abord en Europe (Allemagne, Grande-Bretagne, Espagne, Benelux) puis en Amérique du Nord, a soutenu une accélération de cette croissance.

Aujourd'hui, elle emploie 280 personnes dont 20 % au service Recherche-Développement qui dispose de ressources financières importantes pour mettre au point des nouveaux produits et mener une politique active en matière de dépôt de brevets tant au niveau national qu'international. Un service qualité omniprésent intervient à tous les stades de la production et opère les contrôles les plus stricts sur les plans métallurgique et mécanique pour respecter les contraintes réglementaires fortes dans ce domaine d'activité.

Travail à faire

1. Les produits bénéficient d'une bonne notoriété sur le marché américain mais Prothésis y est peu connue. Que pensez-vous de cette situation ?
2. Quelle politique de marque proposez-vous pour le lancement des nouveaux produits ?
3. Quelles précautions Prothésis doit-elle prendre ?

ANNEXE 1 · Choix stratégiques de Prothésis

Handicapée sur le créneau des prothèses de genou et de hanche faute de moyens financiers comparables à ceux des leaders du marché, Prothésis a décidé de privilégier le segment des prothèses de main, de coude et d'épaule. Cette stratégie de niche devrait permet de pratiquer des prix plus élevés que pour les prothèses de hanche mais exige :
– une politique marketing cohérente avec une bonne maîtrise de l'image ;
– la participation à de nombreux congrès et salons spécialisés ;
– une assistance et une écoute des chirurgiens.

Les pays cibles choisis pour attaquer ce nouveau segment sont la France pour des raisons de proximité et les États-Unis, marché leader qui sert de référence pour l'attaque d'autres marchés. Compte tenu des matériaux utilisés, ces 3 prothèses ne nécessitent pas l'agrément de la FDA (Food and Drug Administration) pour être vendues aux États-Unis.

ANNEXE 2 · Image de Prothésis sur le marché américain

La distribution de ses produits aux USA est assurée par un importateur distributeur exclusif qui est lié par un contrat renouvelable tous les trois ans (le renouvellement interviendra dans 18 mois).
Prothésis n'est pas réellement connue sur ce marché même par les utilisateurs de ses produits. En fait, les chirurgiens connaissent Cirve, Clia, Progen et le distributeur MAVIC et certains pensent même que celles-ci sont fabriquées par ce dernier.
Ces prothèses ont acquis une solide réputation auprès des chirurgiens par leur qualité, leur fiabilité et la pertinence des réponses qu'elles apportent aux différents problèmes cliniques rencontrés. En raison de son antériorité sur le marché et du nombre d'implantations faites sur des patients, la prothèse Cirve bénéficie, toutefois, de la plus forte notoriété.
La communication sur le marché n'est pas prise en charge par Prothésis mais par son distributeur qui utilise les prothèses Cirve pour tenter d'asseoir une image « high tech ». Cette communication reste toutefois assez basique.

ANNEXE 3 · La protection de la marque aux États-Unis

Aux États-Unis, l'usage de la marque dans le commerce revêt une importance capitale car il détermine à terme les droits sur le signe distinctif choisi. Le dépôt doit donc s'accompagner d'une commercialisation effective et il n'est pas possible d'enregistrer une marque qui serait déjà utilisée par une autre personne. (...)
Dans le cadre de la procédure de dépôt d'une marque, le déposant est tenu de fournir une déclaration attestant qu'à sa connaissance, il n'existe pas de tiers fondé à utiliser la marque, objet de l'enregistrement. Cette déclaration doit être effectuée de bonne foi et la charge de la preuve pèse sur le demandeur à l'action. (...)
Les entreprises françaises doivent prendre des précautions avant d'aborder le marché américain et notamment garder le contrôle de leur marque en procédant, dès qu'une commercialisation sur le territoire américain est effective ou envisagée, à un enregistrement auprès du Bureau des brevets et des marques (Patent and Trademark Office, PTO).
Idéalement, elles doivent garder la maîtrise totale de l'enregistrement de leur marque en procédant, avec l'aide d'un avocat, aux formalités de dépôt devant le PTO.
Dans l'hypothèse où cette démarche ne pourrait pas être accomplie en personne et qu'il soit fait appel aux services d'un importateur pour l'enregistrement de la marque, il convient de s'assurer que celui-ci effectuera bien un enregistrement au nom et pour le bénéfice de l'exportateur français et non pas pour son propre compte.

Source : site DREE. org/usa

Module 26

La politique de prix

EXERCICES

Exercice 1

Installée à Péronne (Somme), l'entreprise Fraivert SA fabrique et commercialise des produits de la 4e gamme et notamment de la salade composée sous vide. Après une percée remarquable sur le marché français, elle souhaite attaquer le marché allemand. Pour déterminer le prix de vente de la salade composée sous vide sur ce marché, le responsable commercial a collecté les informations suivantes :

• prix de vente aux distributeurs français : 0,70 EUR HT ;
• frais de logistique Péronne-ville allemande : 0,12 EUR par produit ;
• taux de marge moyen de la distribution allemande : 20 à 25 % ;
• taux de TVA pour ce type de produit : 7 % ;
• honoraires du consultant sollicité pour préparer la pénétration du marché allemand : 1 600 EUR HT par mois pendant 6 mois ;
• participation au salon de l'ANUGA de Cologne dans le cadre d'un stand collectif Picardie : 13 000 EUR ;
• prix de vente pratiqué par les GMS allemandes pour la salade composée sous vide : 1,4 à 1,60 EUR ;
• Fraivert pense pouvoir se situer en haut de gamme sur ce marché car sa salade est plus fine et sa DLC (date limite de consommation), plus longue.

▶ **1.** *Le responsable commercial de la société Fraivert envisage de fixer son prix de vente en Allemagne à partir de celui pratiqué en France. Quels problèmes une telle démarche pose-t-elle ?*

▶ **2.** *Quels autres renseignements doit-il collecter sur le marché allemand pour déterminer ce prix de vente ?*

Exercice 2

Un industriel français du Sud-Ouest fabrique des produits de confiserie qu'il commercialise dans les boulangeries pâtisseries et les épiceries fines. Devant le succès rencontré par ses produits sur le marché français, il envisage de les vendre sur le marché espagnol. Avant de prendre une décision, il souhaite se situer par rapport aux prix pratiqués sur ce marché. Il a collecté les informations suivantes :

• la plupart des produits similaires sont vendus au consommateur espagnol dans une fourchette de 7 à 9 EUR ;
• le taux de TVA en Espagne sur ce type de produit est de 7 % ;
• la commercialisation s'effectue, en général, par un circuit long classique où interviennent :
  – des importateurs-distributeurs qui travaillent avec des taux de marge de 10 % environ,
  – des détaillants qui pratiquent des taux de marge de 30 % pour ces produits.

▶ *À quel prix doit-il vendre ses produits pour être compétitif sur le marché espagnol ?*

Exercice 3

L'entreprise Niba, spécialiste de l'équipement des salles de bains, a participé au Salon de l'Habitat de Montréal. Lors de cette manifestation, son responsable export, Guy Penel, a été sollicité pour la fourniture d'armoires de toilette par CBE, centrale d'achat d'une chaîne de grandes surfaces spécialisées dans le bricolage et l'équipement de la maison. Cette centrale d'achat a clairement précisé qu'elle était intéressée par les produits Niba mais qu'elle mettait ses fournisseurs en concurrence. « Nous vendons ce type d'article environ 155 CAD HT, à vous de jouer ». Telle a été la conclusion de l'entretien de Guy Penel avec l'acheteur de CBE.
À son retour en France, Guy Penel assure le suivi du salon et étudie notamment l'offre qu'il pourrait faire parvenir à CBE. Il a réuni et retraité les informations récapitulées ci-dessous.

- prix Ex Works d'une armoire de toilette : 57 EUR ;
- mise à FOB : 4,5 EUR ;
- fret maritime et assurance : 5 % du CIP Montréal ;
- droits de douane : 6 % du CIP Montréal ;
- dédouanement : 2 % du CIP Montréal ;
- post-acheminement : 1 % du CIP Montréal ;
- taux moyen de marque pratiqué par cette centrale : 40 % du prix de vente HT au consommateur.

Le prix Ex Works inclut un bénéfice de 12 % sur le coût de revient départ France.

▶ **1.** *L'entreprise Niba peut-elle formuler une offre compétitive à la centrale d'achat (en utilisant comme taux de change 1 EUR = 1,3676 CAD) ?*

▶ **2.** *Quelle valeur Ex Works d'une armoire permettrait de s'aligner sur les prix du marché canadien ? Qu'en pensez-vous ?*

▶ **3.** *Si les informations collectées par G. Penel restent inchangées, à partir de quel taux de change EUR/CAD, l'offre de l'entreprise Niba pourrait-elle s'avérer intéressante pour CBE ?*

Exercice 4

Une société pharmaceutique française a découvert une molécule qui lui a permis de mettre au point un nouveau médicament. L'amortissement des frais de recherche exige une commercialisation sur une grande échelle. Un lancement sur l'Europe entière (pays de l'Union européenne plus Suisse et Norvège) est prévu avant une extension sur les États-Unis, le Canada et le Japon.
Le chef de produit, responsable de ce lancement, réfléchit aux caractéristiques mercatiques du produit : il envisage notamment une marque et un conditionnement uniques (avec une notice d'emploi multilingue) mais des prix différents dans la mesure où ce marché reste très soumis à des interventions étatiques (autorisation de mise sur le marché, intervention au niveau des prix dans certains cas) et exige des efforts commerciaux plus ou moins importants pour faire connaître le produit. Les différentes filiales commerciales de la société assureront la distribution auprès des grossistes répartiteurs qui livrent les pharmacies et les hôpitaux.

▶ *À quelle(s) difficulté(s) le chef de produit risque-t-il d'être confronté lorsque ce produit sera commercialisé en Europe ?*

Détermination d'un prix plancher

La situation

Dans un marché du sanitaire dominé par quelques grandes entreprises (Jacob Delafon, Kohler, Idéal Standard, Villeroy et Boch...), la société Lesage occupe une place particulière. En effet, elle fabrique des éléments pour salle de bains (sanitaires, appliques murales, tablettes...) qui sont entièrement décorés à la main et vendus à des prix très élevés. Un tel marché de niche l'a très vite conduite à rechercher des débouchés à l'international. Actuellement, elle réalise 80 % de son chiffre d'affaires à l'export sur une trentaine de pays.

Elle est sollicitée par son distributeur américain qui souhaite lancer un nouvel ensemble décoratif pour salle de bains. Toujours très optimiste et souhaitant obtenir cet ensemble pour compléter sa gamme, ce distributeur indique, lors de la discussion avec le responsable export de la société Lesage, que les perspectives de vente s'avèrent intéressantes eu égard à la nature du produit.

Il précise que :
- ce modèle pourrait être présent sur son catalogue pendant 5 ans ;
- la commercialisation s'effectuerait sur les pays de l'ALENA ;
- les ventes antérieures de produits similaires laissent espérer une vente de 1 100 unités se répartissant comme suit :

Année	2002	2003	2004	2005	2006
Prévisions de vente (en volume)	200	300	300	200	100

Travail à faire

Vous déterminez le prix plancher qui servira de référence lors de la négociation avec ce distributeur sur la base de 1 EUR = 0,95 USD.

ANNEXE 1 · Informations obtenues au sein de l'entreprise

Le service comptable et financier indique que :
- le coût de production actuel d'un tel article est de 700 EUR ;
- les charges de fonctionnement du service export, les frais de prospection des marchés et les frais d'administration générale sont imputés à hauteur de 90 EUR par unité vendue ;
- le taux du crédit global d'exploitation obtenu par l'entreprise auprès de ses banques est de 8 % ;
- la commission de change est de 0,1 % ;
- l'entreprise dispose d'une police d'assurance crédit avec un taux de prime moyen de 1,7 %.

Le bureau d'études constate que le produit exigera un changement d'outillage (nouveau moule) dont le coût peut être évalué à 15 720 EUR.
Le directeur marketing précise que les opérations de communication sur ce marché sont estimées à 10 % du chiffre d'affaires pour faire connaître le produit.
L'examen du fichier distributeurs fait apparaître les conditions de paiement habituellement proposées au partenaire américain, à savoir :
- vente DDP Albany ;
- paiement à 60 jours date de livraison en USD par virement SWIFT.

ANNEXE 2 · Extrait de la consultation d'un cabinet d'avocats américains

Un dépôt du modèle devra être effectué pour éviter les copies. Le montant moyen des droits à payer par pays s'élève à 5 000 USD en moyenne.
Coût de la consultation : 915 USD.

ANNEXE 3 · Cotation sur Albany (New York)

Le logisticien consulté fournit la cotation reçue du transitaire pour un conteneur 20' contenant 100 ensembles décoratifs et acheminé de Lille à Albany (New York) :

Transport et assurance

• traction Lille-Anvers (port d'embarquement) :	360 EUR
• mise à FOB et frais annexes à Anvers :	190 EUR
• fret maritime Anvers-New York :	1 400 USD
• assurance transport domicile-domicile :	400 USD
• acheminement New York-Albany :	850 USD

Dédouanement

• droits de douane pour un ensemble :	5 % CIF New York
• forfait par déclaration :	120 USD

Il précise également les **délais** suivants :

• pré-acheminement et attente à Anvers :	2 jours
• transit time :	12 jours
• acheminement local :	3 jours

Tarification au coût marginal

La situation

Bâtimétaux SA fabrique des échelles, des escabeaux et des échafaudages modulables. Ces produits sont vendus essentiellement en France aux centrales d'achat des grandes surfaces spécialisées, des hypermarchés et à des entreprises de vente par correspondance. La localisation de l'entreprise dans le nord de la France lui a toutefois permis de réaliser quelques opérations ponctuelles sur la Belgique. Sa production moyenne d'échafaudages est de 1 500 unités par mois aux conditions exposées dans l'annexe 1.

Les négociations engagées avec Gus, société de VPC britannique, concernent une commande éventuelle de 3 000 échafaudages DDU Ashford payable en EUR à 30 jours date de livraison par virement SWIFT. Bâtimétaux juge cette opération a priori intéressante en tant qu'ouverture sur le marché britannique mais aussi comme moyen d'optimiser son plan de charge. En effet, les capacités de production ne sont pas pleinement utilisées et cette fabrication supplémentaire n'engendrerait pas d'augmentation des charges fixes.

Afin de formuler une offre définitive en matière de prix, le responsable commercial a demandé au service comptable d'analyser l'incidence de ce surcroît d'activité sur les autres coûts (voir annexe 2).

Par ailleurs, il a collecté des renseignements auprès du PEE de Londres et d'un transporteur afin d'évaluer les diverses charges supplémentaires induites par cette opération :
- frais d'adaptation relatifs à la traduction du mode d'emploi et à l'étiquetage d'un montant de 1,5 EUR par produit vendu ;
- coûts de logistique à hauteur de 6 EUR par échafaudage.

Travail à faire

1. Pour préparer la prochaine rencontre avec les acheteurs de Gus, vous déterminez le coût moyen unitaire et le prix d'offre correspondant compte tenu d'une marge de 20 % calculée sur ce coût.
2. La conclusion du contrat tarde en raison de divergences sur le prix. Vous préparez une nouvelle offre en vous basant non plus sur le coût moyen mais sur le coût marginal.
3. Analysez l'intérêt et les risques d'une tarification au coût marginal.
4. Au regard de la situation, quelles critiques pouvez-vous formuler à cette détermination du prix à partir des coûts ?

ANNEXE 1 · Conditions de production et de commercialisation de Bâtimétaux

Chaque mois, la production de 1 500 échafaudages induit les charges suivantes :

– matières consommées	58 500 EUR
– charges variables de main-d'œuvre	93 000 EUR
– charges variables liées à la maintenance de l'outil de production	38 700 EUR
– charges variables de commercialisation (coût de la force de vente, dépenses promotionnelles et publicitaires)	5 030 EUR
– charges fixes (amortissement des équipements, quote-part des charges d'administration générale...)	45 735 EUR

ANNEXE 2 · Incidence de la commande de Gus sur les coûts de l'entreprise

L'étude, menée par le service comptable, aboutit aux conclusions suivantes :
- les conditions de la production mensuelle de 1 500 échafaudages ne subiraient pas de modification ;
- l'augmentation des quantités de matières premières commandées permettrait d'obtenir une remise de 5 % sur leur coût d'achat ;
- les charges horaires de main-d'œuvre s'accroîtraient en revanche de 8 % ;
- l'importance relative des autres charges variables ne serait pas modifiée.

Stratégie de prix

La situation

Installé à Évreux (Eure), Daclère est le premier fabricant français de tentes de camping. Sa gamme de produits, très large, s'étend d'articles techniques pour sportifs (tentes de haute montagne) jusqu'à ceux pour collectivités (tentes-dortoirs de 30 places, bâches, etc.). L'essentiel des ventes est cependant réalisé avec les articles de loisirs : « canadiennes » et « igloos » de 2 à 5 places, tentes « carrées » à armature rigide pour 3 à 6 couchages. Les produits sont de très bonne qualité et l'entreprise jouit d'une excellente image de marque.

Daclère est leader sur le marché français des tentes de camping, avec une part de marché de 40 %, et l'entreprise exporte 35 % de sa production dans l'Union européenne. Elle figure parmi les trois premiers fournisseurs sur les marchés belge, allemand et hollandais.
Le marché nord-américain n'a jamais été abordé par Daclère. De manière générale, d'ailleurs, les fabricants européens n'y sont pas connus, sauf sur le créneau des tentes de haute montagne. Les États-Unis constituent pourtant un marché très intéressant car les Américains sont nombreux à pratiquer le camping.
Souhaitant réaliser un test, Daclère a choisi un article avec lequel elle a prospecté quelques distributeurs potentiels. Il s'agit d'une tente « igloo » de 3 places, constituée d'un dôme et de deux absides, pesant 4,3 kg, munie d'une armature extérieure de 4 arceaux automatiques en fibre de verre et d'un double toit en polyester « ripstop ». Cet article est tout à fait représentatif de la gamme par son caractère moderne, fonctionnel, et par la qualité de sa fabrication.

De ce test, Daclère a retenu les enseignements suivants :
- Le marché des États-Unis est très concurrentiel.
- Les Américains sont très exigeants sur la qualité de leur matériel et, entre autres choses, sur son aspect pratique et résistant. On trouve sur le marché très peu de produits de bas de gamme en dehors des tentes-jouets pour enfants.
- Le produit type proposé a séduit les distributeurs, mais s'est heurté à la méfiance vis-à-vis d'une marque inconnue.
- Le prix du marché pour ce type d'article s'établit entre 200 et 250 USD.
- Deux canaux de distribution sont envisageables, qui ne sont pas nécessairement exclusifs l'un de l'autre :
  - les détaillants spécialisés en articles de sport et loisirs, ce qui nécessiterait la présence d'au moins trois distributeurs régionaux (importateurs ou filiales de vente), et un gros effort publi-promotionnel ;
  - les deux sociétés de VPC spécialisées dans les loisirs, qui représentent pour les tentes de camping environ 20 % du marché des États-Unis. Elles pratiquent une politique de marques, et sont 10 % à 20 % moins chères que les détaillants spécialisés. Leurs acheteurs semblent disposés à tenter l'essai d'un nouveau fournisseur si les conditions proposées sont intéressantes, car les articles présentés leur ont paru attractifs.

Travail à faire

La plus importante des deux sociétés de VPC vous a demandé de lui communiquer rapidement une offre en USD pour une commande ferme de 300 tentes, le référencement sur son prochain catalogue pouvant conduire à des ventes plus importantes.
1. Calculez, à partir des éléments en annexe, le prix de vente FOB Le Havre en USD qu'il serait souhaitable de proposer pour rester dans la fourchette de prix du marché. Comparez-le aux prix de vente habituels de l'entreprise.
2. Faites des propositions sur la politique de prix à mener sur les États-Unis.

ANNEXE

Prix de vente moyen à l'export du modèle testé (FOB Le Havre) :	140 EUR
Marge nette unitaire moyenne :	20 EUR
Transport et assurance France-USA :	5 USD par tente
Droits de douane :	6 % de la valeur FOB port européen
Frais de transit et stockage aux USA :	2 % de la valeur CIF port américain
Marge des distributeurs pour ce type d'articles :	
– VPC :	30 % minimum du prix catalogue
– Grossistes plus détaillants spécialisés :	50 % au moins du prix de vente
Taxes à la consommation :	10 % en moyenne

Module 27

La communication internationale

Communication à l'achat : recherche d'un fournisseur

CAS 1

Société des semences d'Aquitaine

La situation

La société des semences d'Aquitaine produit diverses variétés de semences mais principalement des céréales à cultiver en France et en Afrique.
Elle reçoit le 15 janvier une demande d'achat de la Sous-direction des cultures en zone semi-désertique du ministère marocain de l'Agriculture pour 500 tonnes de semences d'épeautre (céréale à pain) à livrer au plus tard à Casablanca le 1er avril.
La Société des semences d'Aquitaine n'a pas ces semences en stock et elle est obligée de les rechercher aux États-Unis.

Travail à faire

1. Indiquez comment l'entreprise peut trouver les adresses des fournisseurs potentiels aux États-Unis. Si elle veut utiliser Internet, comment doit-elle formuler sa demande sur un moteur de recherche ?
2. Rédigez en français la demande de cotation qui doit être envoyée aux fournisseurs potentiels en séparant la lettre d'accompagnement (fax ou e-mail) et les conditions d'achat, la Société des semences d'Aquitaine désirant acheter CIF Le Havre et payer par acceptation à 90 jours.
Le fax et les conditions d'achat doivent être complètement rédigés.

Exemple de fournisseur potentiel dont l'adresse est obtenue :
San Saldevaros Seeds Inc.
840 El Paso Street
Bakersfield CA 23760
Facsimile : N° 1 258 67 39 41 683
www. sansaldevarosseed.com

Les conditions d'achat doivent comporter les précisions suivantes :
- graines,
- type,
- n° nomenclature système harmonisé,
- quantités,
- spécificités,
- disponibilité,
- conditions d'achat,
- Payement,
- Documents à fournir.

ANNEXE 1 · Caractéristiques de la vente

L'acheteur marocain est un Office, société publique à caractère commercial, dépendant du ministère de l'Agriculture. Il achète CFR Casablanca.
N° de nomenclature du système harmonisé : 12 03 46 01.
(correspondance TARIC = 12 03 46 01 000).

La marchandise doit être conditionnée en sacs de 50 kg, chargés en conteneurs.
Le paiement est garanti par l'État marocain.

ANNEXE 2 · Autres renseignements

La durée de transport entre Le Havre et Casablanca étant de quelques jours, la Société désire avoir la marchandise au plus tard le 10 mars. Le transport depuis un port de la côte Est des États-Unis jusqu'au Havre est au plus égal à 10 jours. On considérera que la date d'embarquement du port américain devra être le 1er mars au plus tard.
Le type d'épeautre demandé doit être panifiable.
Les graines doivent supporter des températures extrêmes allant de 0° à 60° Celsius en zones sèches et désertiques.

Les documents suivants sont nécessaires :
- certificats de qualité et de conformité édités par le groupement professionnel auquel appartient le fournisseur ;
- certificat d'origine ;
- certificat phytosanitaire établi par l'Agence gouvernementale de Californie ou l'Agence fédérale.

Délai de paiement réclamé au fournisseur américain : 90 jours date d'expédition d'un port de la côte Est des États-Unis.

Publicité : sélection d'une agence

La situation

L'entreprise Bagatelle est une PME familiale dirigée par M. Armanty et qui fabrique et commercialise des sacs de voyage et de sport, en cuir et dans d'autres matières considérées comme nobles.
Elle a longtemps écoulé ses produits sur le marché national et voudrait désormais mieux faire connaître sa marque et ses produits en Belgique.

Il y a deux ans, Bagatelle a participé à une exposition conjointe des producteurs français à la foire d'Anvers. À la suite de cette manifestation, un agent commissionné fut recruté. Celui-ci, bien introduit, vendit une vingtaine de milliers de sacs à quelques grossistes dont la clientèle est principalement des boutiques spécialisées. L'année dernière, l'agent a calculé que les articles Bagatelle représentaient entre 2 et 3 % des sacs de voyage et de sport haut et moyen de gamme commercialisés en Belgique.

L'agent suggère de faire de la publicité l'année prochaine, car elle devient nécessaire pour consolider les résultats obtenus. Ne connaissant pas grand-chose à la publicité, il conseille M. Armanty de s'adresser à une agence belge. M. Armanty est prêt à consacrer un maximum de 25 000 EUR à cette opération, à condition que cette dépense se traduise par une augmentation sensible des ventes.

Le PEE de Bruxelles communique la liste des agences de publicité. Après s'être assuré qu'elles ne comptaient pas d'autres fabricants de sacs parmi leurs clients, quatre agences sont contactées, deux sont retenues pour examen approfondi. Elles proposent les projets dont les principales caractéristiques sont indiquées en annexe 2.

Travail à faire

Monsieur Armanty est perplexe devant les propositions de ces deux agences. Il se rend compte que les contacts n'avaient pas toutes les données en main. Il demande à son adjoint de répondre aux trois questions suivantes.
1. Rappelez la démarche à suivre pour contacter une agence de publicité afin de lui demander de proposer une campagne.
2. Calculez le coût de la publicité envisagée dans chacune des propositions.
3. Après avoir rappelé les critères de choix d'une agence de publicité, indiquez quelle est celle qui correspond le mieux aux demandes et aux possibilités de l'entreprise Bagatelle.

ANNEXE 1 · Contact avec les agences de publicité belges

Des représentants des deux agences vinrent présenter leurs projets à M. Armanty chez son agent.
M. Armanty fut chaque fois impressionné par la compétence et l'assurance des délégués des agences de publicité. Chaque agence avait une heure pour faire son exposé ; elles avaient envoyé au moins deux représentants, qui utilisaient abondamment tableaux, projections, et toutes sortes de moyens audiovisuels pour illustrer leurs démonstrations, décrire leur travail et expliquer ce qu'elles pouvaient faire. Les deux agences avaient apporté des exemples de publicité rédactionnelle et d'annonces, ainsi que des esquisses de ce qu'elles proposaient.
M. Armanty est totalement étranger au monde de la publicité. Il comprit que 25 000 EUR par an étaient une somme bien faible en comparaison des budgets gérés par ces agences, mais elles semblaient croire que l'investissement proposé suffirait à déclencher une augmentation réelle des ventes des sacs Bagatelle.
M. Armanty apprit aussi que la publicité impliquait bien d'autres coûts que ceux de l'espace ou du temps retenu, et notamment que les maquettes, les plaques d'impression et les autres frais de production d'une annonce pouvaient coûter au moins autant que la location d'une page ou d'une minute dans les supports. Les agences belges touchent une commission de 15 % de la part des supports.
Après avoir entendu les deux exposés, M. Armanty dit aux représentants des agences qu'il leur ferait connaître sa décision quelques jours plus tard. Il demanda alors l'avis de son agent. Celui-ci croyait à l'opportunité d'une campagne publicitaire pour les sacs Bagatelle, mais tenait à ce que M. Armanty prenne les décisions sur la nature et le budget de la campagne ainsi que sur le choix de l'agence publicitaire.

ANNEXE 2 · Les propositions des deux agences d'après les documents fournis

	Groupe de communications créatrices	Mondo Publicité
Caractéristiques	Nombre de clients : 20. Budget brut géré : 12,7 millions EUR. Produits des principaux clients : • meubles, • vêtements, • maroquinerie importée. Nombre d'employés permanents : 10. Nombre d'années d'existence : 5.	Nombre de clients : 30. Budget brut géré : 51 millions EUR. Produits des principaux clients : • produits de consommation courante, • aliments, • détergents, • confiserie. Nombre d'employés permanents : 100. Nombre d'années d'existence : 15.
Méthode de travail	Un chargé de compte, responsable de huit autres clients, devrait se voir confier tous les aspects de la publicité Bagatelle. L'agence sous-traite pratiquement tout le travail artistique ainsi que les autres tâches de production relatives à la publicité dans les supports, mais elle effectue elle-même tout le travail de rédaction.	L'agence effectue elle-même tout le travail de production et de création. Un chargé de compte, responsable déjà de trois autres clients pour 2,7 millions EUR, doit gérer la publicité Bagatelle.
Proposition de répartition du budget Bagatelle (en euros)	Revues spécialisées : 15 000 EUR Conseils en publicité rédactionnelle : 2 000 EUR Coûts de production du matériel publicitaire (y compris les photos et les frais de poste nécessaires à l'opération publicité rédactionnelle) : 4 000 EUR Honoraires : 4 000 EUR	Grande presse : 18 000 EUR Frais de production : 5 000 EUR Honoraires : 2 000 EUR
Aspects à promouvoir	L'agence propose de mettre l'accent sur le fait que les sacs Bagatelle sont à l'abri des changements de mode.	La maquette d'annonce présentée montre une photo d'un sac de voyage, et en caractères très frappants, insiste sur divers détails nouveaux ou particulièrement « chics ».
Programme	Revues spécialisées, dix demi-pages en noir et blanc, parution au rythme de une par mois.	L'agence propose de passer une illustration en couleurs dans une revue de mode à grand tirage, coût : 18 000 EUR
Mode de rémunération	Les commissions sont remises à Bagatelle, mais l'agence justifie ses honoraires par un travail estimé à une centaine d'heures.	L'agence conserve la commission que lui accorde la revue et réclame des honoraires de 1 500 EUR, étant donné la petite importance du compte.

CAS 3 Vendôme

Publicité : choix des supports

La situation

La société Les meubles Vendôme fabrique et vend des meubles de style en France et à l'étranger. Elle exporte environ le tiers de sa production.

Son réseau de vente en France est constitué d'une dizaine de boutiques installées dans les grandes villes françaises et d'agents commerciaux vendant à des chaînes d'ameublement.

À l'exportation, elle propose deux lignes de produits :
- ligne Louis XVI : chambre Élise et séjour Antoinette ;
- ligne Louis-Philippe : chambre Héritage et séjour Laurent.

L'Allemagne est le premier pays client avec 20 % du chiffre d'affaires export. Les ventes sont en progression et la société est bien implantée grâce à quatre agents commerciaux.

Depuis 1998, chaque année une campagne de publicité est organisée, dont les cibles sont les professionnels de la vente de meubles au détail et les particuliers au moyen de magazines spécialisés dans l'ameublement et la décoration. L'année dernière, quatre magazines avaient été retenus.

Compte tenu des résultats figurants en annexes et des coûts de la publicité, la société désire concentrer ses efforts cette année sur deux ou trois titres.

Travail à faire

1. Calculez le coût de la campagne de publicité de l'année dernière en Allemagne.
2. À partir de l'annexe 4, déterminez le nombre de réponses par magazine et par produit.
3. Calculez :
- les taux de réponses par magazine par mois et par format ;
- le coût au mille utile pour chaque magazine en fonction de la date de parution.

4. Proposez un choix de magazines et de formats pour un budget de publicité de 30 000 euros pour l'année prochaine.

ANNEXE 1 · Les annonces

Chaque annonce présente les produits des deux lignes avec des photographies des meubles. L'envoi du coupon-réponse ou de la carte-réponse collée avec l'adresse des représentants et des magasins dépositaires permet de recevoir le catalogue des meubles Vendôme. Sur chaque coupon il est demandé quels sont les meubles préférés.

Les coupons-réponses sont très importants car les Allemands ont l'habitude de faire leur choix préalable à leur domicile sur la base des différentes documentations qu'ils ont rassemblées. Les catalogues produits et les articles de presse sont très lus. L'annonce publicitaire sert à susciter une demande de catalogue.

ANNEXE 2 · Caractéristiques des supports

Magazine	Tirage mensuel	Coût de la publicité (EUR)
Schöner Wohnen	30 000	4P = 6 000 NB = 3 000
Ideen Magazin	20 000	NB = 4 500 1/2 NB = 3 000
Möbel Markt	15 000	4P = 3 000 PQ = 2 250
Leben	10 000	PQ = 2 250 1/2 NB = 1 500

ANNEXE 3 · Caractéristiques des annonces

Photos présentées		Format de l'annonce	
CE	Chambre Élise	4P	Encart 4 pages
SA	Séjour Antoinette	PQ	Page quadrichromie
CH	Chambre Héritage	1/2 NB	1/2 page noir et blanc
SL	Séjour Laurent	NB	Une page noir et blanc

ANNEXE 4 · Analyse du nombre de réponses aux annonces de l'année précédente

Mois de parution	Avril	Mai	Octobre	Novembre
Magazine	Ideen Magazin	Schöner Wohnen	Ideen Magazin	Leben
Photo	CE	SA	SA	CE
Format	NB	4P	1/2 NB	1/2 NB
Nombre de réponses	1 000 réponses	1 000 réponses	2 000 réponses	300 réponses
Magazine	Leben	Möbel Markt	Schöner Wohnen	Möbel Markt
Photo	CH	SL	SL	CH
Format	PQ	4P	NB	1/2 NB
Nombre de réponses	200 réponses	250 réponses	1 000 réponses	370 réponses

ANNEXE 5 · Classement des préférences des lecteurs relevées sur les cartes-réponses

N° de choix	Photos	Encarts et annonces
1	Chambre Héritage	encart 4 pages
2	Séjour Laurent	page quadrichromie
3	Chambre Élise	page noir et blanc
4	Séjour Antoinette	1/2 page noir et blanc

Relations avec la presse : le communiqué de presse

La situation

La société Montlaur, fondée en 1905, 25 avenue du Maréchal-Joffre 93170 Bagnolet, est une SA au capital de 3 millions d'euros.
Elle fabrique des machines d'aboutage (assembler des planches par le bout de telle manière que ce soit le moins visible possible) et des machines-outils à travailler le bois afin d'y incorporer d'autres éléments.

Caractéristiques :
16 M EUR de chiffre d'affaires dont 20 % à l'export, principalement en Norvège, Finlande, Royaume-Uni et Italie. Il a doublé en 4 ans. 90 personnes sont employées dont 70 affectées directement à la production et 12 ingénieurs. Le personnel est très qualifié et stable, cette activité nécessitant un savoir-faire fondé sur l'expérience acquise auprès des clients. Agrément ISO 9001.

Produits :
Machines à percer très particulières, chaînes d'aboutage (technique permettant de joindre des sciages de bois pour en faire des longueurs susceptibles d'être utilisées industriellement) et machines à commande numérique (programmées par ordinateur). La production est d'une grande fiabilité, de très bonne qualité, les prix compétitifs, l'adaptation est faite selon les besoins du client à partir de modules standard.
Des brevets internationaux sont pris pour les parties essentielles, mais le savoir-faire est fondamental.
La marque est déposée dans les pays de vente, en Allemagne et aux États-Unis.
Le service après-vente est bien adapté : soit les pièces détachées sont expédiées par courrier rapide, soit un réparateur est envoyé sur place dans les 72 heures.

Marché :
Il est constitué de toutes les entreprises produisant en série des objets en bois à base de sciages, de panneaux de bois, de particules ou de rabotés : depuis les portes et fenêtres jusqu'aux corps des enceintes des chaînes haute fidélité. La concurrence est allemande, italienne, américaine et japonaise. Dans sa spécialité, Montlaur doit être par son chiffre d'affaires la 5e ou la 6e entreprise et la seule en France.

Circuits de vente :
Essentiellement par l'intermédiaire d'agents commerciaux, par une entreprise complémentaire en Italie pour les chaînes d'aboutage ou, lors de foires spécialisées comme celle de Cologne en Allemagne, de Milan, et quelques expositions locales en Grande-Bretagne, Scandinavie et Espagne.

Normalisation :
Commune en Europe dans ce domaine, elle ne pose aucune difficulté. Les normes de sécurité, sévères en France, sont un avantage à l'export.

L'objectif de la direction est de mieux se faire connaître en Allemagne, marché de référence dans ce métier. Compte tenu des diverses actions de promotion, l'entreprise a acquis une certaine notoriété auprès d'acheteurs potentiels.

Travail à faire

Rédigez :
- une proposition de communiqué de presse en français dont le destinataire est la presse professionnelle allemande et présentant l'introduction de la machine CND 3000 sur le marché allemand ;
- la lettre d'accompagnement au journaliste.

Cette proposition est adressée au CFME/ACTIM qui diffusera après correction.

ANNEXE 1 · Le CFME/ACTIM

Le CFME/ACTIM est l'agence française spécialisée pour réaliser la promotion des techniques françaises à l'étranger. Le bureau de Francfort FIZIT, Walter Kolb Straße 9/11 D. 6000 Frankfurt a. Main, fut le premier mis en place. Compte tenu de l'importance de la presse dans les décisions des entreprises allemandes, c'est l'organisme privilégié des PMI/PME pour se faire connaître auprès des professionnels.

ANNEXE 2 · La machine à promouvoir

La toute nouvelle DCN 3, défonceuse numérique à 5 axes pour pièces de grandes dimensions, en bois, médium, plastique dur type PET ou tout matériau composite.
Caractéristiques principales : plan de travail jusqu'à 6 m × 2 m, commande 5 axes pouvant travailler simultanément, portique support d'outils mobile et lourd, traverses et ventouses à dépression pour manipuler les pièces, pouvant être équipé de 2 têtes de fraisage, d'électrobroches à grande vitesse avec chargement automatique. Elle peut s'intégrer dans une chaîne automatique d'usinage.
Programmation par ordinateur Meltrom 4. Jeu de logiciels standard fournis. Programmation complémentaire possible ou sur demande.
Normalement seules les cotes sont à entrer dans le logiciel.

ANNEXE 3 · Règles de rédaction d'un communiqué de presse

La rédaction est l'élément essentiel. Très sollicité, le journaliste consacre peu de temps à chaque communiqué. Le texte, clair et précis, doit porter la mention « press-release » (communiqué de presse). Les deux premiers paragraphes doivent être un résumé de l'ensemble du texte qui doit être le plus court possible.
On trouvera les principales rubriques suivantes, dans l'ordre : le nom du produit, son utilité, ses applications, l'indication de la nouveauté ou une valorisation dans l'optique « bénéfice acheteur », une description technique sommaire.
La présentation sera très stricte et normalisée avec une large marge à droite, des lignes en espace 2, 40 à 50 signes par ligne, un nombre de mots limité (150 à 300 maxima), sans verso imprimé et sur deux pages.
Le style ne comportera pas de superlatif, ni d'adjectifs équivalents indiquant que c'est le meilleur.

ANNEXE 4 · Envoi d'un communiqué de presse à un journaliste spécialisé

Doivent être joints : photos d'excellente qualité, en noir et blanc et en couleurs avec bons contrastes et avec légende ; des plaquettes sur le produit et l'entreprise, une description détaillée du produit ou du matériel, le nom et les coordonnées de la personne pouvant être jointe pour renseignements complémentaires. Quel que soit le pays, les journalistes sont des professionnels de haut niveau qu'il s'agit d'intéresser pour qu'ils écrivent un article sur le produit.

Module 28

Les canaux de distribution et les réseaux de vente

EXERCICES

Exercice 1

Lexi-International est une petite entreprise du secteur des cosmétiques qui élabore et distribue sous le nom Oriage une ligne de produits de beauté, commercialisée en s'appuyant sur l'image du luxe parisien. Les produits ne sont pas vendus en France, mais ils sont exportés dans une quinzaine de pays, tant en Europe qu'au Moyen-Orient et en Asie.

Les produits sont de bonne qualité. Ils sont en général vendus à des prix élevés par rapport aux prix moyens du marché local. Les marges réalisées sont importantes, et permettent de financer une communication luxueuse. Les prix pourraient donc être réduits si la pénétration d'un marché l'exigeait.
L'entreprise envisage d'attaquer le marché des États-Unis, en commençant par la Floride.

▶ **1.** *Listez tous les types de points de vente susceptibles de référencer des produits de beauté. Montrez que le choix de certains de ces circuits en exclut d'autres.*

▶ **2.** *Choisissez le canal de distribution qui vous paraît le plus adapté, et montrez les incidences qu'aurait ce choix sur les autres composantes du plan de marchéage.*

Exercice 2

« Le commerce sur Internet, ce n'est jamais que de la vente par correspondance, dans laquelle l'écran remplace le catalogue. »

Cette opinion sur le commerce « b to c » via le réseau est couramment défendue, entre autres par la plupart des VPCistes traditionnels. Certains modèles économiques de sites marchands relèvent en effet de cette logique du « catalogue en ligne ».

▶ **1.** *Recherchez des exemples de sites français ou étrangers de ce type.*

L'informatique, et la dimension interactive de l'Internet, permettent toutefois de concevoir des types de relations commerciales qui aillent au-delà de ce modèle. Cela peut passer par la conception d'offres individualisées, de nouveaux modes d'achat (achats groupés, enchères), la fourniture de prestations complémentaires à la vente, etc.

▶ **2.** *Dressez un panorama des types de sites français ou étrangers existants dans ces domaines, et repérez les éléments qui font la spécificité de leur démarche commerciale.*

Exercice 3

Berthier est une PME lyonnaise spécialisée dans la conception et la vente d'articles de sport (ballons, raquettes, jeux de plage) destinés majoritairement au grand public. Les produits sont de qualité élevée, et les prix en rapport. Toutefois, l'entreprise ne pratique pas de distribution sélective, et est par exemple présente en France dans les grandes surfaces spécialisées aussi bien que chez les détaillants (magasins de sport et de jouets), et même, en saison, dans certaines grandes surfaces alimentaires.

L'essentiel de la production est fabriqué à Lyon et Besançon mais une partie est sous-traitée dans des pays hors Union européenne.

L'exportation représente environ 70 % du CA et la présence à l'étranger revêt diverses formes, en fonction essentiellement du potentiel du marché considéré : filiales de distribution (2 pays), agents commissionnés exclusifs (6 pays), enfin le plus souvent importateurs exclusifs (concessionnaires).

En ce qui concerne le Royaume-Uni, le président-directeur général, Monsieur Pierre Berthier, s'interroge sur l'opportunité d'implanter une filiale commerciale et de mettre fin au contrat d'agence exclusive en vigueur depuis 5 ans avec la société Sports Ltd, lequel vient à échéance à la fin de l'année. Le marché britannique représente 15 % du CA export, et connaît une croissance soutenue depuis 3 ans. La distribution emprunte les mêmes canaux qu'en France, l'essentiel des ventes étant cependant réalisé en magasins de sport, par l'intermédiaire d'une dizaine de grossistes régionaux.

▶ **1.** *Que pourrait apporter à l'entreprise Berthier, par rapport à la situation actuelle, la création d'une filiale ?*

▶ **2.** *Quelles difficultés ce changement de réseau de vente pourrait-il générer ?*

▶ **3.** *Que conseilleriez-vous à l'entreprise ?*

Exercice 4

▶ *Dans le tableau ci-dessous, indiquez pour chaque critère quelle solution vous paraît adaptée, en utilisant le code suivant :*
oui : solution adaptée,
~ : solution acceptable,
non : solution à rejeter.

	Filiale commerciale	**Agent commissionné**	**Importateur sans contrat**	**Concession-naire**
Vous souhaitez mettre en œuvre une politique d'image				
Vous êtes prêt à investir dans le réseau de vente				
Le marché visé a un potentiel élevé				
Vous devez être présent dans de nombreux points de vente				
Le marché local est très concurrentiel				
Votre produit a besoin d'un après-vente				
Votre produit pose des problèmes de distribution physique				

Choix en matière de distribution

La situation

La société « 360 » a été créée en 1991 pour exploiter la licence pour l'Europe d'une marque américaine de vêtements de « surf & activewear » dénommée Rusty.
Rusty est une marque développée à partir de la notoriété d'un grand surfeur, Rusty Preisendorfer, devenu le premier fabricant mondial de planches de surf.

La marque appartient à une importante société américaine, C & C Companies, qui crée les modèles et sous-traite ensuite la fabrication des vêtements en Asie du Sud-Est. Le procédé de la licence a été retenu au départ par C & C pour son développement international car, d'après les fondateurs de l'entreprise, c'est le moyen le plus rapide et le plus sûr pour valoriser une marque dans le domaine du sportswear. Ce système a d'ailleurs été employé avec succès en Europe par la plupart des grandes marques américaines du secteur (O.P., Gotcha, Quicksilver, etc.).

Le contrat de licence entre « 360 » et C & C a été signé sans difficultés à l'origine, du fait de la réputation des fondateurs et des garanties financières qu'ils offraient. Aujourd'hui, la marque Rusty a pris des positions significatives dans le créneau du sportswear. À tel point qu'en 1998, C & C a racheté « 360 », qui est devenu « Rusty-Europe ».

Tous les efforts des dirigeants se sont portés jusqu'ici sur le marché français. La société a réalisé quelques ventes à l'export, mais il s'est agi essentiellement de commandes prises lors de salons en France. Ces rencontres ont cependant conduit à la signature de quelques contrats de distribution (voir plus loin).

Travail à faire

1. Contactée au SISEL par Décathlon et Go-Sport, la direction a décliné les propositions de référencement qui lui étaient faites. Elle souhaite « continuer à pratiquer une distribution sélective, en accordant une exclusivité locale aux magasins leaders, en contrôlant les marges et en refusant la croissance à tout prix ».

Quelle est votre opinion sur cette stratégie ? Faut-il selon vous l'appliquer aussi sur les autres marchés européens ? Quels problèmes juridiques pose-t-elle ?

2. Suite aux ventes réalisées sur les salons, Rusty-Europe a signé dans quelques pays (Royaume-Uni, Espagne, Portugal, Allemagne, Slovénie) des accords de concession exclusive avec des importateurs, d'une durée d'un an renouvelable par tacite reconduction.
Ces partenaires ont été choisis de manière plus ou moins intuitive, en fonction de l'intérêt qu'ils manifestaient pour les produits. Si certains donnent de très bons résultats (Espagne, Portugal), d'autres sont plus que décevants (Allemagne). L'équipe de direction souhaite maintenant développer l'activité sur les marchés européens, en essayant de mettre en place des modalités de distribution permettant un contact plus direct avec les détaillants.

Quelle(s) solution(s) peut-elle envisager ?

ANNEXE 1 · Le marché du « surf & activewear »

a) Aux USA :
Le marché américain représente depuis plusieurs années un volume de plus de cinq milliards de dollars, et reste parmi ceux du domaine de l'habillement qui ont le plus fort taux de croissance. Le caractère fortement saisonnier qu'il avait au départ a aujourd'hui disparu.

Ce marché se décompose en trois sous-marchés :
- le surfwear proprement dit (maillots, tee-shirts, shorts, etc.) ;
- le vêtement de ski et de snow-board ;
- le sportswear et streetwear, c'est-à-dire l'utilisation de vêtements « branchés » de surf (pulls, blousons, pantalons, chemises, chaussures, etc.), qui est en très forte progression.

Rusty-USA est présent sur tous ces segments, à l'exception des chaussures. Il est par ailleurs premier fabricant mondial de planches de surf.

Les premières marques du secteur sont apparues dans les années 60. Par ordre d'ancienneté sur le marché, on trouve dans les grandes marques : Hobie (créée en 1960), Gordon & Smith, Ocean Pacific (O.P.), Morey Boogie, Quicksilver (1976), Rip Curl, Gotcha (1979), Catchit, Instinct, Vuarnet, Maui & Sons, Billabong, O'Neill, Stussy, Newport Blue, Rusty, Toad's.

b) En Europe :
Le marché européen du sportswear peut être estimé à environ quatre milliards d'euros. Il se rapproche de plus en plus par ses tendances du marché américain, sauf pour les prix qui restent nettement plus élevés en Europe. Les leaders du surf & activewear sont Quicksilver, Oxbow, Rip-Curl, Billabong, et Rusty. Les bénéfices dans le secteur sont confortables (5 à 10 % du CA), voire exceptionnels (jusqu'à 20 % du chiffre d'affaires).

Le leader Quicksilver mène une politique de distribution originale qui l'a conduit à utiliser simultanément depuis quelques années les distributeurs traditionnels (surf-shops), et les magasins d'articles de sport, voire les GSS, se plaçant ainsi en concurrent, pour les vêtements, des grandes marques internationales de chaussures et vêtements de sport (Nike, Adidas, etc.).

ANNEXE 2 · *La politique commerciale de Rusty*

Les produits Rusty s'adressent en priorité à une clientèle qui, d'après le responsable de Rusty-Europe, ressent de forts besoins de contact avec la nature ; de nouveaux sports, en particulier de glisse ; d'appartenance à une « élite », une « catégorie à part » ; et de changement : une saturation est nettement ressentie en ce qui concerne les marques leader trop diffusées, ou depuis trop longtemps.

Pour ce qui concerne le marché européen, les coloris sont adaptés par un graphiste français, et la fabrication se fait en France pour les tee-shirts, en Tunisie pour les blousons, en Asie du Sud-Est et en Inde pour les chemises, les shorts, etc.

Rusty-Europe dispose en France de 5 représentants (2 salariés et 3 multicartes) qui couvrent l'ensemble du territoire métropolitain. Les produits Rusty sont distribués essentiellement dans les « surf-shops », les boutiques de mode « branchée » et quelques « jeanneries ». La marque est présente dans 250 points de vente au total.

Offre de collaboration

La situation

Renex est une PME française de 100 salariés installée à Palaiseau (Essonne), qui commercialise depuis 1990 des périphériques d'ordinateurs (tables traçantes et leurs interfaces essentiellement). Dotée d'un fort potentiel de recherche et développement, l'entreprise a su profiter de l'environnement proche (centres de recherche d'Orsay, École polytechnique, etc.) pour mettre au point des appareils destinés aux applications scientifiques dont la qualité et le niveau technologique lui valent une reconnaissance internationale. L'entreprise est aujourd'hui, malgré sa petite taille, le second fabricant mondial dans ce secteur de pointe.

L'exportation est une nécessité absolue dans ce domaine. Dès l'origine, la société a commercialisé ses produits sur les grands marchés (États-Unis, Canada, Allemagne, Royaume-Uni, Italie, etc.) en utilisant comme distributeurs exclusifs des entreprises du secteur auxquelles a été confié le service client (aide à l'installation, « hot line », réparation). Toutefois, afin de mieux assurer le contrôle du premier marché mondial, la société a décidé ensuite (en 1995) de s'implanter directement aux États-Unis, sous la forme d'une filiale commerciale. La même solution devrait être mise en place sous peu au Royaume-Uni et en Italie. Toute la production reste cependant réalisée en France, une bonne partie de celle-ci étant en fait sous-traitée.

Soucieuse de son indépendance financière, Renex a limité son rythme de croissance à celui que permettaient l'augmentation de ses fonds propres et un endettement raisonnable. C'est ce qui explique qu'aujourd'hui encore certains marchés, d'Asie en particulier, sont très peu exploités. Monsieur Masson, le directeur export, vient cependant de participer à une mission collective à Taiwan organisée par la Chambre de commerce de l'Essonne et regroupant plusieurs PME « high tech ».

Il est apparu que ce petit marché représente un potentiel non négligeable pour l'entreprise, car les investissements publics dans la recherche y sont maintenus à un niveau élevé depuis 10 ans. Il n'y a pas de fabricant local de produits comparables. Renex est connue de certains ingénieurs et chercheurs, qui ont eu l'occasion de rencontrer les produits dans des laboratoires de recherche aux États-Unis ou sur des salons internationaux. La réputation de la marque est plutôt flatteuse, mais les procédures d'achat sont plus complexes qu'en Europe ou aux États-Unis, et les décideurs publics locaux ont tendance, à performances équivalentes, à privilégier les fournisseurs américains. Toutefois, il semble à Monsieur Masson qu'avec un effort soutenu et bien ciblé de communication, il serait possible de renverser cette tendance.

Au cours de ce déplacement, M. Masson a été contacté par les responsables de l'entreprise Chan Jia Ltd, de Taipeh. Cette société est un importateur de périphériques et de connectique, qui travaille essentiellement avec des administrations publiques. Elle est liée à un fabricant local de cartes d'extension pour ordinateurs. Les dirigeants étaient disposés à signer immédiatement un contrat d'exclusivité pour l'importation et la distribution des produits Renex. Le programme de M. Masson ne lui permettant pas de rendre visite à ses interlocuteurs, la décision a été reportée d'un commun accord.

Quelques semaines après le retour du directeur, une demande d'offre pour une commande d'essai émanant de la société Chan Jia parvient à l'entreprise. Le distributeur ne réclame plus d'exclusivité. Il met toutefois en avant sa connaissance du marché local, et se fait fort de revendre très rapidement les produits. Après en avoir débattu en réunion de Direction, Renex décide de satisfaire cette demande et de livrer les articles commandés.

Travail à faire

Quelle appréciation peut-on porter, en termes de stratégie commerciale, sur cette décision ? Faites apparaître les éléments favorables et défavorables. Qu'auriez-vous proposé ?

Implantation et besoin de financement

La situation

La société Nicole, spécialisée dans la fabrication d'appareils de cuisine pour collectivités, envisage une implantation commerciale en Italie sous la forme d'une filiale de vente.

Les prévisions de chiffre d'affaires et de dépenses (en euros) sont les suivantes.

Année	1	2	3	4
Investissements :				
Formalités, honoraires	30 000			
Droit au bail, aménagements	15 000			
Achat de matériel de bureau	30 000	15 000		
Activité :				
Chiffre d'affaires hors taxes	130 000	210 000	300 000	380 000
Coût d'achat des marchandises vendues	80 000	130 000	185 000	234 000
Charges générales	100 000	110 000	120 000	130 000
Dotation aux amortissements	10 000	12 000	10 000	10 000
Charges financières	10 000	12 000	12 000	12 000

Autres informations
Délai de paiement de la maison mère : 60 jours.
Autres charges payées au comptant.
Crédit accordé à la clientèle : 90 jours.
Stock minimal : 3 mois de ventes à venir (en valeur).
Chiffre d'affaires prévisionnel pour l'année 5 : 430 000 EUR.
TVA en Italie : 18 %.

Travail à faire

1. Calculez le besoin de financement né de cette implantation. Déterminez pour cela, pour chacune des quatre premières années de fonctionnement :
- le résultat prévisionnel de la filiale ;
- sa capacité d'autofinancement prévisionnelle ;
- le besoin en fonds de roulement d'exploitation prévisionnel, et sa variation ;
- le besoin de financement net.

2. Commentez ces résultats.

Rentabilité d'une présence commerciale

La situation

La société Mondural fabrique et vend des presses d'impression. Ses matériels permettent l'impression en relief par un procédé exclusif et breveté de gaufrage par soufflage.

Environ 40 % de la production est exportée, les commandes étant prises pour l'essentiel dans des salons spécialisés en France. Les presses sont vendues le plus souvent EXW ou FCA, et parfois CIP. Les pièces détachées sont expédiées à la demande par messagerie rapide.

Le responsable export a convaincu les deux dirigeants de la nécessité d'une présence commerciale plus soutenue en Allemagne, marché de référence pour ce type de matériel.

Les ressources financières de l'entreprise étant limitées, les dirigeants craignent de ne pouvoir assumer financièrement les frais liés à cette présence. Ils demandent donc au responsable export de tester des hypothèses de rentabilité prévisionnelle. Ce dernier prend en charge l'estimation des chiffres d'affaires que pourrait générer chaque type de présence commerciale sur le marché. Il vous confie le soin de déterminer, sur la base des informations figurant en annexe, les chiffres d'affaires à réaliser pour couvrir la totalité des frais engagés.

Travail à faire

1. Sachant que la marge brute sur coût de revient EXW est de 30 %, déterminez pour chacune des formes de présence, listées en annexe 2, le chiffre d'affaires que celle-ci devrait générer pour couvrir tous les frais qui y seraient directement liés (qui sont estimés dans l'annexe 1).
Commentez ces résultats.
2. Compte tenu des prévisions de chiffre d'affaires établies par le responsable export (annexe 3), faites des propositions en matière d'effort commercial sur l'Allemagne.

ANNEXE 1 · Estimation des coûts liés à chaque forme de présence en Allemagne

	Forme de présence	Charges fixes de distribution induites	Charges variables de distribution induites (en pourcentage du CA)
a	**Salon spécialisé**	Frais de participation : 18 000 EUR	Administration des ventes et logistique : 3 %
b	**Importateur distributeur**	–	Administration des ventes et logistique : 2 % Catalogues, promotion des ventes : 10 %
c	**Agent commercial commissionné**	–	Administration des ventes et logistique : 3 % Commissions de l'agent : 7 % Publicité, promotion, catalogues, etc. : 7 %
d	**Représentant salarié**	Salaire, charges sociales, frais de déplacement : 60 000 EUR annuels	Administration des ventes et logistique : 4 % Publicité, promotion, catalogues, etc. : 9 %
e	**Filiale de vente (frais de structure)**	Loyer, frais de gestion : 40 000 EUR annuels	

NB : Les frais d'administration de ventes et de logistique correspondent au coût de traitement des commandes, de facturation et d'acheminement des produits. Ils sont estimés en pourcentage du chiffre d'affaires généré.

ANNEXE 2 · Solutions envisagées

N°	Description	Coûts : voir
1	Participation à un salon	a
2	Importateur-distributeur	b
3	Agent commissionné	c
4	Représentant salarié et participation à un salon	d et a
5	Structure légère : filiale et un représentant	e et d, + 30 000 EUR (une secrétaire)
6	Présence plus lourde : filiale, deux représentants, salon	idem + a + deuxième représentant

N.B. : Lorsqu'une solution combine plusieurs formes de présence, les charges variables ne doivent être prises en compte qu'une fois, pour le pourcentage le plus élevé.

ANNEXE 3 · Perspectives de vente

N°	Description	Perspectives de CA sur 3 ans
1	Participation à un salon par an	300 000 EUR
2	Importateur-distributeur	600 000 EUR
3	Agent commissionné	900 000 EUR
4	Représentant salarié et participation à un salon par an	1 200 000 EUR
5	Structure légère : filiale et un représentant	1 600 000 EUR
6	Présence plus lourde : filiale, deux représentants, un salon annuel	3 000 000 EUR

N.B. : Dans une première approche, on négligera l'incidence d'une éventuelle hausse des prix touchant les charges fixes.

Rémunération des représentants

La situation

Agexport est une société de conseil à l'exportation de l'Est de la France. Créée il y a une dizaine d'années, elle a diversifié petit à petit son activité, et intervient aujourd'hui auprès des PME de sa région en qualité de conseil, mais aussi de commissionnaire-exportateur ou de société de gestion à l'exportation.

Agexport a mis en place il y trois ans un réseau de trois représentants salariés chargés de distribuer sur les Länder frontaliers allemands (Bade-Wurtemberg, Rhénanie-Palatinat et Sarre) les produits de quatre fabricants de meubles de sa région.

Agexport vient de négocier avec chaque fabricant les objectifs commerciaux, les taux des commissions, ainsi que les quotas de vente pour la campagne annuelle prochaine. Ces engagements figurent en annexe 1. Il s'agit maintenant de fixer avec chaque représentant ses objectifs de vente et sa rémunération.

Travail à faire

1. Déterminez, pour chaque zone et pour chaque fabricant, les quotas à proposer aux représentants. Répartissez pour cela les ventes prévues en tenant compte des éléments de potentiel de marché estimés par Agexport. Ces renseignements figurent en annexe 2.
2. À partir de la note interne sur le système de rémunération des représentants présentée en annexe 3, vérifiez que les prévisions de rémunérations à verser aux représentants sont compatibles avec les objectifs de rentabilité de l'entreprise, et donnez votre avis sur le système envisagé.

ANNEXE 1 · Objectifs pour l'année n + 1 (en euros)

Fabricant	CA d'Agexport durant l'année n	Zones travaillées	Objectifs pour n + 1	Quota global année n + 1	Taux de commission
Jansen	400 000	les 3	Accroître la pénétration	520 000	7 %
Strappe	600 000	zones 1 et 2 seulement	+ 5 % sur les zones 1 et 2 Lancement en zone 3	800 000	8 %
Vincent	300 000	zone 3 seulement	Stabilité sur zone 3 Lancement en zone 1	500 000	4 %
Dubreuil	480 000	les 3	Accroître la pénétration	550 000	7 %

ANNEXE 2 · Potentiel de marché

Zone	Land	Part du potentiel de marché total	Représentant
1	Bade-Wurtemberg	30 %	Eckel
2	Rhénanie-Palatinat	45 %	Schaeffer
3	Sarre	25 %	Walter

ANNEXE 3 · Note sur le projet de système de rémunération des représentants

La rémunération des représentants est composée :
- d'un fixe de 1 200 EUR par mois ;
- d'une indemnité de déplacement de 300 EUR par mois, versée 11 mois sur 12 ;
- d'un bonus versé en fonction des résultats.

Les charges sociales peuvent être évaluées à 700 EUR par mois et par représentant.

Le bonus est composé de deux parties :
- une prime annuelle de 8 000 EUR versée aux représentants ayant atteint leur quota de vente, tous produits confondus ;
- une commission sur le chiffre d'affaires réalisé en dépassement du quota.

Pour déterminer le taux de commission sur le chiffre d'affaires au-delà du quota, il sera tenu compte de l'effort réalisé en matière de prospection :
- pour les couples produit/secteur « N » (à effort normal), le taux de commission sera de 1,5 % ;
- pour les couples produit/secteur « P » (à effort particulier), le taux de commission sera de 2,5 %.

Produits	**« N »**	**« P »**
Jansen	zones 1, 2 et 3	-
Strappe	zones 1 et 2	zone 3
Vincent	zone 3	zone 1
Dubreuil	-	zones 1, 2 et 3

Pour que le réseau de représentants salariés puisse être considéré comme rentable, il est nécessaire que les commissions perçues par Agexport couvrent 150 % de l'ensemble des rémunérations versées (y compris les charges sociales et indemnités de déplacement).

Module 29

Les contrats de distribution

EXERCICES

Exercice 1

La société Cycleroy, fondée en 1974, fabrique dans ses ateliers installés dans la zone industrielle d'Andrézieux Bouthéon, près de Saint-Étienne, des bicyclettes pour hommes, femmes et enfants.
La distribution, d'abord locale, est ensuite étendue à tout le territoire national dans les magasins spécialisés.
La qualité, la fiabilité de ses produits, récompensées par un trophée régional, autorisent l'entreprise à pratiquer une politique de prix élevés favorisée par une communication intense. Fort de la distinction obtenue, Cycleroy aborde avec succès l'exportation dans les pays limitrophes. Elle obtient des résultats satisfaisants et participe à divers salons, aidée par la souscription d'une police d'assurance prospection auprès de la Coface.
Trois mois après sa participation à un salon au Danemark, l'entreprise Cycleroy reçoit un courrier de la société Grund qui sollicite l'exclusivité d'importation et de vente en Suède des bicyclettes Cycleroy.

Engagé depuis trois ans dans l'entreprise comme attaché commercial export, il vous est demandé d'examiner la proposition de la société suédoise et de répondre aux questions suivantes.

▶ **1.** *Recherchez et analysez les informations que devait contenir le courrier adressé par l'éventuel client suédois (la société Cycleroy, avant ce courrier, ne possédait aucune information sur cette entreprise).*

▶ **2.** *La proposition de Grund retient toute votre attention, car elle peut être une opportunité de pénétration de ce nouveau marché, mais la prudence s'impose. Pourquoi ?*

▶ **3.** *Dans l'hypothèse où la proposition de Grund serait retenue et l'accord formalisé par un contrat, la clause d'exclusivité exigerait une attention particulière. Énumérez et expliquez à quels domaines pourrait s'appliquer l'exclusivité.*

Exercice 2

Baverant, entreprise familiale fondée en 1957, installée au cœur de l'Auvergne, fabrique et distribue des lames de scies et des outils coupants.
Cette PME réalise en France 70 % de son chiffre d'affaires. Les 30 % restants sont obtenus aux Pays-Bas, en Allemagne et dans une moindre mesure dans les pays d'Amérique latine. M. Perret, PDG de la société, a choisi de distribuer ses produits à l'étranger grâce à un réseau d'agents car ce mode de distribution offre une grande souplesse pour aborder les marchés étrangers.
Les relations entre les agents et M. Perret sont confiantes et ne sont pas formalisées par écrit.
M. Julien, 52 ans, récemment embauché comme directeur export, souhaiterait que des contrats écrits régissent les relations entre l'entreprise Baverant et ses agents étrangers. Monsieur Julien rédige un contrat type qui est soumis à l'examen du PDG de l'entrreprise.

▶ **1.** *M. Perret pense qu'il vaut mieux se contenter de l'accord verbal et que la rédaction d'un contrat avec chacun de ses agents augmenterait ses obligations en cas de différends avec eux. Qu'en pensez-vous ?*

▶ **2.** *M. Julien parvient à convaincre son PDG du bien-fondé de sa stratégie mais sur la clause relative à la durée du contrat, M. Perret souhaiterait savoir si le choix d'un contrat à durée déterminée ou indéterminée a des conséquences sur la rupture du contrat et sur le montant des indemnités à verser. Vous communiquerez les résultats de votre réflexion.*

Exercice 3

La société Promaree, créée à Fécamp (Seine-Maritime), a pour activité principale l'achat et la revente de poisson frais.
À la fin des années 1990, l'entreprise, profitant de la vigueur de la demande, élargit son champ d'activité et développe un important secteur de fabrication de portions de poissons surgelés destinés à la restauration collective. Les merlus surgelés rencontrent sur le marché un succès intéressant et prometteur.
La société s'approvisionne pour 40 % du poids des merlus à l'étranger. Soucieux de diversifier et de sécuriser ses approvisionnements, M. Vianey, directeur export, rencontre en Argentine M. Garcia, directeur général de la société Frigorificos de Merluza de Argentina.
M. Garcia, intéressé par la demande de M. Vianey, expédie des échantillons de petit merlu blanc congelé qui paraissent très satisfaisants à M. Vianey.
Un accord est conclu et prévoit notamment :

- la livraison de 50 tonnes maximum par mois la première année, 70 tonnes par mois la deuxième année, de merlu surgelé ;
- l'exclusivité de commercialisation de ce produit en Europe francophone à partir du 1er janvier 2000 ;
- un prix fixé à 1 300 USD/tonne FOB Buenos Aires pour les trois premiers mois et révisable tous les trois mois.

▶ **1.** *Analysez les trois clauses de cet accord.*

Les obligations des parties du contrat de concession

La situation

L'entreprise Cuitout, installée en Ardèche, fabrique et commercialise dans plusieurs pays européens une gamme étendue d'ustensiles culinaires : casseroles, cocottes rondes, ovales, sauteuses... de très grande qualité puisque les articles sont garantis pendant dix ans.

Cuitout dispose en Italie, depuis une vingtaine d'années, d'un importateur-distributeur à qui a été confiée l'exclusivité de vente sur le territoire italien.
Cette société, Favelli SA, importe et distribue toutes sortes de produits d'art de la table et d'équipement ménager. Cela lui permet de proposer aux détaillants spécialisés près de 3/4 de leur assortiment.

Elle dispose d'une force de vente d'une quinzaine de représentants qui couvrent l'ensemble des canaux de distribution.

Le changement de statut et de raison sociale de cet importateur doivent être l'occasion de proposer la signature d'un nouveau contrat de distribution entre Cuitout et Favelli SA.

Travail à faire

1. Vous établissez la liste des principales dispositions que devraient contenir les clauses relatives aux obligations des parties.
2. Dites ce que vous pensez de la légalité de l'exclusivité de vente accordée sur son territoire au distributeur italien, au regard du droit communautaire relatif à la concurrence et particulièrement de l'article 81 du Traité de Rome, présenté en annexe.

ANNEXE 1 · Article 81 du Traité de Rome

1. Sont incompatibles avec le Marché commun et interdits tous accords entre entreprises, toutes décisions d'associations d'entreprises et toutes pratiques concertées, qui sont susceptibles d'affecter le commerce entre États membres et qui ont pour objet ou pour effet d'empêcher, de restreindre ou de fausser le jeu de la concurrence à l'intérieur du Marché commun et notamment ceux qui consistent à :
a) fixer de façon directe ou indirecte les prix d'achat ou de vente ou d'autres conditions de transaction,
b) limiter ou contrôler la production, les débouchés, le développement technique ou les investissements,
c) répartir les marchés ou les sources d'approvisionnement,
d) appliquer, à l'égard des partenaires commerciaux, des conditions inégales à des prestations équivalentes, en leur infligeant de ce fait un désavantage dans la concurrence,
e) subordonner la conclusion des contrats à l'acceptation, par les partenaires, de prestations supplémentaires qui, par leur nature ou selon les usages commerciaux, n'ont pas de lien avec l'objet des contrats.

2. Les accords ou décisions interdits en vertu du présent article sont nuls de plein droit.

3. Toutefois, les dispositions du paragraphe 1 peuvent être déclarées inapplicables :
... à tout accord ou catégorie d'accord d'entreprises,
... à toute décision ou catégorie de décisions d'associations d'entreprises et,
... à toute pratique concertée ou catégorie de pratiques concertées
qui contribuent à améliorer la production ou la distribution des produits ou à promouvoir le progrès technique ou économique, tout en réservant aux utilisateurs une partie équitable du profit qui en résulte, et sans :
a) imposer aux entreprises intéressées des restrictions qui ne sont pas indispensables pour atteindre ces objectifs,
b) donner à ces entreprises la possibilité, pour une partie substantielle de produits en cause, d'éliminer la concurrence.

Les contrats de distribution

La situation

M. Duchêne, artisan tonnelier installé à Nuits-Saint-Georges, distribue ses produits aux États-Unis grâce à M. Gordon installé en Californie.
M. Duchêne et M. Gordon sont entrés en relation d'affaires pendant l'été 1992.
Par lettre en date du 12 août 1992, la distribution de ses produits a été accordée par M. Duchêne à M. Gordon. Sans que cet accord ait été formalisé par un contrat, les principales obligations des parties ont été définies.
À savoir pour M. Gordon :
- distribuer les seuls produits de la Sarl Duchêne ;
- rendre compte régulièrement des relations avec la clientèle ;
- permettre à M. Duchêne d'accepter ou de refuser certaines commandes.

Jusqu'à l'été 1998, les relations commerciales entre M. Duchêne et M. Gordon se sont déroulées tout à fait normalement et le chiffre d'affaires a régulièrement augmenté. Toutefois, pour des raisons pratiques, M. Gordon a ensuite effectué lui-même certaines ventes : groupage de plusieurs petites commandes expédiées à son adresse, collecte des fonds auprès des acheteurs et reversement des montants à M. Duchêne.
En juin 1999, M. Gordon souhaite augmenter ses ventes en faisant appel à une autre tonnellerie, la société Grant. Il faut préciser qu'à cette date, les commissions versées par M. Duchêne à M. Gordon représentent 80 % du revenu de ce dernier. Par correction et pour obtenir son approbation, M. Gordon informe M. Duchêne de son intention.

M. Duchêne répond par courrier le 26 juin 1999 :
« En réponse à votre lettre du 6 juin, je comprends votre besoin d'élargir votre activité.
J'ai cherché des renseignements sur mon collègue. Sa fabrication n'est pas irréprochable.
De plus, ce qui me gêne ce sont les groupages que nous faisons et que vous facturez directement. Il me faudrait connaître exactement la destination de mes fûts pour éviter tout problème. »
Très vite, M. Gordon abandonne l'idée de travailler avec la société Grant mais propose de représenter une autre entreprise française, la société Lebois. M. Duchêne reste évasif et ambigu et n'accepte pas formellement cette demande.

À la fin de 1999 et au début de l'année 2000, M. Gordon, tout en continuant de distribuer les produits de la Sarl Duchêne, vend des fûts pour le compte de la société Lebois.
M. Duchêne s'inquiète de cette situation et écrit à M. Gordon : « ... Je souhaiterais que l'on applique au mieux les règles de l'accord initial... Je n'ai plus de comptes-rendus de visites de clients et je perds le contact... »

Travail à faire

Les relations commerciales entre M. Duchêne et M. Gordon ont évolué entre 1992 et la fin de l'année 1998.
1. Quel était le statut initial de M. Gordon à l'égard de M. Duchêne ? Comment a-t-il évolué ?
2. Quels peuvent être les avantages et les inconvénients du statut de fait qui lie M. Gordon à M. Duchêne à partir de l'été 1998 ?
3. Quelles raisons peuvent justifier la demande de M. Gordon à M. Duchêne formulée en juin 1999 ?
4. M. Duchêne a-t-il raison d'être préoccupé ? Que pouvez-vous lui conseiller ?
(Les ventes effectuées par M. Gordon représentent 45 % du chiffre d'affaires total de la Sarl Duchêne tandis que les fûts Duchêne sont considérés comme d'excellente qualité, ce qui n'est pas le cas de ceux fabriqués par l'entreprise Lebois.)

Contrat de représentation exclusive : les préalables

La situation

La société Laroche, installée dans le Périgord depuis 1965, prépare des conserves de produits locaux de haute qualité à partir de volailles : poulets, dindes, oies, canards, pintades, élevées dans le respect de la tradition.
L'assortiment est important et comprend toutes sortes de préparations avec, notamment, des truffes, du foie gras, des champignons, et de nombreux confits.

Bien que la position de la société sur le marché français soit bonne, la concurrence est sévère. Depuis une quinzaine d'années, la direction avait prospecté et trouvé des débouchés en Suisse, en Allemagne, en Belgique, marchés qui n'ont cessé de se développer.

Il y a quelques années, lors de la préparation d'une semaine française, le bureau d'achat parisien des grands magasins Bloomingdale de New York avait contacté l'entreprise et des commandes furent enregistrées, notamment pour le « Thanks Giving Day » (novembre), la fin de l'année et le « George Washington Day » (février).
Le renforcement des contrôles sanitaires imposés par la législation américaine avait interrompu les commandes. Depuis, la société s'est équipée en matériel pour fabriquer suivant les normes d'hygiène américaines, ce qui permet de vendre aux États-Unis, mais aussi d'avoir des références en Suisse et en Allemagne.

L'approche du marché nord-américain
Les ventes par l'intermédiaire de Bloomingdale avaient montré que les produits devaient être légèrement adaptés au marché nord-est américain (90 millions d'habitants) pour avoir de bonnes perspectives de vente. La centrale d'achats avait demandé des modifications qui n'avaient pu être retenues du fait du manque de personnel qualifié dans la région.
Au SIAL (Salon international de l'alimentation) à Paris, deux importateurs s'étaient montrés vivement intéressés.
L'année dernière, la société a souscrit une assurance prospection. Après des modifications substantielles dans la composition, la présentation, et l'emballage, la société a décidé d'effectuer un test de produit à New York, organisé par le délégué Sopexa.

Des analyses furent faites auparavant par des laboratoires agréés en France. Les résultats et les tests furent soigneusement traduits pour les confronter aux prescriptions américaines de la FDA (Food and Drug Administration).
Grâce à l'aide du délégué Sopexa et du PEE de New York, des tests en laboratoire furent faits. Après l'obtention des résultats, un test de produit fut organisé sur deux jours à l'Hôtel Intercontinental de New York en avril dernier. Près de 40 acheteurs professionnels se déplacèrent, 25 se déclarèrent prêts à importer ou à vendre certaines références en quantités variables. Sur les conseils du PEE, la société fit préciser pour chaque acheteur les produits, les quantités, les conditions de chaque offre, regroupées selon leur statut (annexe 2).
Chaque catégorie d'intermédiaire avait ses conditions propres (annexe 1).

Travail à faire

1. Rappelez dans un tableau les caractéristiques essentielles des intermédiaires intéressés par la vente des produits Laroche aux États-Unis, en précisant la principale contrainte commerciale générée par chacun d'eux.
2. Si la société se décide à vendre par l'intermédiaire d'un agent commissionné, quel serait son profil type ? Quels seraient les avantages d'une telle solution ?
3. Faites un schéma pour montrer l'organisation qu'un tel canal de vente imposerait à l'entreprise pour que les produits soient correctement acheminés, les ventes et le paiement suivis.
4. Il est nécessaire que l'agent soit exclusif. Indiquez les clauses principales que devrait comprendre son contrat.

ANNEXE 1 · Caractéristiques de l'entreprise

Chiffre d'affaires : 130 M€
Bénéfice net : 800 000 €

La publicité et la promotion sont décidés conjointement entre M. Valençay, le PDG, et le responsable des ventes. La société ne vend que par des représentants exclusifs multicartes (Europe comprise). La logistique est bien organisée. Un gros programme d'investissements a été mené à bien ces dernières années, financé aux 2/3 sur fonds propres. Les installations sont aux normes d'hygiène les plus sévères, la main-d'œuvre bien formée. La capacité de production n'est utilisée qu'à 80 %.

Les produits vendus

Ils sont pour la plupart d'inspiration régionale. Pour garder les caractéristiques de goût, certains ne peuvent être stérilisés suivant les procédures habituelles ; ils sont seulement vendus comme semi-conserves, nécessitant une conservation à une température inférieure à 10 °C pendant 6 mois maxima.

Ces produits chers et rémunérateurs ne peuvent malheureusement pas être vendus aux États-Unis sans une certification de l'atelier de production par la FDA américaine. Pour l'obtenir, il est nécessaire de déplacer deux inspecteurs depuis les États-Unis pour qu'ils puissent relever les mesures utiles et prendre les échantillons nécessaires afin de les faire tester dans leurs laboratoires. Le coût estimé est de 5000 € tous les 6 mois.
Ce sont notamment ces produits qui avaient été testés et qui avaient été unanimement appréciés par les professionnels.

Les objectifs de la direction :

Devant ce succès, elle est décidée à mettre en place une implantation commerciale sur le marché nord-est des États-Unis. Diverses possibilités s'offrent à elle, chacune avec des contraintes et des résultats espérés différents.
Elle voudrait choisir un mode de commercialisation qui préserve au mieux ses intérêts à long terme.

ANNEXE 2 · Principales caractéristiques et conditions de chaque catégorie de distributeur

1. Agents commissionnés

- Clientèle : épiceries fines de Boston à Washington,
- Exclusivité pour les produits vendus par Laroche,
- Exclusivité géographique de 3 à 3 ans renouvelable, variable sur un ou plusieurs États de la côte nord-est,
- Prix établis franco destination par le représentant ou en commun avec Laroche chaque printemps et pour une durée de 1 an,
- Facturation directe par Laroche aux acheteurs,
- Paiement à 120 jours, par chèque ou virement sur un compte aux États-Unis,
- Publicité, promotion financés par Laroche,
- Livraisons sous 1 à 2 mois maxima dès la prise de commande, fractionnées en fonction des destinataires, certificat sanitaire selon normes FDA avec chaque envoi,
- Paiement des commissions dès la commande, de préférence.

2. Centrales d'achat

- Clientèle : chaîne de détaillants spécialisés et de supermarchés,
- Achats en quantités importantes en janvier, 60 % des prévisions fermes, 40 % en option, livrables selon calendrier fourni en juillet pour des premières livraisons en septembre,
- Exclusivité sur tous les produits pour toute la côte nord-est depuis Washington,
- Réapprovisionnement sous 2 semaines, notamment entre les principales fêtes,
- Prix d'achat maximum imposé, déterminé en mars, sans révisions pendant 10 mois,
- Paiement à 180 jours par virement sur une banque U.S.,
- Certificat sanitaire selon les normes FDA avec chaque envoi.

3. Importateurs-distributeurs

- Clientèle très variée selon les régions dans tous les États de la côte est,
- D'une manière générale, achats fermes en quantités diverses, programmés en juin, suivis des ordres d'expédition dès septembre,
- Livraison aux entrepôts sous 4 semaines après ordre d'expédition,
- Prix d'achat rendu entrepôt aux États-Unis avec maxima imposé sans modification pendant 1 an,
- Paiement à 150 jours sur une banque aux États-Unis,
- Exclusivité géographique de la vente des produits sur les zones concernées,
- Certificat de conformité aux normes à chaque livraison,
- Prise en charge par l'importateur de toute la promotion et la distribution,
- Participation significative de Laroche à la publicité et la promotion.

4. Indépendants

- Livraison franco destination sous 4 semaines maxima,
- Prix d'achat suivant tarif proposé en février sans modification pendant 12 mois,
- Certificat de conformité aux normes,
- Paiement à 120 jours minimum par chèque ou virement sur une banque U.S.,
- Achats par petites quantités.

Le contrat de distribution

La situation

La société Lobeau, dont le siège social est à Lyon, a été fondée en 1932. Elle fabrique différents types d'enregistreurs et de fréquence mètres.
Elle a réalisé, au cours du dernier exercice, un chiffre d'affaires de 53 millions d'euros et le montant des ventes à l'étranger a dépassé 50 % du chiffre d'affaires total. Ce montant permet à la société Lobeau de figurer parmi les premiers exportateurs de son secteur.

L'entreprise Lobeau, qui expose à de nombreuses manifestations commerciales, a rencontré, au nouveau Salon professionnel de la Technologie à Los Angeles, le représentant de la société Paterson installé à Ottawa. Les contacts ont été fructueux puisqu'une commande a été prise et exécutée dans les meilleures conditions.
M. Watson, désireux d'approfondir sa collaboration commerciale avec les établissements Lobeau, leur propose de devenir leur représentant exclusif.
Les conditions positives d'une enquête effectuée par une société de renseignements commerciaux conduisent la société Lobeau à accepter la proposition.

Travail à faire

1. Sous quelles formes d'« agence » intervient la société Paterson dans le cadre de ce contrat ? Indiquez, parmi les deux formules identifiées, celle qui assure le meilleur contrôle de la société Lobeau pour la distribution de ses matériels. Expliquez brièvement pourquoi.
2. Commentez les articles 4, 5, 6, 7 et 8 des extraits de ce projet de contrat.
3. Énumérez les dispositions du projet qui incitent l'agent à développer ses ventes.

ANNEXE · Extraits du contrat

Il a été convenu ce qui suit

Article 1er - Objet
L'Agent assure l'exclusivité de vente du matériel suivant fabriqué par la Société Lobeau :
- enregistreurs optiques,
- enregistreurs oscillographiques,
- enregistreurs galvanométriques,
- fréquencemètres.

Il est convenu que les produits du Constructeur devront être revendus par l'Agent strictement en l'état et ne devront faire l'objet d'aucun démarquage ou remarquage, d'aucune modification ou addition de références.
Pour tout matériel ne faisant pas partie de l'accord, l'agent devra renvoyer la commande au fabricant pour livraison ou facturation directe par celui-ci. Dans le cas où l'Agent ne pourrait pas appliquer cette procédure, ce matériel lui sera facturé au tarif normal sans remise particulière.

Article 2 - Secteur géographique
Le territoire géographique concédé par le Constructeur à l'Agent est constitué par le Canada.

Article 3 - Prix de vente
- L'activité normale de l'Agent consiste à acheter le matériel du Constructeur à prix ferme et en quantité pour le revendre sur le territoire qui lui est concédé.
Le tarif de vente Exportation est établi FCA Satolas, net sans commissions.
- Affaires à la commission : livraisons et facturation aux clients par le Constructeur.
• Enregistreurs : tarif augmenté de 15 % avec commission maximum de 10 % à l'Agent.
• Fréquencemètres : tarif augmenté de 17 % avec commission maximum de 15 % à l'Agent.
- Cas particuliers : si l'Agent obtient des commandes à des prix supérieurs aux prix du tarif, le Constructeur lui accordera une commission majorée et vice versa.
Les commissions seront payées à l'Agent après encaissement par le Constructeur des sommes facturées aux clients.

Article 4 - Promotion des ventes
a) Communiqués rédactionnels gratuits
Le Constructeur fournira tous les deux mois un texte à l'Agent qu'il s'engage à faire parvenir avec traduction en langue anglaise aux périodiques spécialisés locaux.

b) Publicités d'insertion payantes
Elles seront effectuées dans des périodiques spécialisés et entièrement financées par l'Agent.
Le Constructeur sera consulté sur le programme et la forme de ces publicités et fournira articles et photos.

c) Participation aux expositions financées par l'Agent
Le Constructeur apportera son aide à l'Agent sous forme de documents, panneaux-présentoirs, matériels de démonstration, tracts, etc.
L'Agent s'engage à retenir une surface suffisante pour la présentation des produits du Constructeur.

d) Catalogues
Le Constructeur fournira gratuitement chaque année à l'Agent des catalogues et notices techniques dont le montant (suivant barème FCA Satolas annexé révisable) sera au plus égal à 1 % du chiffre d'achat FCA de l'année précédente. Pour des quantités supérieures, les documents seront facturés par le constructeur à l'Agent suivant le barème.
Les paragraphes b) et c) doivent représenter un investissement minimum de 2 % du montant des achats de l'Agent au Constructeur.

Article 5 - Rapports d'activité
Le 15 novembre, un rapport d'activité de l'année et des prévisions de ventes pour l'année suivante seront fournis par l'Agent.
Chaque 1er juin, l'Agent devra faire ses prévisions de ventes pour le 2e semestre de l'année.
Les réalisations seront comparées aux objectifs, et un trop grand écart pourrait entraîner l'annulation du présent contrat.

Article 6 - Matériel de stock
L'Agent s'engage à consulter et à maintenir un stock de matériel supérieur à 20 % du montant du chiffre d'affaires de l'année précédente avec une valeur minimum de :
– 4 600 € la première année et
– 6 900 € à partir de la deuxième année.
L'Agent effectuera un inventaire de ces produits au 1er Janvier de chaque année et en fera parvenir l'état au Constructeur avant le 31 janvier.
Un collaborateur du Constructeur pourra effectuer, dans les locaux de l'Agent, une vérification du stock.
Protection du stock – retour de matériel
Le matériel acheté au Constructeur depuis plus de 6 mois et moins de 12 mois pourra être échangé au prix d'achat par le Constructeur à la condition qu'il soit à l'état neuf, dans son emballage d'origine non déchiré et sous réserve d'acceptation technique par le service contrôle Constructeur. Lorsqu'à la suite d'une erreur de l'Agent ou du client, il sera demandé au Constructeur de reprendre immédiatement du matériel livré, le Constructeur appliquera à l'Agent une retenue de 10 % avec un minimum de 48 € augmenté des frais de réimportation.

Article 7 - Garantie
Les produits fournis par le Constructeur sont garantis contre tout défaut de fabrication pour une période de 12 mois à compter de la date de livraison de l'Agent à son client.
La garantie ne peut cependant en aucun cas dépasser 14 mois après l'expédition dudit produit par le Constructeur.
Le Constructeur fournira à l'Agent, à titre gratuit, une quantité raisonnable de pièces détachées nécessaires pour assurer le service de la garantie tandis que les frais de main-d'œuvre seront à la charge de l'Agent.
L'Agent s'engage à adresser tous les 3 mois au Constructeur un rapport indiquant les modèles et numéros de séries des articles réparés sous garantie ainsi que la nature de la réparation.
En ce qui concerne les réparations effectuées après la période garantie, l'Agent a la possibilité d'acheter les pièces requises conformément à la liste de prix en cours, sur laquelle le Constructeur appliquera une remise de 25 %.
L'Agent a également la possibilité d'acheter les pièces détachées à tout autre fournisseur à condition que ces pièces soient, du point de vue technique, acceptées par le Constructeur.

Article 8 - Litiges - arbitrages
D'un commun accord, les litiges ou différends pouvant survenir entre les 2 parties seront examinés à l'amiable.
En cas de désaccord persistant, l'affaire sera portée devant une commission d'arbitrage composée de trois arbitres au moins :
– un arbitre désigné par l'Agent,
– un arbitre désigné par le Constructeur,
– un tiers-arbitre désigné d'un commun accord par les 2 parties.
En cas de difficultés, ce tiers-arbitre sera désigné par le Président de la Chambre de Commerce de Lyon. La sentence arbitrale sera définitive et irrévocable.
Le seul contrat en langue française régira les rapports entre les deux parties. Toute traduction pourra être établie pour en faciliter la compréhension.

Module 30

Les opérations hors commerce courant

CAS 1 — Pierrick

Perfectionnement passif et commerce triangulaire

La situation

La société Pierrick fabrique et commercialise des circuits de composants électroniques entrant dans les circuits intégrés de certains types de micro-ordinateurs. Installée dans la banlieue de Reims depuis huit ans, la société Pierrick utilise largement les possibilités de la sous-traitance en délocalisant une grande partie des opérations de montage des plaques.

Les deux sous-traitants principaux sont :

– la société Tarik à Tunis ;

– la société Kadar à Bucarest.

Les clients de la société Pierrick sont en France et dans l'Union européenne, en particulier en Allemagne.

Ses fournisseurs sont installés en France, en Espagne et au Maroc. Chaque fois que cela est possible, les fournisseurs livrent directement les sous-traitants.

Travail à faire

1. Déterminez les droits et taxes à payer à Reims concernant :

a) l'opération de sous-traitance avec la Tunisie ;

b) l'opération de sous-traitance avec la Roumanie ;

On notera que seule la moitié des produits finis roumains revient en France, l'autre moitié va en Allemagne.

2. Déterminez les droits de douane et la TVA à acquitter en Allemagne pour la commande livrée directement depuis la Roumanie.

ANNEXE 1 · Conditions de production

TEC : droit de douane à l'importation en France pour des pièces de même nature que celles exportées après fabrication

du Maroc . . . . 8 %

d'Espagne . . . . 6 %

de France . . . . 4 %

TEC : droits de douane à l'importation dans l'UE sur les :

CIRCUITS fabriqués en Tunisie . . . . 5 %

CIRCUITS fabriqués en Roumanie . . . . 5 %

TVA en France : taux normal sur toutes les catégories de pièces et circuits.

TVA en Allemagne : 16 % sur les circuits.

ANNEXE 2 · Sous-traitance avec la Tunisie

1er juin : livraison directe en Tunisie de pièces en provenance du Maroc :

Valeur Tunis	60 000 EUR

Ces pièces sont facturées à la société Pierrick.

2 juin : livraison directe en Tunisie de pièces en provenance d'Espagne :

Valeur sortie UE : 43 500 EUR – Valeur Tunis	45 000 EUR

Ces pièces sont facturées à la société Pierrick.

4 juin : envoi en Tunisie de pièces depuis l'usine de Reims

Valeur HT départ Reims	38 000 EUR
Transport Reims-Tunis	2 000 EUR

dont parcours français : 500 EUR

20 juin : les plaques montées sont prêtes à quitter Tunis.

La facture du travail du sous-traitant s'élève à	80 000 EUR
Le transport maritime Tunis-Marseille coûte	3 000 EUR
Le transport routier Marseille-Reims coûte	1 000 EUR

ANNEXE 3 · Sous-traitance avec la Roumanie

Toutes les matières premières partent de Reims. La moitié des circuits est vendue en Allemagne et y est acheminée directement après montage depuis la Roumanie.

1er juillet : expédition de matières premières vers Bucarest :

Valeur Reims	100 000 EUR
Transport routier	3 000 EUR

dont 600 EUR en Hongrie et Roumanie

15 septembre : réexpédition au départ de Bucarest :

Facture du sous-traitant	60 000 EUR

Frais de transport retour des circuits :

Vers l'Allemagne (la moitié des circuits)

Transport Hongrie et Roumanie	600 EUR
Transport Autriche	500 EUR
Transport Allemagne	600 EUR

Ce transport est effectué par un transporteur allemand.

Vers la France (l'autre moitié des circuits)

Transport Hongrie et Roumanie	600 EUR
Transport Autriche	500 EUR
Transport Allemagne	800 EUR
Transport France	300 EUR

Ce transport est effectué par un transporteur français.

Le commerce international sur appel d'offres

La situation

Objetxion est un assembleur de systèmes informatiques. La société de 60 personnes environ est capable de concevoir et fabriquer des configurations de toute taille susceptibles de s'adapter à des environnements extrêmement diversifiés. Elle s'est spécialisée dans les marchés publics et exerce une veille commerciale dans ce sens.
Cette activité lui a permis de trouver, sur un site Internet, l'information donnée en annexe.

Travail à faire

1. Identifiez le document en annexe ; pourquoi le gouvernement de ce pays a-t-il décidé de le mettre en ligne, dans un site spécifique ? D'autres pays ou groupes de pays ont-ils pris des dispositions semblables ?
2. Situez l'Uttar Pradesh sur une carte, et concevez une fiche concernant les principales données économiques, politiques et sociales de cet État.
3. Caractérisez l'environnement commercial et politique de cette transaction potentielle.
4. Donnez la signification de chacune des dates du document.
5. Recherchez la signification des expressions ou sigles suivants :
- Rs.
- Soumission bond
- DDU LUCKNOW
- International Development Association

6. La clause 7 impose au candidat soumissionnaire l'obligation de payer un droit de soumission (Tender fee) de Rs. 9 000 ou USD 200. Quelles sont les raisons de cette pratique ?
7. Expliquez les clauses 1 et 2, 4, 10, 11 et 13 et leurs conséquences pour l'acheteur.

ANNEXE · Extrait de l'information trouvée sur Internet

GLOBAL TENDER IGT	
Tender Authority	UTTAR PRADESH HEALTH SYSTEMS DEVELOPMENT PROJECT
Scope of Tender	Supply of Computer Systems.
Tender Reference No.	204598
Last date of issue of Tender Documents	26/3/20..
Due date for submission of offer/Time	27/3/2001/15:00 Hrs.
Date of opening of offer/Time	27/3/2001/15:30 Hrs.
Tender Fee (Rs. / $)	Rs. 9000/- US$ 200
Earnest Money Deposit (Rs./$)	Not Indicated
Address for Communication	Uttar Pradesh Health Systems Development Project, Training Block- C, 1st Floor, SIHFW Campus, Block C Indira Nagar Lucknow, Uttar Pradesh. - 226001 Telephone : 91-522 456 765
Tender Details & Conditions :	UTTAR PRADESH HEALTH SYSTEMS DEVELOPMENT PROJECT
Earnest Money Deposit or security :	Soumission bond 3 % of the global amount in USD

1.	The Government of India has received a Credit in various currencies from the International Development Association towards the cost of Uttar Pradesh Health Systems Development Project (UPHSDP).
2.	It is intended that part of the credit proceeds will be applied to eligible payments under the contracts for which this invitation of bids is issued.
3.	The Project Director, Uttar Pradesh Health Systems Development Project, now invites sealed bids from eligible bidders for the supply of 360 Computer Systems.
4.	The bidders must quote for full quantity of the schedule mentioned. The quotation price is DDU LUCKNOW
5.	Please quote the bid number on the envelope.
6.	Interested eligible Bidders may obtain further information from and inspect the bidding document at the address below.
7.	A complete set of bidding documents may purchased by any interested bidder on the submission of a written application to the Project Director, UPHSDP at the same address and upon Payment of a non-refundable fee in the form of a Demand Craft, Cashier's cheque or Certified cheque in favor of the Project Director, UPHSDP, payable at Lucknow.
10.	The instruction to Bidders and General Conditions of Contract contained in the bidding documents comply with the World Bank's Standard Bidding Documents: Procurement of Goods.
11.	All bids must be accompanied by a security in the currency of the bid, or US Dollars, or in Indian Rupees, equivalent to the Indian Rupee amount specified above and must be delivered to the address below.
13.	The purchaser will grant a margin of preference to goods manufactured in India in accordance with the procedure outlined in the bidding document.
14.	Address : Additional Director (Equipment), Health Systems Development Project Training block-C (1st floor), SIHFW Campus, Block C Indira Nagar, Lucknow 226001, Tel/Fax : (91-522 387262).

Perfectionnement actif

La situation

Installée à Strasbourg en bordure du quai 7 du port autonome, la société Schillinger est spécialisée dans la mouture de grains. Ses machines très perfectionnées et le sérieux de son travail lui apportent du monde entier des demandes de façon.

Le principe de son intervention revient à :
– recevoir, généralement par bateau par le Rhin, les grains ;
– réexpédier la mouture obtenue, généralement par bateau aussi.

Relevant des systèmes de perfectionnement actif, mis en place dans le cadre des régimes suspensifs communautaires, la société Schillinger en a demandé le bénéfice à la Direction régionale des Douanes de Strasbourg.

Après étude des conditions de production (notamment du taux de rendement) l'accord de la douane a été obtenu, à charge pour la société Schillinger de l'informer, avec les documents habituels, des entrées et des sorties de matières. C'est le PAS (Perfectionnement Actif Suspension) qui a été obtenu.

Le taux de rendement retenu par la douane est de 87 % pour les produits compensateurs principaux (farine). Mais la fabrication entraîne aussi la production de produits compensateurs secondaires (sous-produits). Ces derniers, en général les cosses des grains et diverses poussières utilisées dans l'alimentation animale, en particulier des gallinacés, sont autorisés à la vente dans l'Union européenne, après dédouanement bien sûr.

Travail à faire

1. Déterminez les sommes à verser au receveur des douanes pour les résidus mis en vente en France suite à l'opération de PAS.
2. Si la moitié de ces résidus est vendue en Allemagne, quelles sont alors les obligations de Schillinger en matière de dédouanement ?
3. Quels identifiants utilise-t-on pour la case 1 du DAU pour les différentes opérations envisagées ?

ANNEXE

5 000 tonnes de graines de sésame importées d'Iran en PAS.
Valeur en douane : 3 EUR le kilo.
Valeur au kilo retenue pour les résidus : 1 % de la valeur des graines.
Mise sur le marché français de 300 tonnes de produits compensateurs secondaires aux conditions du Tarif des douanes :
– TEC 5 % ;
– TVA taux réduit.

La compensation : les offsets

La situation

La société Rédalan implantée à Valence dans la Drôme est considérée comme l'entreprise pionnière dans la recherche et le développement d'appareils médicaux utilisés par les radiologues. De nombreux brevets attestent de son savoir-faire et de sa position de leader sur le marché, notamment en ce qui concerne les appareils permettant les examens en IRM (imagerie à résonance magnétique).

L'importance des coûts des différents appareils (pas moins de 3 millions d'euros) rend souvent indispensable dans les négociations à l'export la mise en place d'opérations de compensation.

L'offre actuellement faite au ministère de la Santé turc, responsable des équipements des hôpitaux publics, comprend de plus une coproduction avec transfert de technologie pour certains équipements (offsets).

Travail à faire

1. Analysez les clauses des contrats joints en mettant en évidence les obligations des parties. Vous expliquerez l'usage différent des mots « vendeur » et « fournisseur » selon les contrats.
2. Comment la société Rédalan peut-elle protéger son savoir-faire malgré le transfert de technologie ?
3. À partir des données chiffrées en votre possession, examinez la modification des conditions de rentabilité de l'opération envisagée avec la Turquie si les offsets sont acceptés.

ANNEXE 1 · Contrat principal

Clause 5 : le transfert de technologie
Le vendeur français, la société Rédalan, s'engage à mettre à la disposition de l'acheteur « le ministère de la santé turc » la licence de trois brevets permettant la fabrication de la sous-unité 12 des appareils IRM, objet de ce contrat. Ce transfert de technologie est établi pour une durée de cinq ans sans aucun versement au titre de royalties.

Clause 6 : les offsets
Pour la mise en œuvre des 240 appareils d'IRM, il sera convenu dans un contrat d'offsets des dispositions particulières de sous-traitance... La durée des livraisons envisagée est de cinq ans.

ANNEXE 2 · Contrat offset

Clause 3 : sous-traitants
3.1 : Le fournisseur français s'engage à apporter à trois sous-traitants turcs les informations et savoir-faire, ainsi que les moyens en logiciels informatiques de contrôle, pour la mise en œuvre des sous-unités 12 des 240 appareils IRM prévus au contrat principal.
3.2 : « Les sous-traitants turcs, obligatoirement certifiés ISO 9001, seront soit désignés par l'acheteur, soit choisis par le fournisseur, auquel cas ils devront être agréés par le ministère de la Santé turc.

Clause 6 : contrat de sous-traitant
Chaque sous-traitant turc intervenant dans les contrats d'offsets signera un contrat séparé avec le fournisseur français, la société Rédalan, aux fins de définir les rythmes de production et le montage fiscal de ces opérations au regard notamment de la TVA en Turquie.

ANNEXE 3 · Conditions de rentabilité

Marge brute sur l'ensemble de l'opération : 12,5 %.
Part des productions sous-traitées : 15 % de l'ensemble.
Ces productions sont revendues à marge zéro.

ANNEXE 4 · Schémas des contrats

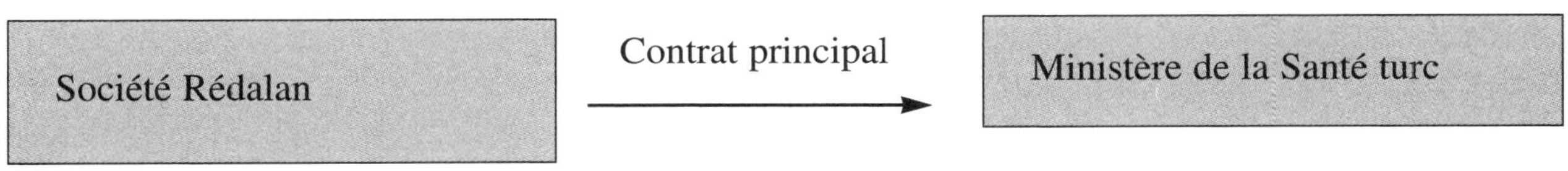

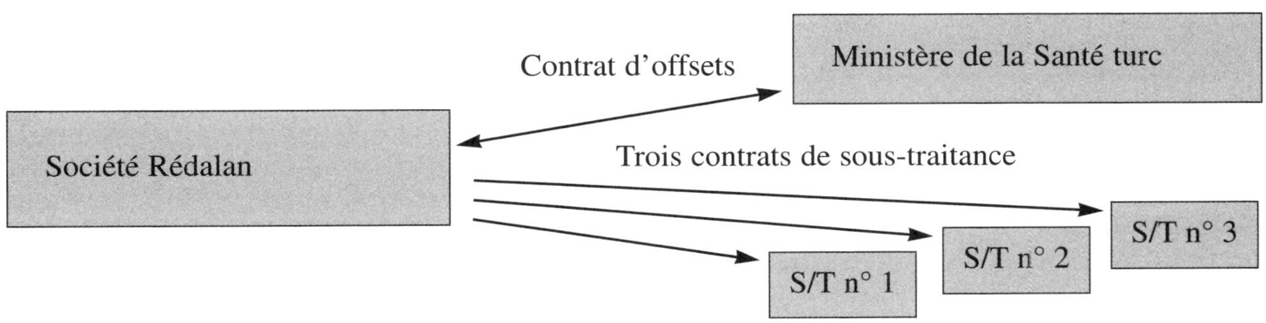

Maquette : Gérard Dutreix
Mise en page : Compo 2000
ÉDITIONS FOUCHER – 31, rue de Fleurus – 75006 PARIS - N° 14143 – Juillet 2001 – 01 – PP-GG/SM

Normandie Roto Impression s.a., 61250 Lonrai – N° d'impression : 011811 – *Imprimé en France*